THÈSE

POUR LE

DOCTORAT

DE
L'ASSISTANCE PRIVÉE

EN DROIT ROMAIN

DES LIBÉRALITÉS

AUX SOCIÉTÉS CIVILES ET COMMERCIALES

EN DROIT FRANÇAIS

THÈSE POUR LE DOCTORAT

Présentée et soutenue le Samedi 21 Décembre 1895, à 9 heures

PAR

André LOT

AVOCAT A LA COUR D'APPEL

Président : M. Léon MICHEL, *professeur.*

Suffragants :
MM. THALLER, *professeur.*
CUQ, *professeur adjoint.*
SALEILLES, *agrégé.*

PARIS
LIBRAIRIE NOUVELLE DE DROIT ET DE JURISPRUDENCE
ARTHUR ROUSSEAU
ÉDITEUR
14, rue Soufflot et rue Toullier, 13

1895

L'ASSISTANCE PUBLIQUE

ET

L'ASSISTANCE PRIVÉE

—

Assister *(ad-sistere)* c'est, au sens latin, venir s'asseoir auprès de quelqu'un ; c'est, de sa personne, s'approcher d'une autre personne pour la soutenir, lui apporter son aide ; c'est soulager la faiblesse d'autrui par sa propre force, l'indigence par sa propre richesse, la douleur par sa compassion. Ce n'est pas seulement donner à autrui ; c'est donner à autrui quelque chose de soi-même.

Cela est vrai au moins par étymologie.

Ce n'est donc pas abuser des mots, que d'affirmer que l'assistance exige deux sujets, l'un passif et l'autre actif, une personne qui est secourue et aussi une personne qui secourt, un malheureux et aussi un bienfaiteur ; que l'objet de l'assistance, qui est le secours en lui-même, doit venir à un homme d'un autre homme. Car l'assistance n'est pas une sèche distribution de secours ; l'assistance n'est pas l'acte d'un automate anonyme. L'assisté a un nom et il souffre ; il faut que l'assistant ait un nom aussi et qu'il ait un cœur ; il n'y a point d'assistance sans quelqu'élan d'un être à un autre, sans quelque don de soi, sans un peu d'amour : la détresse n'est bien soulagée que par la compassion.

Et donc, par définition, je suis autorisé à dire que le principe de l'assistance est un principe de dévouement, et que ce principe n'est pas satisfait si l'un reçoit sans qu'un autre aît donné, si la main qui se tend n'a senti le contact et l'étreinte d'une autre main qui l'a pressée.

C'est un regard aussi que l'œil du pauvre implore, un regard de bonté. C'est une parole amie que sa plainte demande, c'est un mot d'affection. Il semble qu'il y aît un droit pour tous ceux qui souffrent, le droit à la pitié.

La pitié, c'est le sentiment de la solidarité humaine, l'émotion de la fraternité ; c'est la façutté de sentir les souffrances d'autrui. Par la pitié, une société mystique se forme entre deux hommes, dont l'un donne un peu de son bonheur, l'autre, un peu de son malheur ; c'est mieux qu'un échange, c'est une communion ; alors les esprits sont entraînés l'un vers l'autre ; ils se mêlent et se confondent, ils se comprennent ; le malheureux reprend courage parce qu'il n'est plus seul, comme si l'infortune n'était jamais absolue que par sa solitude. Alors aussi la souffrance est soulagée comme il convient, parce que c'est un ami qui apporte le remède et qu'il sait où est le mal ; car l'intelligence comprend, mais le cœur devine. Discernement dans les secours, affection pour les secourus, tels sont les caractères distinctifs de l'assistance privée qui est en puissance de la pitié, en acte du dévouement.

Dévouement, pitié, affection, discernement, ce sont des qualités d'hommes, point des qualités d'Etat. Les individus seuls, évidemment, peuvent aimer, se dévouer.

L'État n'a point de sensibilité et n'en saurait avoir ; ce

n'est qu'un vaste corps qui a quelquefois une tête, mais qui n'a jamais de cœur.

Les êtres abstraits, rouages de l'État, fonctionnent, mais ils n'agissent pas ; ils sont animés, mais ils n'ont pas d'âme. Ils répondent à de certains besoins, satisfont à de certains intérêts ; leur activité machinale tourne dans un cercle ; ils n'en pourraient sortir sans inconvénients, voire sans dommage pour eux-mêmes. Ils ne s'étendent qu'au risque de se diminuer, car leur fonction est leur raison d'être ; la puissance publique qui les a créés pour cette fonction, ne saurait tolérer qu'ils s'en écartent, attendu que toute extension de leur activité serait un empiètement dont les personnes humaines auraient à souffrir. Il faut que l'État et les Établissements publics ou d'utilité publique fournissent les services publics et ceux-là seuls, c'est à dire ceux que les particuliers ne suffiraient pas à assurer. Ils ont un rôle à jouer, et n'en doivent pas jouer d'autres ; il n'ont ni le droit, ni la faculté d'initiative, et, au résumé, ils ont l'existence, mais ils n'ont pas la vie.

Ce sont des personnes, mais des personnes juridiques seulement, c'est à dire des sujets de droits, êtres impassibles et muets, qui poursuivent leur besogne, accomplissent leur tâche comme un mécanisme produit le mouvement, sans émotion, sans passion. Ce sont des êtres abstraits, ils ne souffrent donc pas, et comment dès lors compatiraient-ils à des souffrances ? Comment demander un sentiment à qui n'a point la faculté de sentir ? Et comment exiger l'assistance de qui n'a point d'yeux pour voir la misère, point d'oreilles pour entendre les plaintes, point de cœur pour en souffrir ? L'État ira-t-il se pencher au chevet des malades en leur murmurant de douces paroles ?

Ira-t-il, à la chaleur de son regard, sécher les larmes amères ? Non, la pitié est à l'homme seul. L'État n'a que des fonctionnaires.

Et que donnera l'Etat ? de l'argent tiré de toutes les caisses, des secours payés par toutes les bourses, des bienfaits anonymes comme sa pitié. Prendra-t-il pour lui un peu du malheur de l'autre ? Laissera-t-il un peu de lui-même ?

Et quel sera le sentiment du malheureux ? Sera-ce la confiance ou la crainte, l'affection ou la haine ? qui lui dira le mot consolateur qui seul, peut-être, est capable de ranimer ses forces et de lui rendre courage ? Il acceptera le secours ; il prendra l'argent, mais sa gratitude, cette chaleur du cœur meilleure à celui qui l'éprouve qu'à celui qui la provoque, sa gratitude, il la gardera au fond de soi-même pour quelque passant généreux d'une parole ou d'un regard. Et quelle reconnaissance aurait-il à ce distributeur de secours, pour qui il n'est que l'occasion ou la cause d'un salaire ? Il n'aura pas de reconnaissance parce qu'il n'aura pas été aimé ni consolé (1).

L'assistance par l'Etat manque donc d'une qualité essentielle : la commisération.

Les souffrances morales lui échappent, et, par cette impuissance même, il est réduit à n'apporter aux souffrances physiques qu'un soulagement incomplet. L'assistance est hors sa nature, on voudrait dire qu'elle est hors ses attributions. L'on comprend, cependant, que l'Etat prenne l'initiative et la direction de certains services d'assistance, créés dans un but de préservation et de sauvegarde sociales ; car l'Etat, synthèse des intérêts sociaux, a pour

(1) M. Chaillet-Bert, *Les Débats*, édit. du soir, 18 janv. 1891.

mission de ne négliger rien de ce qui touche au bien et à la sécurité de la Société. L'assistance publique ne doit avoir de raison d'être que l'utilité publique ; ainsi les Romains la pratiquèrent instinctivement.

Que si l'Etat se donne la tâche de secourir des individus pour eux-mêmes, ce ne peut être qu'aux dépens de l'intérêt général, et s'il soulage quelques souffrances particulières, c'est au risque d'en susciter beaucoup d'autres (1).

L'extension de l'assistance publique affaiblit l'initiative et l'énergie chez ceux qui peuvent compter sur les secours publics ; et elle ne se développe qu'au détriment de l'assistance privée. Le rôle de l'Etat, semble-t-il, serait non pas de se désintéresser de l'assistance, mais de favoriser par tous les moyens l'initiative privée, toujours prête à tous les dévouements. Par malheur, nos lois, et surtout l'application qu'on en fait, tendent à décourager les efforts des bonnes volontés particulières.

Quant aux secours qu'il distribue, l'Etat met-il quelque discernement dans sa répartition ? Oui sans doute, mais son choix n'est pas libre ; il ne pourra se mouvoir que dans les limites de règlements étroits. Un homme peut s'ingénier, découvrir la misère, la soulager presque malgré elle, imaginer des secours et des consolations, se laisser entraîner à toutes les fantaisies de sa générosité et de sa bonté ; surtout il peut comprendre à demi-mot et deviner la souffrance. Il peut aller au devant du malheur, aller trouver le pauvre qui se cache ou qui est rebuté par la

____

(1) Voir HERBERT SPENCER : l'*Individu contre l'État* et *Justice*. SPENCER réserve la philanthropie aux associations privées, aux libres institutions de secours et de bienfaisance ; il l'exclut des fonctions de l'État, et cela pour des raisons d'intérêt social supérieur.

moindre formalité à remplir. L'Etat doit attendre que le malheureux vienne à lui ; ensuite il doit vérifier si celui qui demande est dans la condition de recevoir ; car l'Etat ne peut secourir tout venant, d'où il suit qu'il a des règles pour l'admission aux secours et que l'impétrant doit satisfaire à de certaines conditions (1). De cette exigence nécessaire, il résulte que l'assistance publique est comme un droit pour quiconque remplit les conditions voulues ; l'assisté de l'Etat n'implore pas, il réclame ; que si, cependant, par motif d'insuffisance de ressources, ou pour d'autres causes, il est laissé quelque arbitraire au fonctionnaire distributeur des secours publics, qui ne voit ce que cet arbitraire a de dangereux, peut-être d'odieux ?

Dès lors que de certaines catégories de malheureux ont droit à l'assistance publique, n'est-ce pas une formule attrayante autant que simple que de s'écrier : Pourquoi ces distinctions dans le malheur et ces catégories dans la souffrance ? Tous les malheureux ont droit à l'assistance publique ; toutes les misères ont droit aux secours de l'État !

Il suffit d'étendre encore un peu le principe pour décider que tous ont droit à l'assistance de l'État, chargé du bonheur de chacun.

Remplaçons le mot « État » par le mot fatidique « Société » (qui a ici évidemment le même sens), et nous aurons la formule même du socialisme.

Je n'entreprendrai pas de discuter la question du droit à l'assistance qui est le fonds de la doctrine socialiste. Le

---

(1) Conditions de domicile et autres ; nous parlons aussi, bien entendu, de l'assistance par les communes, les départements, en un mot de l'assistance officielle.

but de ces observations préliminaires est seulement de comparer l'assistance publique à l'assistance privée afin d'indiquer, par la préférence qui y est marquée, quelle est la tendance de ce travail et dans quel esprit il s'occupe de l'assistance par les particuliers opposée à l'assistance par l'État (1).

(1) *Contre l'assistance par l'État*, v. Taine, *Revue des Deux-Mondes*, 15 janv., 1er fév. 1888. « L'État, dit-il notamment, est mauvais chef de famille..., philanthrope sans discernement... En tous ces offices, son action est lente ou maladroite, routinière ou cassante, toujours dispendieuse, de petit effet et de faible rendement, toujours à côté ou au-delà des besoins réels qu'elle prétend satisfaire... », p. 264. Et plus loin : « Dans ce domaine, qui n'est pas le sien, non seulement l'État travaille mal, avec plus de frais et moins de fruits que les corps spontanés, mais encore, par le monopole légal qu'il s'attribue ou par la concurrence accablante qu'il exerce, il tue ces corps naturels, ou il les paralyse, ou il les empêche de naître ». — Cpr. Spencer, *loc. cit.*

L'ASSISTANCE PRIVÉE

EN

DROIT ROMAIN

INTRODUCTION

—

PROGRÈS DES IDÉES D'ASSISTANCE DANS L'ANTIQUITÉ.

Comme les idées, les sentiments ont leur histoire. La sensibilité de l'homme s'est développée lentement, plus lentement que son intelligence : les perceptions engendrent automatiquement le raisonnement par le jeu naturel de l'association des idées ; mais le sentiment ne procède pas spontanément de la sensation. Aussi les anciens surent-ils concevoir les systèmes les plus abstraits plus tôt qu'ils ne songèrent à s'émouvoir des misères humaines. Platon conseille de faire périr les enfants difformes ou de complexion faible (Républ. V, III). Il n'est, en cela, que l'interprète de l'opinion commune de son temps (1).

La bonté n'est pas une vertu antique. Pour qu'elle éclose, il semble qu'il faille une liberté des cœurs qui ne s'épanouit que dans les sociétés tranquilles et policées ; pour que l'homme pense aux autres, il faut qu'il ait le loisir de ne plus penser à soi.

Or l'homme, dans les temps primitifs, avait à soutenir une lutte perpétuelle. Ignorant et faible, il était voué à la crainte et à la superstition de la force. La force seule pre-

(1) Comp. Aristote, *Polit.*, VIII, 3. — Plutarque, *Vie de Lycurgue, XXV.*

naît son estime et son admiration ; la faiblesse n'avait que
son mépris. La puissance était la vertu ; le malheur était
un vice et le signe de la colère des dieux.

Comment résister à la volonté divine ? C'était effort vain
et dangereux. Voyant des dieux partout (1), les hommes
étaient dominés par la terreur instinctive de leur déplaire.
« La peur, écrit Lucrèce, multiplie tous les jours les temples des dieux sur la terre » (2). Chacun avait le sien, ou
même chacun en avait plusieurs qui lui appartenaient en
quelque sorte (3), et qui, suivant qu'il accomplissait ou non
les rites sacrés, le protégeaient ou l'abandonnaient. Tout
venait des dieux, et rien des hommes. Ces dieux particuliers étaient rivaux les uns des autres, et les hommes
étaient rivaux comme leurs divinités : *Homo homini
lupus*.

Au reste dominés par des croyances instinctives qui
s'attachaient aux apparences accidentelles, l'idée d'une
égalité entre eux leur parut non-seulement fausse, mais
sacrilège (4). On doute s'ils eurent même la notion de
l'identité de la nature des hommes (5) ; l'étranger était
l'ennemi.

---

(1) « Notre pays, dit PÉTRONE, est si peuplé de dieux qu'il est beaucoup plus facile d'y rencontrer un dieu qu'un homme », satire 17.

(2) *De nat. rer.*, V, 1166.

(3) V. DEZOBRY, *Rome au siècle d'Auguste*, t. II, p. 67 et s., 304.

(4) L'inégalité de fait dissimule l'égalité de droit.

(5) « L'intention de la nature est telle, dit ARISTOTE, *Polit.* (l. 1,
ch. 3, p. 35 de la traduction de REGIUS, Paris, 1576), qui fait les corps
différents des libres et des esclaves ; les uns robustes pour l'usage
nécessaire, les autres droits et inutiles à telles œuvres, mais convenables à la vie politique. Par quoi nous pouvons conclure certains

Ces croyances primitives se maintinrent ; après qu'elles se furent affaiblies ou qu'elles eurent disparu, les mœurs qu'elles avaient engendrées subsistèrent, de même que les rites continuent d'être observés après que la religion est morte dans les esprits.

Cela explique que les sentiments de pitié et de charité soient apparus si tard dans l'humanité.

Les anciens ne connurent guère d'autres vertus que celles qui grandissaient l'individu et augmentaient sa force. La vigueur, le courage, la beauté et la richesse, voilà les qualités qu'admirent les héros d'Homère (1), et les Romains n'en estiment pas d'autres. Pour peu que le guerrier y joigne d'expérience, c'est à dire d'adresse, comme Ulysse, et de piété, c'est à dire de connaissance des formules divines et magiques, comme Enée, il arrive à la perfection et l'on en fera un dieu (2).

L'homme, alors, n'est supérieur aux autres que par la puissance. Mais c'est une faiblesse que de s'émouvoir, c'est une lâcheté que de se plaindre, lâcheté digne des railleries et point de compassion.

Aussi peut-on dire que la pitié n'était pas plus implorée, qu'elle n'était ressentie. A quoi bon avouer sa souffrance à qui ne souffre pas ? La sensation est personnelle.

hommes être nés pour la liberté, certains autres pour l'esclavage. » Comp. Homère, *Odyssée, XVII.* — Platon, *Des Lois,* ch. 3; *Républ.* III, p. 415, IX, p. 487, de la traduction de Cousin. — Xénophon, *Entret. mém. de Socrate,* 11, 2.

(1) Comp. Plut., *Vie de Lycurgue.*

(2) V. *le récit d'Ephémère,* Chassang, *Histoire du roman,* p. 150. — Gaston Boissier, *La Religion romaine d'Auguste aux Antonins,* t. II, p. 137.

La souffrance d'autrui n'est point, en soi, un motif d'agir, afin de la soulager. L'aiguillon de la pitié, c'est une souffrance morale ; mais les hommes ne connurent longtemps que les souffrances physiques. Même quand l'homme se fut élevé au sentiment, il continua de tout rapporter à lui-même. On doute si Achille, apprenant la mort de Patrocle, fut blessé dans son affection, ou dans son amour-propre.

L'amour désintéressé d'autrui est un sentiment très jeune dans l'histoire. Il est né de l'effort constant et prodigieux de la pensée humaine, qui parvint à s'émanciper des croyances instinctives, à raisonner avec la seule raison pour conquérir peu à peu la vérité.

Le jour où la philosophie antique s'éleva à cette conception que tous les hommes sont égaux et d'identique nature, l'humanité fit un pas immense dans la moralité. Alors la compassion pénétra dans les cœurs, et la douceur dans les mœurs.

Mais l'idée d'égalité perça lentement et avec peine à travers les croyances primitives : il y fallait une puissance d'abstraction nouvelle, capable d'arriver à la contemplation de la nature humaine en soi, dégagée de ses accidents, une dans son essence et sa dignité, pareille chez le plébéien, le barbare ou l'esclave, et chez le patricien. La religion inspirait de bien autres pensées. Mais la religion s'affaiblit à la fin de la république romaine : des voix s'élevèrent qui parlèrent de miséricorde et de pitié, qui proclamèrent qu'il faut secourir le misérable sans feu ni lieu (1), parce qu'il est un homme aussi.

---

(1) C'est, selon les idées religieuses de l'antiquité, l'homme qui n'a pas de Dieu, le réprouvé, « l'excommunié ». V. Fustel de Coulanges, *La Cité antique*, p. 265.

Et ces voix furent entendues. Peu à peu les idées nouvelles se répandirent et germèrent dans les cœurs. Ce ne fut pas l'œuvre de quelques années, mais de plusieurs siècles. Le mouvement des esprits va lentement : il s'acheminait doucement vers la charité.

Lorsque le Christ naquit, le monde était préparé à sa doctrine. Sa morale commençait d'être enseignée ; les hommes s'habituaient à penser qu'ils étaient frères : « *Nihil est enim unum uni tam simile, tam par, quam omnes inter nosmetipsos sumus* ». Ainsi s'exprime Cicéron (1), cinquante ans avant notre ère. Et dans le *De Officiis* : « *Hoc natura præscribit ut homo homini, quicumque sit ob eam ipsam causam quod is homo sit, consultum velit* » (2).

Quelques années plus tard, Virgile, à son tour, « parle avec émotion des faibles et des humbles (Enéide, VIII, 407). Il est plein de tendresse pour les malheureux et les opprimés ; il compatit aux douleurs humaines (I. 462) » (3). « Virgile, dit M. Boissier, nous fait toucher le point où l'esprit antique, parvenu à sa maturité, éclairé par l'espérance, épuré par la philosophie, plein du sentiment des instincts et des besoins nouveaux de l'humanité, donnait la main à l'esprit moderne et conduisait au christianisme » (4).

Les chrétiens eurent en effet des précurseurs, les stoïciens.

Il ne nous appartient pas de faire l'éloge de la doctrine stoïcienne, ni de montrer comment de l'héroïque fermeté

---

(1) *De legibus*, I, 10 ; Cf. *De leg*, I, 23.

(2) *De officiis*, III, 6.

(3) Gast. Boissier, *op. cit.*, T. I, p. 287.

(4) G. Boissier, *op. cit.*, T. I, p. 352.

des premiers maîtres grecs du Portique, les Zénon, les Cléanthe, les Chrysippe, fermeté qui leur faisait nier la douleur et proscrire la pitié, les stoïciens s'élevèrent à l'amour du prochain, « à cette tendresse expansive, ce dévouement au bonheur des hommes qui fut à la fois toute la vie et toute la philosophie de Marc-Aurèle (1) ». Cela surprend peu si l'on songe que cette philosophie stoïcienne était surtout une morale ; elle tendait d'ailleurs, par la distinction absolue de ce qui dépend et de ce qui ne dépend pas de nous, et la considération de l'âme humaine en soi, vers cette conception de l'égalité, d'où la fraternité devait fatalement sortir. Quand le stoïcisme proclama que les hommes étaient semblables, il déclara en même temps qu'ils étaient frères : « Nous sommes les membres d'un corps immense. La nature a voulu que nous fussions tous parents, en nous faisant naître des mêmes principes et pour la même fin. C'est de là que nous vient l'affection que nous avons les uns pour les autres, c'est ce qui nous rend sociables ; la justice et le droit n'ont pas d'autre fondement. » Ces paroles sont de Sénèque (2). *Homo*, disait-il encore, *res sacra homini* (3).

« Toutes ces idées de générosité ne sont que le développement naturel du grand principe de l'unité du genre humain que les stoïciens avaient proclamé et dont la philosophie romaine, en se faisant pratique et morale, se chargea de tirer les conséquences ». (Gaston Boissier, loc. cit.)

L'effet immédiat de ce progrès philosophique fut de stimuler la bonté et de provoquer les œuvres d'assistance.

---

(1) Alexis Pierron, *Pensées de Marc-Aurèle*, préface, p. 24.

(2) *Sen. le Phil., Epist.*, 95, 52,

(3) *Ibid.*, 95, 33.

Ce serait, en effet, une grave erreur de croire que l'antiquité païenne n'a pas connu la bienfaisance. Certains
polémistes se sont plu à étaler la barbarie et la cruauté
des païens ; c'est l'occasion d'une antithèse brillante au
profit de la charité chrétienne. Mais la passion rend injuste,
et le christianisme n'a pas besoin de ces flatteries de l'histoire.

Les premiers apologistes et les pères de l'Eglise ne s'y
trompèrent pas (1) ; ils rendaient aux vertus païennes
l'hommage qui leur était dû, hommage d'autant plus
mérité que ces hommes firent le bien pour lui-même et
sans désir de récompense. Plus tard, le cardinal François
Barberin l'Ancien, neveu du pape Urbain VIII, ayant traduit les pensées de Marc-Aurèle, dédia cette traduction à
son âme, afin, disait-il « *de la rendre plus rouge que sa
pourpre au spectacle des vertus de ce gentil.* »

C'est donc une erreur certaine, en même temps qu'une
naïveté, de croire que la pitié fut soudainement révélée
au cœur de l'homme. Constatons que le sentiment altruiste
eut, lui aussi, son évolution. Il est vrai, moins pourtant
qu'il n'appert, que les hommes s'avisèrent assez tard de
s'entr'aider et secourir : c'est, peut-être, qu'ils n'en sentirent pas toujours le besoin.

Il importe, en effet, de remarquer que l'organisation
des sociétés primitives pourvoyait, à elle seule, à ce qu'il
n'y eût pas de malheureux. Le petit nombre des hommes

---

(1) V. Havet, *Le Christianisme et ses origines*, préface. — Janet,
*Histoire de la philosophie morale et politique dans l'antiquité et
les temps modernes*, t. 1, p. 209. — Deschanel, *Le catholicisme et le
socialisme*, article paru en 1849 dans *La liberté de penser*, t. V,
p. 224.

dut leur permettre aisément de trouver, tous, leur subsistance (1). La population augmenta lentement ; les législateurs n'étaient pas disposés à assurer l'existence des enfants faibles et mal constitués ; ils considéraient qu'il y avait intérêt, pour la cité et pour les enfants mêmes, à ne pas prolonger une vie languissante et vouée à la douleur. D'ailleurs on pratiquait généralement la vie en commun ; la cité se chargeait de l'entretien des hommes qui lui remettaient leur liberté (2).

Tout contribuait alors à accroître la vigueur des premiers hommes. Les exercices physiques employaient tout le temps et les soins de chacun (3) ; les maladies avaient peu de prise sur des corps d'athlètes livrés à une vie purement animale ; on vivait en plein air, sans soucis. La culture de l'esprit ne fatiguait point le corps. La sensibilité, aussi, dut être moins affinée : la faculté de souffrir ne croît-elle pas avec la faculté de penser ?

Plus robuste et moins accessible à la maladie, l'homme avait à la fois peu de besoins et le moyen de les satisfaire. Sous le climat de l'Italie et de la Grèce, que faut-il pour vivre ? Quelques figues, quelques olives pour se nourrir ; quelque lambeaux d'étoffe pour se couvrir (4). Les rigueurs et les souffrances du froid sont inconnues.

---

(1) Virgile, *Géorg.*, l. I, 125 ; *Eglog.* IV.

(2) C'est un fait, bien souvent constaté, que la liberté individuelle n'existait pas chez les anciens. V. F. de Coul., *La Cité antique.*

(3) Romulus ne permit aux personnes libres que deux sortes d'exercices, ceux de la guerre et ceux de l'agriculture. Denys d'Halic., II, 28.

(4) Dans l'*Epistola* 18, Sénèque assure son ami Lucilius qu'il y a une véritable jouissance à se convaincre soi-même qu'on peut vivre en ne dépensant pas plus de deux as par jour.

De logement on peut se passer, et, la nuit même, dormir
en plein air. Du temps de Cicéron, les pauvres gens cou-
chaient au forum, ou sous les portiques, ou dans les
théâtres (1). Et aujourd'hui, ne voyons-nous pas les
Italiens vivre de peu et de rien, les lazzarones dormir aux
étoiles comme au soleil ?

Enfin l'organisation sociale prévint pendant longtemps le
développement de l'indigence. Rome, en particulier, ignora
d'abord ce fléau. Après l'expulsion des rois, les patriciens
firent au peuple la distribution des terres ayant appartenu
à la famille royale ; chaque plébéien reçut sept jugères
d'après Tite-Live (Ann. II, 5) et Denys d'Halicarnasse
(V, 13). Il y eut ainsi, selon les deux historiens, un moment où, dans la classe plébéienne, tout le monde était
pauvre, sans que personne fût indigent (2). Mais la cause
la plus certaine de la préservation de l'indigence résida en
ce fait que, dans les sociétés antiques, l'individu n'était
jamais livré à lui-même et à ses seules ressources ; il se
rattachait toujours à un groupe, dont le chef était à la fois
son maître et son protecteur (3).

Le nombre des patriciens, rois et prêtres, dépositaires
du culte, de l'autorité et des richesses, était restreint ;
aussi leur fortune était-elle très grande. Chefs d'une *familia*, ils ont des droits et des devoirs vis-à-vis des
hommes qui sont plus ou moins directement sous leur
puissance ; ils sont à la tête de groupes, et ces groupes
sont composés de la masse des hommes de condition infé-

(1) Cic., *Pro domo*, 30. — *Mart.*, X, 5. — *Amm. Marcell.*, XV, 6.

(2) Consulter Naudet, *Des secours publics chez les Romains* (1834),
Mémoires de l'Académie des Inscriptions et Belles-Lettres, t. XIII, 1.

(3) *Sic* M. Cuq, *Institutions juridiques des Romains*, p. 35,

rieure. L'homme n'est pas isolé, pas plus qu'il n'est libre. A côté des patriciens, sous leur autorité et leur protection, se rangent les esclaves, les clients et les affranchis.

C'est le régime des *gentes*, si savamment décrit par M. Fustel de Coulanges (1). L'organisation des *gentes* ne disparut jamais complètement à Rome ; les grands conservèrent l'habitude de faire des dons et des distributions à la plèbe, comme ils en faisaient autrefois à leurs esclaves et à leurs clients. Nous avons la preuve de la subsistance des mœurs familiales en des passages de Cicéron, où il nous montre l'esclave participant encore au culte domestique, et même accomplissant l'acte religieux au nom de son maître (Cic. *De leg.* II, 11, 12, — Cf. Caton, *De re rustica*, 83). C'est un témoignage de cette coutume, issue des croyances antiques, selon laquelle l'esclave était initié au culte de la *gens*, afin qu'il pût faire partie de la *familia* (2).

Une fois entré dans la *gens*, on ne la quittait plus ; car l'initiation laisse un caractère indélébile. Aussi l'esclave, devenu libre et affranchi, restait-il client : « Sous le nom d'affranchi ou sous celui de client, il continuait à reconnaître l'autorité du chef ou patron, et ne cessait pas d'avoir des obligations envers lui. Il ne se mariait qu'avec l'autorisation du maître, et les enfants qui naissaient de lui continuaient à obéir à celui-ci. Mais il y a réciprocité : « Si le patron a fait tort à son client, qu'il soit maudit, qu'il meure » (Loi des XII Tables, citée par Servius) (3).

____

(1) *La Cité antique.*

(2) *Ibidem*, p. 127 et les sources citées en note.

(3) *Patronus, si clienti fraudem fecerit, sacer esto. (Servius, ad Verg. Æn.* VI, 609. — Cpr. DENYS, II, 10.

Le patron doit protéger le client par tous les moyens et toutes les forces dont il dispose » (1). Sur tous ces points M. Fustel de Coulanges fournit les éclaircissements les plus complets. Nous retiendrons seulement la conclusion du grand historien : « Lorsque chaque homme, dit-il (page 397), faisait partie d'une *gens* et avait son maître, la misère était presque inconnue. L'homme était nourri par son chef ; celui à qui il donnait son obéissance lui devait en retour de subvenir à tous ses besoins » (2).

Il est probable que, primitivement, les liens de la clientèle ne se rompaient jamais tout à fait. Plus tard seulement, les mœurs patriarcales s'étant perdues, les devoirs réciproques de client à patron purent s'éteindre. C'est ainsi que deux fragments au Digeste nous apprennent que l'affranchi sera libéré des *jura patronatus* en un cas, et c'est précisément celui où le patron aura manqué à ses obligations envers lui. Un rescrit de Claude décide que, au cas où le patron n'aurait pas fourni les aliments qu'il doit à son affranchi, ses droits de patron seront perdus (Dig. 5 § 1, *De jure patr.* XXXVII, 14). Un fragment de Modes-

____

(1) F. de C., *Cité Ant.*, p. 128 et s. — Denys d'Halicarnasse. II, 10 et Aulu-Gelle V, 13, nous renseignent sur les devoirs réciproques des clients et des patrons.

(2) M. Labbé croit que la langue a gardé la trace de cet état de choses : « Le mot *egens* désignait originairement celui qui était étranger à toute *gens*. L'isolement au milieu des *gentes* fortement constituées, entraînait inévitablement la faiblesse, la misère. Le mot *egens* a changé de sens après la décadence des *gentes*, il a pris avec le temps une acception indépendante de la participation aux droits d'une *gens* ; les mots *egens*, *egestas* sont devenus l'expression généralisée de la misère, quelle qu'en fût la cause ». M. Labbé, *Préface aux Instit. jurid. des Rom.*, de M. Cuq.

tin, inséré au Digeste (6 *pr.*, *De agn. vel. al. lib.*) révèle, de même, que si le patron ne fournit pas les aliments à son client qui les lui demande, il en sera puni *amissione libertatis causa impositorum*, et *hereditatis liberti*. Mais telle était la seule sanction, à cette époque, du refus des aliments par le patron, et Modestin ajoute : *non autem necesse habebit præstare, etiam si potest.*

Au temps de Modestin, il est probable qu'en effet les relations de patronage s'étaient modifiées : leur caractère antique d'intimité quasi-familiale s'était effacé.

Les *jura patronatus* avaient perdu leur valeur ; la liberté dut être souvent concédée pleine et entière. La plèbe se forma de ces clients qui n'avaient plus de patrons. Mais au début l'obligation était plus étroite et mieux observée. Le patronat était, dit Plutarque (1), « la protection que les grands accordent aux petits. On fait remonter ce droit à un des compagnons d'Evandre, nommé Patron, qui, protecteur zélé des indigents, laissa son nom à cet exercice de bienfaisance ». Plutarque estime plus exact de penser que le patronat fut établi par Romulus, « parce qu'il croyait juste que les premiers et les plus puissants d'entre les citoyens eussent un soin et une sollicitude paternels pour les faibles. Romulus fit une seconde division des grands et du peuple ; il appela les uns patrons ou protecteurs, et les autres clients, c'est-à-dire attachés à la personne. Il établit entr'eux des rapports admirables de bienveillance fondés sur des obligations réciproques. Les patrons expliquaient les lois à leurs clients, ils plaidaient leurs causes dans les tribunaux, les éclairaient par

(1) Plutarque, *Vie de Romulus, XV*, trad. Ricard. — Cf. Den. d'Hal., *loc. cit.* — *Festus*, v. *Patrocinia.*

leurs conseils et les aidaient de leur crédit dans toutes leurs affaires. Les clients faisaient la cour à leurs patrons, ils avaient pour eux le plus grand respect, ils contribuaient à doter les filles et à payer les dettes de ceux qui étaient pauvres. Il n'y avait point de loi, ni de magistrat qui pût forcer un client à déposer contre son patron, ni un patron contre son client. Ces droits ont toujours subsisté ; seulement, dans la suite, les grands ont regardé comme une honte et une bassesse de recevoir de l'argent des petits ; et cet usage a été supprimé. »

Cette citation, un peu longue, nous a paru intéressante à relater en son ensemble, parce qu'elle éclaire la situation et les rapports respectifs des pauvres et des riches à Rome. Sans doute, Plutarque fait montre de quelque naïveté historique, en attribuant à la volonté de Romulus et à une loi positive, l'établissement de la clientèle et du patronat. Les usages qu'il décrit ont leurs racines dans les idées des anciens et dans leurs croyances, ces habitudes de l'esprit. Mais qu'importe ? Plutarque nous renseigne sur le mode primitif de l'assistance ; il nous apprend que, dans la Rome antique, il n'y avait pas, à proprement parler, d'indigents, parce qu'il n'y avait pas de pauvres sans protecteurs. Il nous montre que le souvenir et la pratique de ces mœurs ne s'étaient pas perdus à Rome, et que, même au premier siècle de notre ère, époque à laquelle il vivait, patrons et clients se considéraient comme tenus de s'assister mutuellement. La clientèle contribua à répandre entre les hommes l'habitude de s'aider les uns les autres.

Le seul lien qui unit d'abord, et pendant longtemps, les hommes, fut le lien religieux, la similitude des croyances ou plutôt des dieux. Il n'y avait de devoirs d'homme à homme qu'entre ceux qui participaient au même culte ; or,

le culte était *res privata,* chose de famille : pour avoir
droit à la bienveillance d'un homme, il fallait donc faire
partie de sa famille. Mais la famille s'élargit peu à peu, le
foyer s'agrandit : pour approcher du foyer où brûle le feu
sacré, il faut être initié au culte. Quiconque entre dans la
maison ou dans le domaine sacré, *intra limina,* serviteur
même ou esclave, doit au préalable avoir été, en quelque
sorte, présenté au dieu domestique et agréé par lui. A
partir de ce moment, il fait partie de la famille. Les devoirs
s'étendent à lui.

Le client faisait partie de la famille; la clientèle, en
effet, paraît avoir eu son origine dans l'esclavage (1); les
droits et devoirs du client résultaient de ce qu'il avait
le même dieu que son patron (2).

Grâce à la clientèle, la *gens* s'agrandit démesurément ;
il en résulta que le nombre des personnes se devant réci-
proquement des secours, augmenta beaucoup. Il est vrai
que la notion précise des obligations attachées aux qualités de patron et de client, s'effaça ; mais il est permis de
croire qu'un vague sentiment d'humanité la remplaça,
chaque homme riche et puissant se considérant comme le
protecteur naturel de tous les faibles qui sollicitaient sa
bienveillance. L'ambition et le souci de l'ostentation rem-
placèrent l'antique sentiment de solidarité familiale et religieuse. Le *paterfamilias* devint le seigneur orgueilleux,
et le client devint courtisan.

Cette transformation fut lente ; il fallut, pour qu'elle
s'accomplît, qu'il se fût formé à Rome une classe de gens
sans aveu, n'ayant point d'attaches dans la cité, multitude

(1) FESTUS, DEN. D'HALIC., *loc. cit.*

(2) F. DE COULANGES, *loc. cit.*

formée du rebut de tous les peuples, attirée par l'éclat d'une ville opulente. Mais le régime primitif dura long-temps, jusque vers le septième siècle de Rome, s'il faut croire Denys d'Halicarnasse, selon qui le tribunat de Caïus Gracchus détruisit toute l'harmonie du gouvernement.

Quels étaient les secours fournis, à l'époque ancienne, par les patrons à leurs clients? Le client était un homme libre; le plus souvent, et toujours sans doute au début, c'était un esclave affranchi (1); sa condition devait donc être meilleure que celle de l'esclave. Autrement pourquoi aurait-il accepté la liberté, ou pourquoi ne l'aurait-il pas aliénée? Il est vrai qu'il eût, du même coup, concédé à son maître un droit absolu sur son corps, et celui de le faire mourir. Mais il semble que les maîtres n'usaient jamais de ces droits, et que les premiers Romains traitaient leurs esclaves avec douceur. Plutarque l'atteste. Il nous les montre partageant leurs travaux, vivant habituellement avec eux, sur le pied d'une familiarité qui allégeait leur servitude, et leur infligeant comme châtiment suprème une sorte de flétrissure par exposition publique, qui faisait connaître que tel esclave ne méritait plus confiance (2). Ces traitements, vraiment paternels, étaient la consé-quence de l'empire absolu qu'avait sur les hommes la croyance religieuse. La communauté du culte relevait la dignité de l'esclave. Celui-ci, alors, avait bien le même dieu que son maître; la cérémonie de l'initiation avait une valeur et une force magiques, c'était un acte sérieux, non pas une formalité machinalement accomplie, comme elle

(1) M. CUQ, *op. cit.*, p. 31.

(2) PLUTARQUE, *Vie de Coriolan*, XXIII.

le devint plus tard. Tout le monde y croyait et y attribuait une importance mystérieuse, l'esclave aussi bien que le maître ; car, ainsi que le fait remarquer M. Accarias (1), ces esclaves étaient des captifs appartenant à des peuples voisins ou congénères, de mœurs semblables (Tacite, Ann. XIV, 44) à celles des Romains, et de croyances analogues.

L'esclave était donc, au début, relativement heureux ; pour que l'affranchissement fût un bienfait, il fallait qu'il en résultât plus qu'une indépendance relative ; aussi le patron y ajoutait-il une concession de terre. Mais l'affranchi avait des enfants ; ceux-ci n'étaient pas des affranchis. La condition des affranchis, en effet, n'était pas héréditaire. Même dans le droit ancien, leurs descendants naissaient ingénus (Suét., Tibèr. Claud., 24. — L. 11 pr. C., *De oper. libert.*, VI, 3). Leur condition sociale était inférieure à celle des ingénus ; leur condition juridique était la même. Seulement il subsistait entre eux et l'ancien patron de leur père ou ses descendants, le lien de la clientèle. Ils étaient les véritables clients (2). Le client qui ne possédait rien, pas même un métier, recevait du patron un lot de terre de deux jugères (3) avec une habitation.

Les concessions, faites ainsi par le patron, étaient données à titre de précaire ; c'était un moyen de maintenir le client dans la dépendance du maître (4), lequel accomplis-

---

(1) *Précis de droit romain*, § 40.

(2) « Le client est un affranchi ou le descendant d'un affranchi. » M. Cuq, *op. cit.*, p. 34.

(3) 50 ares 57 centiares.

(4) Niebuhr, *Hist. rom.* (*Maisons patriciennes et curies*), t. 2, p. 28, (trad. Golbéry).

sait cependant son *officium patronatus*. Celui-ci trouvait aussi, par là, le moyen de faire cultiver ses terres. Festus (1) dit qu'anciennement les patriciens avaient l'habitude de concéder des terres aux petites gens (*tenuioribus*) c'est-à-dire aux pauvres de leur clientèle (voir Plutarque, vie de Romulus, 15) comme un père de famille à ses enfants. Ils leur donnaient aussi de l'argent (2).

L'usage se répandit bientôt à Rome de faire distribuer aux clients chaque jour des pièces de monnaie et des vivres, la *sportula* et le *panariolum* (Mart. XIV, 125. V. 50. — Juv., S. I, 95, 118; S. III, 249, etc.) (3). Les vivres étaient d'assez médiocre qualité, d'après Martial (XIII, 123). Quant à la sportule, elle variait selon les caprices ou la générosité du patron, et selon la faveur du client. Elle était parfois de 25 as (1 fr. 66 cent. environ) ou de trois deniers (3 fr. 25 cent). Martial assure que le commun des clients recevait en moyenne seulement dix sesterces par mois (2 fr. 70 cent.), somme bien faible assurément, et qui eût été insuffisante à faire vivre le client, si celui-ci n'eût trouvé la même gratification à la fois dans dix ou douze maisons (Martial, IV. 79).

Ce dernier fait révèle le profond changement qui s'était opéré dans l'institution de la clientèle à la fin de la République. Les patrons y trouvaient le moyen d'acheter des suffrages, les clients, le moyen de les vendre (4). Il se

---

(1) FESTUS, Vᵒ *Patres*.

(2) TITE LIVE, V. 32.

(3) « Quelle épaisse fumée ! s'écrie Juvénal ; c'est la sportule qu'on distribue. Cent convives sont accourus, chacun avec sa batterie de cuisine. »

(4) Sur la vénalité des suffrages, V. F. DE COULANGES.

forma ainsi à Rome une classe nombreuse et vile, qui prit l'habitude indolente de vivre de ses basses adulations.

Les affranchissements étaient devenus de plus en plus fréquents, soit qu'on affranchît par ambition ou vanité, soit par quelque sentiment d'humanité. La cité elle-même s'élargit, et il y eut des hommes qui n'avaient pas de foyer, fait inconcevable aux temps anciens, des hommes qui n'avaient pas un dieu à eux, ni le dieu de leur maître, parce qu'ils n'avaient plus de maître (1). Les croyances s'étaient affaiblies, et la forte constitution de la famille antique s'était affaiblie comme elles. Alors les villes connurent le fléau des vagabonds et des mendiants de profession. Cette population, de moralité douteuse, sans énergie, forma une multitude de paresseux affamés, bruyante et menaçante. Il fallut la rassasier pour l'apaiser. N'était-ce pas d'ailleurs une sorte de clientèle pour la cité ? Rome remplit, à l'égard de cette foule, l'office de patron. Elle s'acquitta de cette mission par des distributions de terres (lois agraires) et des distributions de blé (lois frumentaires de l'annone).

Telle fut l'origine de l'assistance publique. Aucune idée de bienfaisance ne l'inspire ; elle procède d'un besoin de préservation sociale ; elle apparut lorsque la clientèle se transforma pour devenir la plèbe. Nous n'avons pas à suivre l'histoire de cette transformation, les causes en sont bien connues (2). Remarquons seulement que la misère s'étendit en même temps que les idées de subordination

---

(1) F. de C., p. 310.

(2) V. Naudet, *loc. cit.* — Duruy, *Hist. des Rom.*, t. I. — Mommsen, *Hist. rom.*, trad. Alex., t. II, l. II. — Giraud, *Du prêt à intérêt.* — M. Cuq : « Qu'allait devenir la foule sans cesse grandissante des plébéiens ?

familiale s'effacèrent : « La vie était devenue plus indépendante, mais aussi plus laborieuse et sujette à plus d'accidents. Chacun avait eu désormais le soin de son bienêtre, chacun sa jouissance et sa tâche » (F. de C.). Le pauvre devient l'ennemi. « Dans chaque cité, le pauvre et le riche étaient deux ennemis qui vivaient à côté l'un de l'autre, l'un convoitant la richesse, l'autre voyant sa richesse convoitée. Ils se regardaient d'un œil haineux. Aristote dit que les riches prononçaient entre eux ce serment : Je jure d'être toujours l'ennemi du pauvre et de lui faire tout le mal que je pourrai ». C'est l'époque déplorable des guerres civiles, des luttes de classes. Rome n'y échappa point, mais son adresse sut en pallier les maux. Les riches achetèrent le repos et Rome sa sécurité, par les sacrifices nécessaires.

Mais aussi, à mesure que les liens sociaux se relâchent et que l'individu s'émancipe, le sentiment de la subordination s'effaçant, celui de l'égalité se précise. Si la croyance antique qui faisait du *paterfamilias*, dépositaire du culte et représentant du dieu domestique, un être supérieur, disparaît, l'inégalité entre les hommes devient pure question de hasard ou de mérite personnel : la richesse cesse d'être un droit, et la pauvreté n'est plus qu'un fait. L'ordre social et politique fut profondément troublé de ce changement ; il s'accomplit lentement, et il fut réciproque, car si les croyances agissent sur les mœurs, les mœurs agissent sur les croyances.

Au terme de cette évolution, les idées morales, ainsi que l'organisation de la société romaine, furent entièrement

En se détachant de la *gens*, le client, destitué de la protection des dieux et des hommes, n'était plus qu'un paria », p. 45.

bouleversées. C'est l'époque de la chute de la République et celle du triomphe et de la faveur des idées stoïciennes.

L'Empire romain marque l'avénement de la démocratie. La République romaine était une aristocratie et même une oligarchie reposant sur le droit divin. Le gouvernement impérial procède de l'élection ou des acclamations populaires ; ces acclamations sont plus ou moins préparées, plus ou moins libres ; il n'en est pas moins vrai que c'est d'elles que l'empereur tient, théoriquement, le pouvoir, et non plus d'un droit inné et divin, d'une qualité qui serait réalisée en sa personne et par laquelle il aurait naturellement préséance sur tous les autres hommes. Sans doute la force de la tradition fait de lui un pontife et un dieu, comme s'il fallait toujours que l'autorité revêtît, aux yeux des anciens, un caractère mystérieux et sacré. Mais c'était un dieu que le peuple faisait. Et chacun, à la rigueur, pouvait devenir ce dieu. Les hommes ne sont pas destinés par la nature les uns à commander, les autres à obéir, comme l'avait dit Aristote : Les hommes sont tous de même nature, composés des mêmes éléments ; c'est ce que dit Sénèque.

Nous verrons que les doctrines des stoïciens ne demeurèrent pas stériles ; l'idée d'égalité est essentiellement féconde (1). Ces doctrines produisirent, en effet, des

(1) Le progrès de l'idée de l'égalité de droit de tous les hommes est marqué dans l'histoire du droit romain. « Admis d'abord par les Romains au profit des patriciens, ce principe fut étendu par la loi des XII Tables à tous les citoyens. » M. Cuq, *Instit. jur.*, Introduction, p. XXI. — Plus tard, le droit de cité fut étendu aux pérégrins, et, « au temps de Justinien, il ne reste d'exception au principe de l'égalité de droit entre tous les hommes que pour les esclaves et les barbares ». *Ibid.*

œuvres. Le principe de l'assistance fut modifié, le sentiment de la fraternité vint le vivifier.

Le stoïcisme, qui exaltait les vertus individuelles,
donnait des préceptes de conduite ; il règlait les actions des hommes, s'occupant d'ailleurs peu de la politique
et de conduire les Etats. Aussi son influence s'exerça-t-elle
surtout sur les actes des particuliers. L'assistance publique resta donc ce qu'elle était : une. nécessité sociale.
Mais l'assistance privée se développa.

Le christianisme continua et étendit les œuvres d'assistance ; tant qu'il ne fut pas aux honneurs, il demeura dans
le domaine de la charitée privée. Plus tard, devenu religion officielle, il absorba l'Etat, et ses œuvres prirent le
caractère de services publics.

Le plan de notre travail est ainsi tracé. La première
partie sera consacrée à l'étude de l'assistance privée chez
les païens ; la deuxième, à l'étude de l'assistance privée
chez les chrétiens.

DE L'ASSISTANCE PRIVÉE

A L'ÉPOQUE PAÏENNE.

—

L'assistance est aussi variée que la souffrance, et l'ingéniosité des secours n'est pas inférieure à celle de la douleur. Mais, comme parmi les peines les unes sont purement morales, de même il est un genre d'assistance qui consiste en des consolations de l'âme, c'est à dire en l'expression de sympathies. De celles-là nous ne parlerons pas. Il nous suffit d'avoir indiqué que les souffrances exclusivement morales, et pour quelles causes, affligèrent peu la jeune humanité.

Nous avons dessein de nous occuper des souffrances matérielles, souffrances de sensations par opposition aux souffrances de sentiments. A celles-là, sans doute, il faut aussi la commisération, mais l'assistance qui leur convient immédiatement est un soulagement matériel et sensible comme elles. Plus spécialement encore, nous nous bornerons à l'examen des secours apportés à des privations, c'est-à-dire aux moyens employés pour soulager la misère. Les maux causés par l'indigence nécessitent, pour être adoucis, un déplacement de richesse. C'est comment ils tombent sous l'analyse juridique.

Toutefois la société antique connaissait une autre sorte de misère que le dénuement, une misère qui avait sa cause dans la loi, celle des esclaves et des captifs. Nous verrons quels adoucissements les mœurs, suivies par la législation, apportèrent à leur sort.

C'est un fait bien souvent constaté, que la législation romaine suivit lentement le progrès des mœurs. Les lois furent d'abord des formules religieuses; elles inspirèrent le respect que les croyants ont pour les rites, respect minutieux et qui s'attache aux moindres détails, car tout est précieux dans la célébration d'un rite (1): le moindre changement à la cérémonie risquerait de lui faire perdre sa valeur et sa force efficiente. C'est l'explication du formalisme romain.

Mais nous savons qu'il y eut, déjà à Rome, des accomodements avec les croyances, et que le préteur trouva d'habiles transactions à la rigueur primitive. Les lois romaines étaient dures, mais l'application en fut donce.

La manière dont furent traités les esclaves manifesta cette vérité. Nous en trouverons un autre exemple, très remarquable, dans l'existence des nombreux collèges et associations qui furent tolérés, bien que défendus sous les peines les plus atroces.

De nombreux témoignages touchant la formation et le but de ces associations sont parvenus jusqu'à nous. Elles jouèrent en effet un rôle important, et méritaient que les jurisconsultes y prissent garde. D'ailleurs, toute institution durable, tout groupement organisé comporte des règlements écrits. La science épigraphique a découvert plusieurs de leurs statuts.

____

(1) PLUTARQUE, *Vie de Coriolan*, XXIV.

Nous avons, au contraire, peu de renseignements sur le mode d'assistance le plus ordinaire, et, sans aucun doute, le plus fréquent déjà à Rome, celui qui consiste en des largesses individuelles, en des aumônes, par où la bienfaisance se manifeste comme par accès. Ces libéralités individuelles et passagères ne laissent pas de traces. A peine l'histoire anecdotique prend-elle le soin d'en conserver, par hasard, le souvenir. Elles n'intéressent point la société ni les historiens.

Les Romains, cependant, connurent et pratiquèrent l'aumône; et par ce mot, nous ne désignons pas les distributions pompeuses faites par les grands et les magistrats à l'occasion de leur fête ou de leur arrivée aux fonctions publiques, sortes de dons de joyeux avènement que les empereurs pratiquèrent magnifiquement plus tard. Mais tout porte à croire que des particuliers, sous la seule impulsion de la pitié, soulagèrent les indigents par des dons en nature ou en argent. C'est la manifestation la plus naturelle de la bienfaisance. Elle fut, en réalité, toujours pratiquée dans la *gens*, entre hommes de même race et de même culte. Elle dut s'étendre aux autres hommes par l'influence de cette « *caritas generis humani* » dont parle Cicéron (1).

En elles-mêmes, ces manières d'assister les indigents

____

(1) Cicéron *(in Vatinium)* parle d'un dîner donné par un particulier, nommé Arrius, à des milliers de personnes. — Lucullus distribua un jour cent mille tonneaux à la plèbe de Rome (Pline, *Hist. nat.*, XIV, 14.— Sénèq., *de Benef.*, V, 10).— Agrippa, le gendre d'Auguste, ouvrit dans Rome 170 thermes où les gens du peuple se baignaient gratis; pendant un an il se charge de faire faire la barbe au peuple à ses frais.

n'offrent qu'un intérêt médiocre ; c'est une assistance irréfléchie et instinctive. Au point de vue juridique, ce ne sont que des faits qui ne retiennent pas l'attention. L'assistance pratiquée par les œuvres et par l'association mérite au contraire une étude approfondie.

Quant aux œuvres, dénommées aujourd'hui fondations, elles apparurent assez tard dans le droit romain ; c'est par l'association que les Romains s'entr'aidèrent les uns les autres. Nous examinerons les sociétés de tous biens et les *collegia* et *sodalitia*.

Auparavant, nous confirmerons, par des citations empruntées aux écrivains, ce que nous avons avancé plus haut, à savoir que les idées et sentiments de piété et d'humanité émurent déjà les cœurs des païens.

Le premier mouvement de l'homme secourable fut de partager son manteau ou son pain. On ne saurait dire à quelle époque il fut pour la première fois ressenti. En quelques consciences obscures, la pitié a peut-être germé de tout temps (1). Mais nous savons à quel moment elle entra dans la morale antique, officiellement en quelque sorte, sous le patronage des grands esprits de la Grèce et de Rome.

A la fin de la République romaine, alors que l'aristocratie abaissée allait perdre le pouvoir, et que la plèbe allait s'élever à son tour, les idées d'égalité se répandent de plus en plus ; le sentiment de la solidarité humaine progresse et la fraternité se fait jour. C'est l'époque brillante de la propagande stoïcienne ; alors on vit les philo-

____

(1) Euripide a donné du vrai juste cette définition : « Celui qui vit pour son prochain et non pour soi » (*Héraclides*, 2). V. HAVET, *op. cit.*, p. 105 et suiv.

sophes, devenus moralistes, se mêler au peuple, et prêcher dans les carrefours les idées nouvelles. Rome retentit d'un enseignement pratique qui recommandait aux hommes de faire le bien pour lui-même parce que cela est conforme à la nature (1), c'est-à-dire juste. L'esprit logique des Romains tira les conséquences du système, et la vertu réservée et fière des premiers stoïciens devint agissante. Nul doute qu'elle ne produisît immédiatement des fruits dans la vie journalière et que la bienfaisance ne fût dès lors pratiquée couramment et de mille façons. On a fait observer judicieusement (2) que la lacune des ouvrages historiques et les omissions des écrivains nous empêchent de connaître tous les actes de bienfaisance qui se pratiquèrent sous la forme de vente à vil prix ou de dons gratuits.

Mais l'état des mœurs nous est revélé par les sentiments qu'expriment presque tous les orateurs et les poëtes de cette époque.

Nous trouvons dans Plaute (3) les premiers appels à l'égalité et à la bonté : « Je suis un homme comme toi », fait-il dire à un esclave dans l'Asinarius II, 4, 83. (Comp. Trinummus 404, et une scène du Rudens, 199 et 332).

Térence dit de même : « Je suis homme, et rien de

---

(1) ὁμολογουμένως τῇ φυσει ζῆν. Le système du Portique reposait sur le principe d'identité : le beau et le bien ne sont que des aspects du vrai.

(2) CONTARÉNI. Voir NAUDET, *loc. cit.*, p. 14.

(3) Plaute, qui mourut vers l'an 184 avant l'ère chrétienne, connut et décrivit surtout les mœurs grecques ; il subit certainement l'influence des stoïciens. Zénon, le fondateur de la doctrine du Portique, enseignait vers l'an 300 avant notre ère.

ce qui est homme ne m'est étranger » (Heautontimorumenos 77).

Mais la proclamation précise et répétée de l'égalité des
hommes et de leurs devoirs les uns envers les autres se
trouve dans Cicéron et Sénèque.

Il fallait à la grande âme de l'orateur et à la perfection
de son éloquence, l'émotion des sentiments de générosité et
de bonté. On en rencontre des manifestations fréquentes
dans ses discours et ses traités : « Dans toute cette doctrine de l'honnête que je développe, écrivait-il dans le *De
Finibus* (V. 23), il n'y a rien de plus éclatant ni de plus
large que l'union des hommes avec les hommes, l'association et la communauté de leurs intérêts, et, en un mot,
l'amour de l'humanité *(et ipsa caritas generis humani).* »
Et encore : « La perfection de la nature, c'est celle de
l'homme qui croit qu'il n'existe que pour servir ses semblables, pour les protéger, pour les sauver *(De off.* III.
5) (1). Les hommes devraient comprendre *se esse consan-
guineos* (2), telle est l'idée inspiratrice de ces nobles mouvements. Cicéron l'avait puisée dans les écrits des stoïciens, à qui il réservait la place d'honneur dans son
exposé éclectique de la philosophie. Nous la retrouvons
constamment reprise et développée par Sénèque : « Qu'est-
ce qui élève l'homme jusqu'à la divinité ? écrit Sénèque à
son ami Lucilius. C'est l'âme, mais l'âme sage, bonne,
grande. Alors le divin habite, en passant, dans un corps
humain. Une telle âme peut être le partage d'un cheva-

____

(1) Cpr. *De off.*, III, 17 ; I, 16, 14 ; II, 16. — *De Amicitia*, 14. —
Tuscul, 14. — *De finibus*, III, 20. — *De leg.*, I, 23.

(2) Expressions attribuées à Cicéron par Lactance (V, 8).

lier, d'un affranchi, d'un esclave. Qu'est-ce que chevalier, affranchi, esclave ? Des noms créés par l'orgueil et l'insolence. Songe que ce que tu appelles ton esclave est formé des mêmes éléments, jouit du même ciel que toi, respire comme toi, et comme toi est vivant et mortel. » (Epist. 31. 47. — Cpr. de Benef. III, 21, et Macrobe, I, 11).

De telles pensées, observe M. Naudet, n'auraient pas été comprises par le vieux Caton. Elles marquent combien les philosophes, dont Rome autrefois avait brûlé les livres (Pline l'Anc., Hist. natur., XIII, 27)(1), avaient réussi à faire pénétrer leurs maximes chez ces Romains inflexibles et durs, rebelles si longtemps à la culture intellectuelle. La vérité parvint à triompher de leurs antiques préjugés ; la superstition s'était affaiblie, la raison put se faire entendre. Mais on ne saurait trop admirer ceux qui firent la lumière dans ces ténèbres et qui eurent la force de les dissiper. Pour nous, nous rendrons volontiers, et sans réserve, hommage à ce stoïcisme dont Montesquieu a dit qu' « il semblait que la nature humaine eût fait un effort pour produire d'elle-même cette secte admirable » (2).

Et alors, en présence de cette affirmation de l'égalité et de la fraternité humaines, affirmation répandue et diffusée dans la population qui se pressait aux entretiens des Sextius, des Attale, des Fabianus et des Sénèques, peut-on penser que les Romains, d'un génie si pratique (3), n'aient

(1) Sur l'impopularité de la philosophie pendant la République, V. G. Boissier, *op. cit.*, t. II, p. 1 et suiv.

(2) *Gr. et déc. des Romains*, chap. XVI. — Cpr. Pascal, Entret. avec M. de Sacy.

(3) Les Romains n'ayant plus les *mores majorum* pour guider leur

pas traduit en actes les préceptes qu'ils aimaient écouter? Peut-on dire que Rome païenne ne connut pas l'assistance désintéressée qui procède d'un sentiment du cœur?

Peut-on, enfin, faire antithèse légitime entre les institutions de bienfaisance des païens et celles des chrétiens, dire avec M. Naudet que : « Chez les premiers, elles furent un calcul de politique et d'ambition, la rançon payée par le pouvoir pour n'être pas inquiété ; chez les autres, ce fut l'œuvre d'amour de tous pour leurs semblables, pour leurs frères » ?

On le peut si l'on veut ne considérer que l'assistance officielle. Il paraît certain, en effet, que l'assistance publique à Rome ne fut jamais inspirée par des sentiments de compassion que l'Etat aurait été censé avoir pour les malheureux. Mais à côté de ces fâcheuses distributions alimentaires qui avilirent le peuple et accrurent sa misère, se développa une assistance privée qui, mûe par l'amour des hommes, portait des secours et des consolations aux malheureux : « *Nulla amantior hominum*, disait Sénèque (*De clementia*, II, 5), aucune secte n'aime plus les hommes que la nôtre. » Et cette secte avait des adeptes qui pratiquèrent ses principes. Adeptes obscurs dont les œuvres n'ont pas fait de bruit ni laissé de traces. Quelques témoignages subsistent cependant, qui attestent leur existence, et qui, en nous faisant connaître que les pauvres eurent quelques amis, nous laissent supposer qu'ils en eurent beaucoup. Ainsi, Martial parle d'un individu qui, à l'anniversaire d'un ami qu'il a perdu, fait une distribution

vie, cherchèrent dans la philosophie des règles de conduite. V. G. Boiss., t. II, ch. 1.

« à la foule reconnaissante et pieuse » de ses anciens confrères (Epigr. VIII, 8). L'épitaphe d'un riche affranchi du temps d'Auguste, porte ces mots : *Misericordis, amantis pauperes* (V. Egger, Mem. d'hist. anc., p. 356). « On retrouve souvent dans les épitaphes les expressions suivantes : *Omnibus meis bene feci* (G. Boissier. — V. Fabretti, p. 21 et 22) ; *Bene fac, hoc tecum feres,* lisons-nous encore sur un tombeau (Or. 6042).

L'usage de fournir des aliments était ordinaire, témoin ce vers d'Ovide où il condamne ceux qui en refuseraient :

Vilia qui quondam miseris alimenta negaret (1).

C'est ce que dit Sénèque le Père en son recueil de *controversiæ* :

« C'est un homme : je ne donnerais pas du pain à un homme ?... Il est des devoirs qui ne sont pas dans la loi, et qui sont plus impérieux que les droits écrits... : donner l'aumône à un mendiant, la sépulture à un cadavre. On est coupable de ne pas tendre la main à qui est à terre : c'est là une loi aussi, la loi de l'humanité (2) ».

____

(1) Exemple de Cotta, dans *Tacite,* Ann. (VI, 7 ; XIII, 34). — Un des affranchis de ce Cotta nous dit dans son inscription funéraire que Cotta lui a fait plusieurs fois des cadeaux de 400.000 S., qu'il l'a encouragé par ses libéralités à se marier et à se faire une famille, qu'il a protégé son fils et doté ses filles comme un père. V. *Ann. de l'Inst. arch.,* 1865, p. 1. — *Juv.* V, 109 ; VII, 94.

(2) La pratique des bonnes œuvres est encore attestée par ce passage de Sénèque le Philosophe, où il demande si, quand il s'agit « de porter secours à des malheureux, de consoler des naufragés, des malades, des pauvres, on a le temps de s'occuper d'autre chose ». (*Epist.* 48, 8). — Cpr. *De Clem.,* II, 2, 6. — *De ira,* I, 14, 3 ; III, 28, 1.

D. R. 3

Les formules, comme les idées, devinrent de plus en plus précises. Le mot *humanitas* change peu à peu de sens. Pline le Jeune résume tous ces progrès quand il assure qu'il n'y a qu'une belle chose en la vie, la bienfaisance (*Paneg.*, 40).

A l'époque où il vivait, les chrétiens pratiquaient depuis longtemps l'assistance, mais leurs œuvres, comme leurs croyances, n'eurent pas d'influence sur les mœurs et les idées des païens. Ceux-ci les ignorèrent. Pendant les premiers siècles de notre ère, la société païenne continua de vivre à côté de la secte chrétienne, sans la soupçonner d'abord, et toujours sans la connaître. Les procédés d'assistance ne changèrent pas, mais ils se développèrent rapidement. Les Romains s'assistaient en s'associant, et ils s'associèrent de plus en plus.

Quels étaient exactement le but, la constitution, la capacité de ces associations ? Comment contribuaient-elles à soulager la misère grandissante de la populace romaine ? C'est ce que nous examinerons immédiatement.

Mais nous ne terminerons pas ce chapitre, où nous avons montré l'éclosion et le développement des sentiments altruistes à Rome, sans rappeler les vers magnifiques où Juvénal célèbre la pitié. Ils sont la dernière expression de la charité païenne, et sont à la fois l'éloge de la philosophie stoïque qui la sut inspirer.

« L'homme, dit Juvénal, est né pour la pitié, la nature elle-même le proclame. Elle lui a donné les larmes, c'est le plus beau titre de l'humanité. Oui, la nature le veut, il faut que l'homme pleure quand il voit paraître devant les juges son ami éperdu et les vêtements en désordre. Oui, la nature gémit en nous quand nous rencontrons le convoi d'une jeune fille, quand nous voyons mettre dans la terre un petit enfant. Où est-il l'homme vraiment honnête qui croit que le malheur de ses semblables ne le touche pas? C'est là ce qui nous distingue des bêtes. Aux premiers jours du monde, Dieu, notre créateur, accorda aux animaux la vie seulement, aux hommes il donna une âme, pour qu'une mutuelle affection les portât à sentr'aider » (1).

(1) (*Sat.* XV, 131 et s., trad. de M. Boissier, II, p. 200). — Voir MM. Boissier, Havet et Duruy, *operis citatis*. — Villemain, *De la Philosophie stoïque et du Christianisme*. — Aubertin, *Senèque et Saint-Paul*.

CHAPITRE PREMIER

Les anciens vécurent par groupes ; mais ces groupes s'élargirent de plus en plus ; la famille devint la *gens*, et la *gens* devint la cité. L'individu n'est rien ; le chef du groupe, seul, a des droits.

A mesure que la population augmenta, il fut plus difficile de retenir tous les hommes chacun dans un groupe ; alors l'individu commença à s'émanciper ; mais trop faible et craintif pour rester isolé, il rentra de soi-même dans un groupe, volontairement formé, et ce fut une association.

Ce fait est remarquable surtout dans l'histoire du peuple romain, le moins individualiste des peuples. Les Romains aimèrent et pratiquèrent toujours la vie commune ; ils eurent un sentiment très vif des égards et de l'affection réciproques que se doivent les *consortes* ou *socii*. Les relations entre *socii* étaient soumises à des règles de tolérance mutuelle, désignées par le terme de *jus fraternitatis*.

C'est qu'en effet les premières sociétés furent, évidemment, les sociétés de famille, sociétés où tout est en commun et sert à l'usage de tous. La fraternité dut y régner naturellement. Au besoin, l'autorité du père de famille imposait à tous un mutuel respect de leurs droits. La famille fut longtemps un groupe solide, soumis à une puissance unitaire qui se transmettait par ordre de primogéniture masculine. Puis, lorsqu'au décès du père les fils devinrent maîtres de leurs droits, ils continuèrent, bien souvent, à mener la même vie, dans une sorte de société de fait. Celle-ci s'érigea en société de droit le jour où, l'habitude s'étant répandue de partager les hérédités, les co-héritiers convinrent néanmoins, expressément, de laisser leurs biens en communauté, de façon à s'assurer un sort meilleur.

Alors apparurent les sociétés universelles. Les hommes sentirent l'utilité d'un genre de vie qu'ils avaient toujours pratiqué sans y prendre garde. Les avantages de l'association furent appréciés ; ils consistent surtout en une assistance mutuelle. Chacun mettait, ou laissait ses biens en commun avec ce qui appartenait aux autres, pour en mieux profiter, comme les personnes mêmes se groupaient pour mieux se protéger et se défendre.

D'ailleurs l'idée de réserver dans son patrimoine quelque part afin d'en jouir privativement, n'était pas assez simple pour être admise tout d'abord. Lorsqu'elle se fit jour, apparurent des *sodalitia, collegia* de toutes sortes, où l'on mettait en commun seulement quelques intérêts et quelques cotisations.

Un même sentiment et un même besoin réunissaient ainsi les hommes : le sentiment de leur faiblesse, le besoin d'être plus forts. Ils furent, au début, instinctivement maintenus dans la communauté de famille et dans la société taisible ; plus tard, le raisonnement les poussa à former des sociétés de tous biens et des *collegia*.

C'est un fait bien connu que la propriété fut, à l'origine, collective. L'usage des choses était commun entre les membres d'une même famille. Cela ne veut pas dire qu'ils fussent tous co-propriétaires du patrimoine. Il est vraisemblable, au contraire, que le chef était seul propriétaire puisque c'est lui qui décidait et disposait souverainement de tout. Mais il n'était propriétaire qu'en sa qualité de chef de famille, dépositaire en quelque sorte des droits de celle-ci. A sa mort, il ne transmettait rien; sa fonction était simplement dévolue à un autre.

Le souvenir de l'ancienne co-propriété familiale ne disparut jamais. C'est ainsi que la législation romaine dénomme les *agnats* les plus proches, ceux qui forment le premier ordre de la succession légitime, *les héritiers siens et nécessaires.* « Reconnaissant en eux les co-propriétaires de leur père, elle déclara qu'en lui succédant, ils acquièrent moins une propriété nouvelle que le libre usage d'un droit préexistant (L. 11, *De lib. et post.* D. XXVIII, 2) ». (1)

Lorsque le partage devint possible, il ne fut pas pour cela pratiqué. Alors les frères continuèrent à vivre ensemble; ils formaient ainsi une communauté taisible, chacun pouvant se retirer de la société, aucun n'usant de cette liberté. « Après avoir vécu tous ensemble sous la puissance du *paterfamilias*, ils deviennent à sa mort héritiers nécessaires du patrimoine domestique. Comme ils ne pouvaient, durant sa vie, acquérir aucun bien propre, tout leur est commun... Les frères n'ont connu que la propriété indivise; ils s'y trouvent enracinés d'avance et n'ont qu'à s'y tenir. Parfois sans doute ils se sépareront, mais il arrivera souvent que, fidèles aux longues habitudes de leur vie nationale et individuelle, non seule-

-----

(1) M. ACCARIAS, Précis de droit romain, t. I, no 424-3o. Le jurisconsulte Paul dit (*fr. cit.*) de ces héritiers que : *etiam vivo patre, quodammodo domini existimantur.* Cpr. *Ulp.* XXVI, § 1.

ment, ils ne le feront pas, mais ils n'en auront ni le désir ni même la pensée (1) ».

De telles sociétés subsistent par l'habitude, la conformité des mœurs et des sentiments, par la fraternité qui y règne nécessairement.

Entre membres d'une même famille, elles s'établirent toutes seules. Entre étrangers, elles pouvaient se former dans les mêmes conditions. Des individus accoutumés à la même vie, ayant une fortune personnelle, mais une fortune médiocre, d'ailleurs se sentant faibles dans leur isolement, convinrent de se réunir. La communauté, érigée par contrat, devint la société de tous biens.

Une pareille société n'est pas contractée entre spéculateurs, mais entre petites gens qui veulent se garantir des mauvaises chances de la vie. Ils abandonnent la propriété de leurs biens, et aussi le libre usage de leur vie ; car l'établissement d'une communauté totale des biens ne se conçoit point sans celui d'une communauté d'existence. La fraternité y est donc essentielle (2).

« Il est incontestable, dit M. Accarias, que toutes les sociétés à titre universel proviennent d'un sentiment d'affection réciproque ». Aussi, au cas où l'un des associés cesse d'être en parfait accord avec les autres, la société devra se dissoudre : *In communione vel societate nemo compellitur invitus detineri*. Mais il fallait que la *renuntiatio* fût faite de bonne foi (65 § 3, § 4., D. *Pro*

---

(1) M. POISNEL, *Nouvelle Revue Historique*, Année 1879, p. 431 et 481. M. Poisnel, étudiant les sociétés universelles chez les Romains, en voit l'origine dans les sociétés taisibles formées entre frères.

(2) *Societas jus quodam modo fraternitatis in se habet ;* 63 pr., D. *Pro socio.*

socio); si la société avait été conclue *ad tempus*, il fallait de plus que la *renuntiatio* fût motivée par une cause légitime (Lois 14, 15, 16 pr., hoc tit.).

Ainsi les sociétés *omnium bonorum* procèdent, sans aucun doute, d'un besoin d'assistance mutuelle. Elles furent nombreuses dans les premiers temps du droit romain, de même que plus tard les *collegia* et *sodalitia*, dans lesquels s'absorbait moins l'individualité de l'associé. Le christianisme s'en empara. Entraînés par un détachement complet des biens du monde, les premiers chrétiens partageaient leur fortune entre leurs frères. Ils avaient scrupule à garder des biens qui leur fussent propres. Ils les mettaient donc en commun (1) ; mais leur but n'était pas de s'assurer une vie meilleure : c'était de faire profiter les pauvres de leur propre richesse. Les sociétés qu'ils formèrent ne visaient pas l'utilité des associés, mais l'utilité des autres ; ce furent des associations charitables, les premières qu'ait vues l'humanité.

Jusque-là on s'associait pour soi. Les chrétiens s'associèrent pour les autres. L'ardeur de leur charité ne se borna pas à quelques individus restreints en un cercle plus ou moins étendu ; elle s'étendit à tous les hommes. Il semble, cependant, qu'au début elle ait subi l'influence des habitudes païennes selon lesquelles un homme ne voyait un frère dans un autre homme, que si celui-ci lui était semblable par l'origine, la condition, le culte. La charité chrétienne paraît s'être bornée, dans les premiers temps, à l'assistance des chrétiens. Elle se répandit vite sur les gentils, ainsi que le prouve la fameuse lettre de Julien *ad Arsacium* (*Epistola 49*), dans laquelle il recom-

____

(1) *Acta Apost.*, IV, 32, 37.

mande à ce pontife de Galatie de fonder des établissements de charité sur le modèle de ceux des chrétiens « qui, outre leurs pauvres, nourrissent encore les nôtres » (1).

Pour les païens ils ne se groupèrent en sociétés que sous l'impulsion d'affinités de condition ; les associations ne furent pour eux qu'un mode d'assistance mutuelle.

Telles furent les *societates* entre *colliberti*.

Les sociétés taisibles disparurent de bonne heure à Rome. Elles ne peuvent en effet se constituer qu'entre petites gens qui s'agrègent par groupes formés tacitement et à perpétuité (quoique à chaque instant dissolubles). Elles n'existent qu'entre petits propriétaires laissant leurs parcelles de terre dans l'indivision. Mais « le monde Romain ne connut pas la condition où germent les sociétés taisibles et c'est pourquoi nous le voyons réduit aux sociétés expresses et viagères. Sous cette forme rétrécie et dégénérée, les communautés universelles paraissent n'avoir pas été rares. Elles se rencontraient surtout parmi les affranchis d'un même patron, les *colliberti* » (2).

Les affranchissements furent de tout temps nombreux à

---

(1) Voici un extrait de cette lettre : « Songeons aux moyens populaires par lesquels l'athéisme des Galiléens s'est accrédité dans le monde : je veux dire la charité pour les pauvres, les infirmes, les malheureux de toutes sortes, l'hospitalité pour les étrangers, le culte des morts. ... Etablissez en chaque ville un ou plusieurs hospices pour y recueillir les malades et les étrangers indigents, sans distinction de culte... Je mets à votre disposition 30.000 *modii* de froment, etc... J'avoue que c'est une honte pour moi de voir un païen ou un juif tendre la main et recevoir l'aumône de ces impies Galiléens, lesquels, outre leurs pauvres, nourrissent encore les nôtres. L'éducation des païens est à faire sur ce point. Apprenez-leur qu'il y a obligation pour eux de contribuer aux œuvres d'humanité ».

(2) M. Poisnel, *loc. cit.*

Rome ; la condition de l'affranchi était, primitivement, une servitude adoucie ; le patron y trouvait avantage.

Quand les *jura patronatus* cessèrent d'être rigoureusement observés, on affranchit encore, soit par vanité, pour avoir un nombreux cortège de clients, soit par ambition politique (1), ou par intérêt pécuniaire, lorsque l'affranchissement était payé, afin de maintenir sa domesticité toujours jeune et vigoureuse, en remplaçant les affranchis par de jeunes esclaves. Surtout on affranchit afin d'assurer, par des dispositions testamentaires minutieuses, le culte des *sacra privata*, dont la charge était volontiers délaissée par les héritiers légitimes, indifférents ou sceptiques.

L'excès des affranchissements devint tel qu'Auguste s'efforça de les restreindre par les lois *Ælia Sentia* (an 757), *Furia Caninia* (761).

Il serait téméraire d'affirmer que l'affranchissement ait été pratiqué par esprit d'humanité : les bons maîtres avaient un moyen plus simple de satisfaire leurs excellents sentiments, c'était de bien traiter leurs esclaves (2). Cependant, ce serait exagérer de croire que l'affranchissement ne fût jamais considéré chez les païens comme un bienfait.

Le sort des affranchis était précaire. Méprisés des ingénus (Tite-Live IX, 29, 30, 46), le vice de leur origine ne s'effaçait jamais, et les fils mêmes d'affranchis restaient dans un rang social inférieur. Réduits à un droit de suf-

(1) On cite l'exemple de Sylla qui, à l'époque des guerres civiles, affranchit dix mille esclaves en un seul jour.

(2) *Tibi servire mavelim multo, quam alii libertus esse.* Plaute, *Mil. glor.*, 4, 8, 47.

frage illusoire (1), privés du *jus honorum* (2) et du droit
de milice, ils n'avaient pas le *jus connubii* avec les ingénus (T-L. XXXIX, 9) ni le *jus liberorum* aussi complet
(Gaius, I. § 194); ils restent soumis à la torture en matière criminelle.

En un mot, les affranchis étaient relégués parmi les
humiles homines, bien au-dessous des *honesti homines*.
La *macula servitutis* subsiste en l'affranchi et le retient
dans un état d'infériorité sociale et politique. Sénèque,
voulant parler d'un homme riche qu'il tourne en ridicule,
écrit à Lucilius : « *Et patrimonium habebat libertini, et
ingenium.* » (*Ep. à Luc.* XXVII) (3).

L'identité de la condition les portait tout naturellement
à se réunir. On s'associe facilement quand on est de
même misérable, faible et isolé. Egalement avilis et dé-
pourvus, ils ne trouvaient assurance, dignité et forces
qu'auprès les uns des autres.

D'ailleurs les maîtres affranchissaient souvent un grand
nombre d'esclaves à la fois. Habitués à vivre ensemble
dans l'esclavage, ils retournaient à cette communauté
dans la liberté. Les affranchis d'un même maître se réunissaient spontanément. Il n'était pas rare que leur
maître, en les affranchissant, leur assignât une habitation
commune. Souvent les esclaves affranchis par le même

---

(1) Les affranchis étaient inscrits dans l'une des quatre tribus ur-
baines, très nombreuses, et où le droit de suffrage avait par suite
peu de valeur. (CICÉR., PETIT. CONS., 8. — DENYS, IV, 23).

(2) TACITE, *Ann.*, XI, 24. — *Suétone, Nero*, 15.

(3) Sur l'infériorité sociale des affranchis, voir MOMMSEN, *Le droit
public romain* (t. VI du *Manuel des Antiq. Rom.* p. 18 et s.).

acte étaient parents, comme le prouvent un grand nombre de textes (1). (20, § 1, Dig. XXXIII, 7, — 20 pr., D., XXXIV, 1 — 1 § 1, D. XXXVII, 15 — 41 § 15 Dig. XL, 5). A défaut des liens de parenté, les liens de l'amitié suffisaient à unir les affranchis (2).

Quelles étaient les ressources de ces sociétés? La plupart du temps, les affranchis avaient amassé un pécule, lequel leur était laissé au seuil de la vie libre. Presque toujours, ils avaient au moins quelque talent, *quidquid ingenii*, propre à leur assurer des gains. Dans la servitude, ils avaient appris quelque art manuel ; au moins ils avaient des ressources intellectuelles ; ils étaient grammairiens, rhéteurs, philosophes. Térence, Phèdre, Epictète étaient des affranchis.

Selon qu'ils avaient des biens, ou seulement leur industrie, ils formaient des *societates omnium bonorum*, ou des *societates omnium quæ ex questu veniunt*. Ces dernières furent sans doute très nombreuses (71 § 1. Dig. *Pro Socio*, XVII, 2).

Les premières n'étaient pas rares. L'affranchissement, en effet, se faisait souvent par testament. Or, le maître ne bornait pas là sa libéralité ; il y ajoutait ordinairement soit la concession de terres, soit quelques dons d'argent, soit des allocations de vivres, de vêtements, etc. Nous avons des exemples très nombreux de ces testaments, qui contiennent ainsi de véritables fondations. L'usage de concéder gratuitement des habitations en commun aux affranchis et aux clients, est attesté par un passage d'Ulpien (l. 5, § 1

----

(1) *Recueil d'Orelli*, nᵒˢ 3929, 6302, 6380, etc.

(2) « Le voisinage est le degré inférieur de l'amitié ». *Térence, Heautontimorumenos*, I, 1.

au Digeste, IX, 3) : *Si quis gratuitas habitationes dederit libertis, et clientibus, vel suis, vel uxoris,* etc.

Une réponse de Scevola (38 § 5, Dig. XXXII) nous fait savoir qu'un maître avait légué à quinze affranchis, nominativement désignés, *prœliolum cum taberna,* sous la condition d'en faire usage personnel, et de ne point aliéner leur part. Si cette clause n'était pas respectée, la république de Tusculum devait venir comme substituée vulgairement. Mais plusieurs de ces affranchis avaient vendu leurs parts à deux de leurs co-associés. *Quidam ex his libertis vendiderunt partes suas duobus conlibertis suis, ex eodem corpore.* Peu importe la suite des faits ; cet exposé montre que les affranchis de ce patron s'étaient réunis en société. Le texte prouve, en outre, avec beaucoup d'autres, que les patrons pensaient à subvenir aux besoins de leurs affranchis (Cpr. l. 20 § 1. Dig. XXXIII, 7 — 41 § 15, Dig. XL, 5). Le fragment 20 pr., Dig. XXXIV, 1, montre qu'on léguait parfois, à un esclave que l'on affranchissait, sa femme (*contubernalis*) et ses enfants.

L'emploi fréquent du mot *conlibertis* prouve au surplus que les affranchis avaient l'habitude de demeurer ensemble, de s'associer (Voir notamment 1 § 1, Dig. XXXVII, 15. — Orelli 575, 3012, 3023, 4216, 6378, 4506, etc. ; le mot *consors* y est souvent adjoint).

Les associations d'affranchis étaient donc entrées dans les mœurs romaines. Cet usage est encore attesté par deux documents d'importance extrême, le testament de Dasumius et la donation de Syntrophus. Ils contiennent de nombreux affranchissements, établissent une société entre les affranchis et une fondation pour subvenir à leurs besoins. En même temps ils prescrivent avec minutie les soins à prendre du tombeau du patron donateur ou testateur ; c'est pourquoi ils avaient été gravés sur la pierre tumulaire et sont ainsi parvenus jusqu'à nous (1).

Le testament de Dasumius, après les institutions d'héritier, contient un grand nombre d'affranchissements (2) et de dispositions particulières au profit des affranchis. Puis il leur lègue une terre dans laquelle reposeront ses cendres. De cette terre (3), ils ne devront jamais se défaire. Ce terrain appartiendra aux affranchis légataires avec accroissement au profit des survivants jusqu'à ce qu'il ne subsiste personne d'entr'eux ni d'entre leurs enfants. Tous reposeront après leur mort dans le tombeau du testateur, sauf ceux qui sont exclus de tous les legs. Enfin, Dasumius désigne trois curateurs, avec substitution en cas de mort, lesquels auront l'administration du bien commun. L'un de ces *curatores* sera nommé par les autres à l'effet d'opérer entre les ayant-droits une équitable répartition des produits alimentaires de toutes sortes (*omnia alimenta*); chacun percevra des mains de ce dernier ce qui lui revient.

Suivent des recommandations touchant ses funérailles,

____

(1) Le testament de Dasumius date de l'an 108 après J.-C. Il était gravé sur une table de marbre dont deux fragments furent trouvés en 1820 et 1830 dans le voisinage de la voie Appienne. V. M. GIRARD, *Textes de droit romain*, p. 722, édit. 1895. La donation de Syntrophus nous est parvenue plus complète et presqu'en son entier, grâce à deux copies qui avaient été prises au XVIIe siècle de l'inscription gravée sur une pierre dont une minime partie subsiste à Rome. V. M. GIRARD, p. 743.

(2) Il défend aussi d'affranchir certains de ses esclaves « *quoniam, nullo merito meo, tam valde offenderunt... gestione improba et iniqua* ».

(3) D'une valeur de 6 millions de sesterces.

et l'ordre de graver les termes de son testament sur la
pierre de son tombeau.

Les renseignements que nous fournit le testament de
Dasumius sur les sociétés qui se forment, plus ou moins
spontanément, entre *colliberti*, et sur les fondations que
faisaient leurs maîtres à leur profit, sont confirmés par le
texte de la donation de Syntrophus, qui est de la même
époque (1).

T. Flavius Syntrophus fait donation, à son affranchi
Aithale, de jardins, vignes et leurs dépendances comprenant un édifice, aux conditions suivantes : Aithale, ou ses
ayant-cause quelconques, aura les choses données en commun avec ses *colliberti* de l'un ou de l'autre sexe, lesquels
seront, par le donateur, appelés à cette faveur aux termes
de son testament ou dans des codicilles ; ils en jouiront
ensemble. Une partie des produits sera employée en sacrifices, à des jours désignés, en l'honneur du donateur. Le
surplus sera équitablement divisé entre les *colliberti*, qui
en profiteront leur vie durant. A la mort de chacun, la
jouissance du jardin (*horti*), *cum œdificio et instrumento
omni*, continuera entre les survivants ; celui qui vivra le
dernier, devra, par un testament, prendre des dispositions
analogues à celles de la donation présente, de façon que
les biens donnés avec les charges imposées *œqualiter in
familiam nominis mei permaneant*.

Par ces derniers mots, Syntrophus désigne la descen-
dance de ses affranchis ; on sait, en effet, que les affran-

---

(1) Rapportée dans le recueil de M. GIRARD, p. 743. Voir aussi le
testament, récemment découvert, de C. Longinus Castor (an 189 après
J.-C), *ibidem*, p. 725.

chis portaient le nom de leurs maîtres en avant de leur propre nom.

Telles sont les fondations alimentaires organisées selon ces deux documents; elles sont l'indice d'un usage, sans nul doute très répandu, suivant lequel les patrons confiaient à leurs affranchis, réunis en sociétés, un pécule formant le fonds commun, à charge d'avoir soin de leurs tombeaux.

La préoccupation du tombeau domine l'esprit des anciens. Les histoires des ombres qui errent aux enfers, éternellement repoussées et malheureuses faute d'une sépulture terrestre (1), sont présentes à toutes les mémoires; les récits de l'antiquité en sont remplis. La crainte superstitieuse de la mort fut certainement le premier culte de l'humanité.

Le bien suprême pour l'homme était de s'assurer un tombeau. Les Romains ne l'oublièrent jamais (2). Mais cela ne suffisait pas : les morts, subtilement disparus du monde, devenaient des dieux pour les vivants, et tout dieu réclame impérieusement des sacrifices qui l'apaisent et le rendent favorable. Pratiquement les mânes ont faim, il faut les rassasier. S'ils sont courroucés du manque d'égards, c'est qu'ils en souffrent : il importe avant tout à chaque homme d'assurer à ses mânes les aliments et les honneurs dont ils ont besoin.

La famille patricienne, fortement organisée en vue de la perpétuité du culte, pourvoyait à ces besoins, sans que

-----

(1) Lorsqu'on brûlait les morts, leurs cendres, recueillies avec soin, devaient être enfermées dans l'urne funéraire.

(2) Cic., *De leg.*, II, 22.

les morts eussent à redouter la négligence de descendants tenus au devoir religieux, non seulement par la piété, mais par l'intérêt, et par le désir d'être à leur tour, et de même, plus tard honorés.

Les petites gens n'avaient point la même certitude. Qui prendra soin de leur tombeau ? Leur famille n'est pas solidement constituée. Peut-être n'ont-ils pas de famille. Mais ils sont tous dans la même situation. Pourquoi ne se rendraient-ils pas les uns aux autres le service des tombes ?

Tel fut le sentiment qui inspira la multitude de collèges funéraires qui se répandirent de bonne heure dans la société romaine ; c'est une idée religieuse qui préside à leur formation. On serait fondé à dire qu'à Rome toute association avait la garde et l'entretien de sépultures (1).

Ce fut le premier service, et le plus important selon les idées du temps, que les hommes se rendirent les uns aux autres ; c'est le devoir primordial de la fraternité. Les sociétés universelles, dont les quelques textes épars, ci-dessus rapportés, font entrevoir l'existence ancienne, ne manquèrent assurément pas à cet office. Nous avons vu qu'elles avaient la garde et le soin du sépulcre d'un patron ; elles ne pouvaient oublier d'accomplir le même office à l'égard de leurs membres.

Quand les *humiles* et *tenuiores* commencèrent à s'associer par versement de simples cotisations, tout en réservant la propriété privée de leur *pecunia*, ce fut pour fonder des *collegia funeratitia*.

---

(1) V. Corp. inscr. latin., VI, 9144, 1946 et 1947, 2193, 10100, 10109, 10045, 10046 ; IX, 465. Cf. Huschke, *Zeitschrisft für gesch. Rechtswissenschaft*, t. XII, p. 242. V. au surplus le *Dictionn. des antiq. grecq. et rom.*, au mot *Funus*, (20e fascicule, p. 1403).

CHAPITRE II

DES COLLÈGES ET SODALITÉS.

Le développement des associations, à Rome et dans les provinces, est la manifestation la plus éclatante du sentiment de la solidarité humaine chez les anciens. Ces associations se recrutaient surtout parmi les humbles et les faibles : c'est la preuve que les pauvres gens sentaient le besoin de s'appuyer les uns sur les autres. Ils se prêtaient mutuellement aide et soutien, c'est la meilleure manière de s'assister.

L'association implique confiance réciproque et idées communes, la fraternité. Ainsi furent comprises les sociétés par les Romains. « Il semble, dit M. Cuq, que le groupement des individus soit la seule forme de société que les Romains aient su concevoir ». Cela est si vrai que le contrat de société fut régi strictement selon les principes dérivés du *l'intuitus personæ*, considéré comme nécessaire. Les sociétés de spéculation même étaient avant tout des sociétés de personnes. A plus forte raison en devait-il être ainsi des associations conclues dans d'autres vues que celles de faire des opérations lucratives.

On ne peut donc nier (et qui, au surplus, en aurait la pensée ?) que les *associations* ne fussent formées entre personnes qui se connaissaient, et parce qu'elles se connaissaient. L'*affectio societatis* fut une réalité.

Dès lors, il faut voir dans ces multitudes d'associations de petites gens, sous les noms les plus divers, le foyer principal de la bienfaisance antique. Nous ne savons pas, ou nous ne savons qu'imparfaitement, ce qui se passait dans ces *collegia tenuiorum*; mais à coup sûr, les meilleurs sentiments régnaient entre les *collegiati*, et ces sentiments se traduisirent par des actes. Constitués sur le type de la *gens*, ils formaient une famille pour les misérables, et, comme dans la famille, les *consortes* ou *sodales* avaient des devoirs les uns envers les autres (Cicéron, *De pet. cons.* V. 16).

Tout indique donc, *a priori*, que ces associations étaient de véritables sociétés de secours mutuels. Sans doute, les textes ne le révèlent pas d'une manière péremptoire. Mais quoi ! Si le hasard n'avait fait découvrir, dans les déserts d'Algérie, la trace des collèges d'officiers ou de soldats, qui eût imaginé l'existence de ces caisses de secours et de retraites si bien organisées?

Pour bien connaître l'antiquité, force est de se résigner souvent à dépasser les rares textes qui sont parvenus jusqu'à nous. On peut raisonnablement imaginer qu'une institution a produit les fruits qu'elle était prête à produire, encore qu'on ne les voie point. Une situation donnée engendre nécessairement les faits qu'elle comporte ; il est imprudent de nier tout ce qui nous échappe. C'est pourquoi je dirai avec M. Boissier que « nous ne pouvons nous flatter de connaître toutes les formes que la bienfaisance avait revêtues dans les associations antiques », mais j'ajouterai que nous pouvons les deviner.

J'examinerai donc la question de savoir si on peut

considérer les *collegia tenuiorum* comme de véritables sociétés de secours mutuels. Deux autres points seulement seront examinés touchant les associations : celui des libéralités qui, en fait, leur étaient adressées, et celui de leur capacité juridique à les recevoir (1).

SECTION I. — **Des libéralités qui étaient faites aux collèges.**

Les collèges, formés selon le modèle des *gentes* et de la cité, avaient leurs patrons et leurs dieux (2). Les premières associations furent des collèges de prêtres ; c'étaient des confréries très anciennes, appelées sodalités, et affectées au service d'une divinité ; elles se réunissaient dans son temple et accomplissaient les rites dont le principal consistait dans un repas religieux pris en commun. Tout dieu de la cité avait son temple et sa sodalité (Cic., *De Senect.* 13).

A l'abri des pratiques du culte, les associations se multiplièrent. Tolérées sous la République, elles furent prohibées par César et par Auguste (1, *Quod cujusc. univ. Dig.* III, 4). Désormais une autorisation, donnée après avis du Sénat, est nécessaire, sauf pour les collèges « les plus innocents et pour ceux que leur antiquité rend véné-

---

(1) Les *collegia* ont été l'objet de nombreuses études ; aussi je bornerai mes explications à leur sujet aux points qui intéressent plus spécialement l'assistance privée. Je me référerai surtout au travail de M. Liebenam : *Zur Geschichte und Organisation des römischen Vereinswesens.* — V. encore Mommsen, *De collegiis et sodaliciis.* — Gaston Boissier, *La religion rom.* — Duruy, *Hist. romaine.*

(2) Orelli, 4133.

rables » (1). Les empereurs redoutaient seulement la turbulence et les prétentions politiques des autres (2). Les affranchis et les esclaves d'une même maison formèrent des associations funéraires dès le temps de la République (*Corp. Inscr. lat.* VI, 5961, 10415) : « A partir d'Auguste, les esclaves et affranchis de la maison impériale établirent plusieurs associations de ce genre. Nous citerons seulement celles des affranchis et des esclaves de la maison de Livie et des Césars, fils adoptifs d'Auguste, de la maison de Marcella, la plus jeune fille d'Octavie, sœur d'Auguste ». (*Dict. des Antiq. gr. et rom.*, p. 1403).

D'ailleurs, si les prohibitions étaient sévères et les peines rigoureuses (peines du crime de lèse-majesté) (2, Dig. XLVII, 22), la tolérance paraît avoir été très grande. Grâce à la liberté des collèges funéraires et de petites gens (3), la liberté d'association existait presque, en fait, à Rome.

Comment vivaient tous ces collèges ? Il faut, à cet égard, diviser les *universitates* en deux classes :

La première comprenaient les sociétés de commerce et d'industrie et les corporations *in quibus artificii causa unusquisque adsumitur* (5 § 12, D. L, 6). Celles-là vivaient du produit de leur travail. Nous n'en parlerons point (4). Il faut remarquer cependant, qu'elles s'occupaient aussi d'assurer à leurs membres une sépulture convenable.

____

(1) Suétone, *Octave*, 32, *César*, 42.

(2) Pline, *Epist. X*, 43.

(3) 1 *pr.*, D. III, 4. — 1 *pr.*, D. XLVII, 22. — Cpr. *Inscr. de Lanuvium*, dans le recueil de M. Girard, p. 776.

(4) V. *Histoire et organisation des collèges d'artisans à Rome*, M. Lefèvre, thèse, Paris, 1894.

Quant aux autres, *collegia tenuiorum* de toutes sortes, qui ne comprenaient pas des gens du même métier, elles vivaient des cotisations de leurs membres et surtout des libéralités de leurs patrons *(cultores. Augusti,* ou *Fortunæ, Victoriæ, Larum Augusti ; collegium Silvani* sous Domitien ; *collegium larum Volusianorum,* etc. — V. *Dictionn. des Antiq., loco citato).*

Les cotisations se payaient tous les mois *(stips menstrua)* ; rigoureusement, en effet, les associés ne devaient se réunir qu'une fois par mois (Marcien, Dig. XLVII, 22). L'inscription de Lanuvium (1) nous montre que le nouveau venu dans un collège payait un droit d'entrée, qui était de cent sesterces dans le collège des adorateurs de Diane et d'Antinoüs, plus une amphore de vin ; et en outre les infractions au règlement emportaient paiement d'amendes par les contrevenants (2).

Ces revenus étaient, par eux-mêmes, insuffisants. Mais les *collegia* trouvaient des ressources plus importantes dans les libéralités de leurs patrons. Toute association, après s'être mise sous la garde d'un dieu, recherchait l'appui d'hommes puissants et généreux qui devenaient membres honoraires *(honorati)* du collège. C'était une dignité, mais aussi une charge. Tel est le caractère des

---

(1) L'inscription découverte en 1846 sur l'emplacement du *Lanuvium* donne les statuts du collège formé en 133 sous le nom de *collegium cultorum Dianæ et Antinoi ;* c'est un collège funéraire ; l'inscription date de 136 après J.-C., trois ans seulement après la constitution du collège, lequel est encore très pauvre. Voir MOMMSEN, *De collegiis,* p. 98, 116. — BOISSIER, *Op. cit.*

(2) Et encore : « *Quisquis servus ex hoc collegio liber factus fuerit, is dare debebit vini boni amphorum.* »

honneurs et des fonctions publiques à Rome que les titulaires payent ceux qui les y élèvent. Les témoignages abondent de la prodigalité des grands seigneurs romains à toutes les époques (1). Leurs largesses se répandaient sur leurs clients, sur le peuple, mais elles devaient s'étendre aisément aux collèges qui, par leur puissance, étaient capables de leur rendre leurs bienfaits en influence politique et sociale.

Aussi les collèges n'avaient-ils pas de peine à trouver des patrons ; les plus pauvres mêmes obtenaient la protection de ces riches affranchis, parvenus dans la société, prêts à recueillir avec avidité toutes les distinctions qui s'offraient à eux.

Enfin les collèges étaient de nature à perpétuer le culte des tombeaux.

Ces considérations expliquent la multitude de donations et de legs qui parvenaient à ces associations et remplissaient leur caisse commune (*arca*) ; d'ailleurs les collèges savaient stimuler la générosité et n'ignoraient pas l'art, si habilement pratiqué par les parasites, de se faire payer leurs flatteries (Orelli, 4133).

Un seul patron ne suffisait pas ; chaque collège s'efforçait d'en avoir le plus grand nombre possible, de même qu'aujourd'hui nous voyons tant de sociétés rechercher des membres honoraires, qui sont les donateurs et les véritables soutiens de l'association. Ainsi les *collegia tenuiorum* mettaient à leur tête, à la place d'honneur, plusieurs généreux protecteurs.

C'est ce que nous révèlent les albums de ces collèges. L'album est le règlement de l'association. Il comprend,

____

(1) V. Duruy, t. V, p. 396.

notamment, la liste des membres. D'abord sont inscrits les patrons, les présidents sortis de charge (*quinquennalicii*) et ceux qui sont en exercice (*quinquennales*) (1). La lecture des albums qui nous sont parvenus montre que chaque *collegium* avait, ordinairement, vingt à trente protecteurs (2). Le recueil d'Orelli renferme un grand nombre d'inscriptions portant donations ou legs des patrons aux collèges (dans le chapitre XVI § 14, chapitres XVII et XVIII).

Très souvent on léguait un terrain pour la sépulture (3), et c'était remplir le vœu le plus cher des associés, puisque leur but principal était d'avoir un tombeau. Le testateur laissait des terres ou de l'argent, afin que les revenus fussent employés à faire en son honneur des sacrifices et des repas communs (4). Les collègues pouvaient se réunir autant qu'ils le voulaient pour ces repas ; le sénatus-consulte, rapporté par Marcien, avait déclaré que les réunions pour motif religieux seraient toujours licites (5) ; or le repas funéraire est une cérémonie religieuse. L'inscription de Lanuvium montre cependant qu'on ne s'y préoccupait guère de gravité ; ceux qui troubleront le festin par des propos d'affaires ou qui feront du tumulte, payeront quatre, douze ou vingt sesterces à la caisse

---

(1) Ces magistrats, encore appelés *curatores* ou *quæstores*, administraient le fonds commun sous caution (*Corpus*, III, 924. — VI, 10234. — V. 5304.

(2) ORELLI, 4054, 4055.

(3) ORELLI, 4092, 4093.

(4) ORELLI, 3999, 4107.

(5) 1 § 1, D. XLVII, 22, « *Sed religionis causa coire non prohibentur.* »

commune « *ut quieti et hilares diebus solemnibus epu-lemur* ». La religion n'était pas l'unique affaire de ces réunions confraternelles. Les associés y trouvaient aussi leur agrémeut; nul doute que la cordialité n'y fût très grande; tous propos aigres y étaient réprimés : « *Si quis autem in opprobrium alter alterius dixerit aut tumul-tuarius fuerit, ei multa esto* H. S. XII n. »

Le menu de ces repas ne manquait pas d'être copieux. Les statuts de Lanuvium parlent d'une bouteille de bon vin (*boni vini*), d'un pain de deux as et de quatre sardines pour chaque convive. Mais c'était le menu obligatoire, ce qui était dû aux mânes, et ce que payait l'association. Assurément un repas dont on écartait soigneusement toute cause de trouble était moins frugal. Le supplément pro-venait précisément des dons et présents des patrons; il y a lieu de présumer que ce supplément formait le fonds du festin. La caisse commune, promptement enrichie, devait y consacrer elle-même une partie de ses ressources.

Les libéralités qui alimentaient cette caisse atteignent parfois des taux élevés, témoin ce legs de Salvia Marcel-lina, veuve d'un riche affranchi, qui laissait au collège d'Esculape et d'Hygie la somme de 50.000 sesterces (10.000 fr.), dont les revenus devaient être distribués tous les ans entre les associés (1).

Les dispositions de la libéralité sont précises et rigou-reuses, ce qui lui donne le caractère d'une véritable fonda-tion charitable. Les termes de ce legs ont ils été inventés pour l'usage unique de Salvia Marcellina? Il serait puéril de le supposer. La formule qu'elle emploie a dû servir à d'autres testateurs. La précision des termes montre qu'ils

____

(1) BRUNS et MOMMSEN, *Fontes*, p. 318.

ont dû être rédigés par un praticien, habitué sans doute à de pareils actes. Salvia Marcellina n'accomplit donc pas un acte anormal. Ces legs à des collèges étaient entrés dans les mœurs (1). (V. 93 § 4. *De legat.* D. XXXII — 9 § 5, D. ibid. — 1 Code, *de Judæis* I, 9 — 38 § 6, *De legat.* XXXII).

SECTION II. — Capacité juridique des collegia.

Les textes qui viennent d'être cités parlent tous de dons et legs adressés aux collèges. Ceux-ci étaient donc capables de recevoir, capables en tant qu'*universitates* indépendamment des personnes dont la réunion les constituait? Ces textes, en effet, ne parlent pas de libéralités faites aux membres de collèges, institués nommément, *ut singuli*, mais de dons ou legs faits aux collèges (« *Salvia c. f. Marcellina donum dedit collegio Œsculapi....* » Bruns (*Mommsen*) p. 318 — « *Collegio fabrorum legavit* » 93 § 4. *De legatis* D. XXXII — etc.). Les collèges sont donc considérés comme capables d'acquérir à titre gratuit.

Ainsi, ils jouissent de ce que nous appelons aujourd'hui la personnalité juridique. Ce point nous paraît certain. Les jurisconsultes romains, d'esprit si logique et pénétrant, ne pouvaient manquer d'apercevoir que *l'universitas* est distincte des personnes qui la composent, qu'elle a notamment une durée, des intérêts et des besoins que ceux-ci n'ont pas. Du jour où cette distinction fut faite, la notion de la personnalité naquit.

(1) MOMMSEN, *De collegiis.*

A l'époque classique, les *universitates* ont des droits spéciaux, que n'ont pas les *consortes* pris en particulier. C'est ce que nous exprimons en disant que les *collegia* furent des personnes juridiques. Les textes n'emploient pas ces propres termes ; mais qu'importe ? ils se servent de l'idée. Encore citerait-on un fragment de *Florentinus*, au Digeste, loi 22 *De fidejussoribus* et *mandatoribus*, selon lequel le municipe, la curie et la société, de même que l'hérédité, *personæ vice funguntur*. Cependant il est vrai que les Romains n'ont point parlé de personnalité morale ou juridique.

Le contraire eût surpris. Car chacun sait que les jurisconsultes de Rome ne se préoccupaient guère de construire des théories pures ; le goût de l'abstraction n'a jamais été leur fort. Ils considéraient les faits, examinaient les situations, et leur appliquaient les principes convenables. Leur législation est issue de la pratique. Ils n'étaient pas disposés à envisager en soi l'aptitude à être sujet de droits. C'est pourquoi ils n'eurent pas la notion de la personnalité, telle que nous l'avons nous-mêmes, c'est-à-dire la notion d'une qualité se détachant de l'individualité qui en est ou n'en est pas revêtue, notion de quelque chose d'abstrait qu'un pouvoir supérieur donne ou retire. Les Romains constatèrent seulement l'association, et lorsqu'ils eurent compris ce qu'elle était, ils lui donnèrent les moyens d'exister.

L'association fut d'abord un simple fait : la réunion de plusieurs hommes. Mais ces hommes se réunissaient dans un but quelconque : l'entente se forme entre les associés ; cette entente devient durable. Alors une volonté commune et permanente apparaît.

Cette volonté est-elle légitime ? En ce cas il importe que

les jurisconsultes s'ingénient à lui donner satisfaction. Il faut à cette volonté commune la possibilité de se manifester, un agent qui la représente, des ressources pour accomplir ses fins.

Est-elle, au contraire, illégitime ? Alors on l'empêchera d'exister ; on dissout les collèges illicites. Mais si elle existe, elle doit, selon la logique, produire effet.

Telle est la conception du droit classique. Elle ne sépare pas la faculté de se réunir de la faculté d'avoir des droits. Aujourd'hui, c'est un lieu commun de distinguer le droit de s'associer et le droit de constituer une personne morale : plusieurs s'imaginent même que le premier, à lui seul et sans le second, aurait une grande valeur. A Rome, cette distinction n'aurait pas eu de succès. Les jurisconsultes classiques décident que les collèges ne se formeront qu'avec l'autorisation de l'empereur, sauf exception en faveur des *Collegia tenuiorum* qui peuvent se considérer comme autorisés une fois pour toutes par le sénatus-consulte cité par Marcien et reproduit en tête de l'inscription de Lanuvium. Mais tout collège régulièrement formé a des droits. On ne conçoit pas qu'une *universitas* existe sans droits (1).

Comment toutefois ces droits seront-ils exercés ? L'*universitas* est, selon les principes, *persona incerta* ; sur qui reposeraient les droits qui lui compètent ? D'ailleurs comment acquerrait-elle ? Elle ne le peut que par représentation, et la représentation n'est pas admise.

______

(1) *Sic*. Mommsen, *De coll.*, p. 119, « *Utut vero incepit personæ attributio, mox eo perventum est, ut ubicumque collegii societatisve utilitas evidens erat, jus personæ accedere debere censerent. Quod quo tempore receptum sit, ignoramus, sed ea re factum est, ut jus personæ cunjungeretur cum collegiis licitis omnibus.* »

Ces considérations embarrassèrent beaucoup les jurisconsultes. Mais leur esprit pratique ne se laissa pas arrêter par ces difficultés. La nécessité fut plus forte que leurs scrupules. Il y avait une *universitas* dont l'existence et les droits s'imposaient. C'était la cité. Les règles ayant fléchi pour elle, avaient perdu leur rigidité contre les autres.

La première *universitas* fut assurément la cité, formée par l'association de plusieurs chefs de *gentes*. Ces chefs, ayant des intérêts communs, formèrent un accord ; et la nécessité de respecter la volonté commune s'étant imposée, la cité naquit. Elle a une fonction à remplir, des devoirs ; par conséquent, il lui faut des droits. Les services publics dont elle a la charge exigent l'emploi d'esclaves ; à qui appartiennent ces esclaves ? Indivisément à chacun des chefs ? Oui, sans doute, au début. Mais en réalité, ils n'appartiennent à aucun d'eux : ce sont des *servi publici*. On se demande donc s'ils n'appartiennent pas au municipe. Certains y répugnaient. Cependant on finit par l'admettre, non sans controverses (1 § 22, *Dig*. XLI, 2). En fait, ces esclaves, quand ils étaient affranchis, prenaient le nom de leur municipe (Varron, *De lingua latina*, dans Savigny, system § 58, note CC.).

Si le municipe jouait le rôle de patron, il pouvait donc succéder à ses affranchis, ou être institué par eux, et alors, aussi bien par toute autre personne ? Cependant, comment fait-il adition ? *Universi consentire non possunt* (1 § 22 *pr*., *Dig*. XLI, 2). Ulpien dit, en effet, que le municipe ne peut être institué héritier, *quoniam incertum corpus est. (Regularum fragmenta*, T. XXII, 5) ; mais il rappelle seulement une règle ancienne, et il reconnaît qu'elle n'est plus appliquée ; il ajoute en effet aussitôt que les municipes peuvent être institués par leurs affranchis, et que l'hérédité peut leur être restituée à titre de *fidéicommis (eod. loco)*; et plus loin (T. XXIV, § 28), il déclare que Nerva introduisit le principe suivant lequel on put léguer à toutes les cités qui dépendaient de l'Empire romain. Ce principe fut par la suite développé (26, D. XXXVI, 1). Ulpien constate lui-même le nouvel état du droit ; il répond à sa propre objection, tirée de ce que les municipes *consentire non possunt*, (1 § 1, *Dig. de libertis universitatum* XXXVIII, 3) que les municipes peuvent acquérir par autrui, au moyen de la *bonorum possessio*, et il écrit *(ibidem pr.)* que les municipes ont un *plenum jus* sur les biens de leurs affranchis. Finalement, toute cité avait le droit d'acquérir à titre gratuit, de toute manière. C'est ce qu'exprime la loi 12 au Code, VI, 24 : « *Hereditatis, vel legati, seu fideicommissi, aut donationis titulis, domus aut annonæ civiles, aut qualibet œdificia vel municipia, ad jus inclytæ urbis, vel alterius cujuslibet civitatis pervenire possunt* ». « Il peut être fait des legs aux cités, dit Paul (122, D. XXX), surtout pour ce qui concerne son ornement ou son éclat... comme pour édifier des places publiques, théâtres, champs de course, cirques, ou pour être répartis entre les citoyens, ou pour des festins..., mais principalement pour des secours à fournir aux enfants et aux vieillards ». Parmi les legs adressés aux cités, il en était, et cela nous intéresse particulièrement, qui avaient pour objet la distribution d'aliments ou l'éducation des enfants. C'est ce que dit Marcien au Digeste, fr. 117, l. XXX. (Cpr. 32 § 2, h. t.).

Quant au droit pour la cité de posséder, d'être propriétaire, la jurisprudence passa par les mêmes hésitations, et en triompha de même. V. I § 22, Dig. XLI, 2. — Pour l'usufruit, 66 § 7, D. XXI — 56, D. VII, 1. — 8, D. XXXIII, 2.

A l'époque classique, la cité est absolument capable ; et les textes font remarquer que c'est bien elle, en tant qu'*universitas*, qui jouit de ces droits, et non pas les particuliers : *Universitatis sunt, non singulorum, veluti quœ in civitatibus sunt theatra et stadia et similia ; ideoque nec servus communis civitatis, singulorum pro parte intelligitur, sed universitatis* (Marcien 6 § 1, D. I, 8) — (Cpr. 31 § 1, et 81, Dig. XLVII, 2. — 7 § 1, D. III, 4).

La notion de l'*universitas* douée d'une existence propre et sujet de droit, est donc définitivement entrée dans le droit romain, dès le temps des grands jurisconsultes.

« L'essence de cette conception était l'attribution de certains droits, dont jusqu'alors l'individu était seul titulaire, à quelque chose qui n'est pas un individu. Ce quelque chose, dans la pensée des jurisconsultes classiques, était une réunion d'hommes, un groupe, une association (1) ». La cité s'individualise, elle existe par elle-même : *Civitatis legatum vel fideicommissum datum civitati relictum videtur*, dit Papinien. Et Ulpien, (7 § 1, D. III, 4.) : *Si quid universitati debetur singulis non debetur, nec quod debet universitas, singuli debent.*

Et la cité a si bien une vie propre qu'elle peut mourir :

____

(1) M. Vauthier, *Étude sur les personnes morales.*

« Si un usufruit a été légué à une cité, et que la charrue ait passé sur son sol, la cité n'est plus ; ce fut le sort de Carthage, elle disparaît, comme frappée de mort, et son usufruit prend fin ». 21, Dig. VII, 4.

Pour exercer ses droits, elle a besoin d'une personne vivante qui la représente ; ce fut le rôle de l'*actor, syndicus* ou *defensor* (1).

La cité servit de modèle à toutes les autres *universitates* (2). La constitution du collège ne diffère, en effet, de celle du municipe, que par la moindre étendue et de moindres intérêts. Mais on y trouve toujours cette volonté commune, différente des volontés particulières et s'imposant à elles, qui avait frappé la jurisprudence romaine. Aussi, voyons-nous que la situation juridique des *collegia* suivit celle des *municipes*. L'assimilation est faite dans le texte suivant de Gaius : « *Quibus (constitutionibus) permissum est corpus habere collegii, societatis, sive cujusque alterius eorum nomine proprium est,* ad exemplum reipublicæ, *habere res communes, arcam communem et actorem sive syndicum, per quem,* tanquam in republica, *quod communiter agi fierique oporteat, agatur, fiat* » 1 § 1, D. III, 4. Ajoutons ce texte d'Ulpien (fr. 2, h. tit.) : « Si municipes, vel aliqua universitas *ad agendum det actorem, non erit dicendum, quasi a pluribus datum*

____

(1) 3, 6 § 1, 2, 3, 7 *pr.*, *Dig.*, III, 4. On voit par ces textes que la cité pouvait notamment agir en justice. Cela ne put être admis que du jour où le système formulaire remplaça celui des actions de la loi. Une remarque analogue s'appliquerait à la stipulation et aux pactes. L'histoire de la représentation est liée à celle du formalisme.

(2) *Collegium instituitur ad exemplum municipii, qua in re tota eorum natura conclusa est.* Mommsen, *De coll.*, p. 117.

sic haberi : hic enim pro republica vel universitate inter-
venit, non pro singulis (1). »

Dès lors, il nous paraît absolument démontré que les
collegia jouissaient d'une capacité pleine et entière, capacité que rien ne limitait, sauf le droit arbitraire de l'empereur de les dissoudre. Des textes spéciaux vinrent, pour
les collèges, consacrer ces droits : Marc-Aurèle donna
à tous les collèges, auxquels il est permis de se réunir, le
pouvoir d'affranchir ; c'est pourquoi et à juste titre, ceux-
ci feront valoir leurs droits sur l'hérédité légitime de
l'affranchi (1 et 2, Dig. XL, 3).

Si le collège est licite, il est capable de droits. S'il est
illicite, il n'existe pas ; restent alors les individus qui ont
essayé de le composer, individus aptes à exercer leurs
droits comme des particuliers quelconques. C'est ce que
dit Paul en un langage très caractéristique : « Puisque
l'empereur Marc-Aurèle a permis de léguer à des collèges,
il n'est pas douteux qu'un legs fait à un corps qui se réunit licitement, ne lui soit dû : quant au legs adressé à un
collège illicite, il n'a aucune valeur, à moins qu'il ne soit
fait à ses membres en particulier ; ceux-ci, en effet, viendront au legs, *non pas comme collège, mais comme indi-*
dus et personnes certaines ». 20, Dig. XXXIV, 5.

La distinction du collège en son individualité, et des
hommes qui le composent est ainsi formellement faite.

Telle était la doctrine romaine. En l'exprimant dans
notre langage actuel, nous dirons qu'à Rome le droit de
s'associer et celui de former une personne morale étant

***

(1) *Adde* 10 § 4, D. II, 4. — 1 § 15, D., XXXVI, 1, 25 § 1, D. XXIX,
2. — V. Grut., 35, 5. — Orelli, 2886, 4974 (Exemple d'une man-
cipation faite à un collège). — Orelli, 4068. *Respublica collegii.*

confondus, les *collegia* n'existent que par la permission, expresse ou tacite, du pouvoir suprême ; mais que, dès lors qu'ils existent, ils sont personnes morales et jouissent de tous les droits des personnes vivantes (1).

SECTION III. — **Les collegia tenuiorum constituent-ils des sociétés de secours mutuels ?**

C'est, comme le dit Mommsen, sous l'empire de la nécessité, que les collèges parvinrent à la personnalité. Il fallut admettre qu'ils avaient un patrimoine propre, parce qu'ils avaient des fonds qui n'appartenaient pas à chacun des *corporati* et qui étaient mis au service de tous ; il fallut leur reconnaître la faculté de recevoir parce qu'il leur était beaucoup donné. Les textes ne laissent aucun doute sur la fréquence des legs qui leur étaient faits. Quant aux donations, qui laissent moins de traces, et surtout quant aux dons manuels, ils durent être plus nombreux encore.

----

(1) Sauf, bien entendu, à ne pas exercer ceux qui sont incompatibles avec leur nature (droits de famille).

Cette doctrine, contraire à l'opinion incidemment exprimée par SAVIGNY (*Traité*, trad. GUENOUX, t. II, p. 258), est celle de MOMMSEN, *De coll. et sod.*, p. 118 et s. « *Neque ignoramus*, écrit-il, *diu collegia sine persona fuisse; sed quanta facilitate et quasi quadam necessitate eam receperint, ex indole eorum conjici potest... Quamquam initia ut fit obscura sunt...; ita postea, cum nullum collegium constitueretur nisi publica auctoritate, omnibus personam concedi juris ratio postulabat.* » En ce sens, UNGER, *Kritische Überschau*, t. VI, p. 149. — WINDSCHEID, *Lehrbuch des Pandektenrechts*, § 60, note 3. — BRINZ, *Lehrbuch des Pandekten*, § 234. — VAUTHIER, *Op. cit.*, p. 40 et s.

Nous savons d'ailleurs que les collèges prenaient promptement un grand développement, ce qui ne s'explique que par la rapidité de leur fortune.

Leur caisse disposait donc de ressources importantes. Quel en était l'emploi ? C'est ce qu'il nous reste à examiner.

Les associations primitives de la cité furent des collèges de prêtres, voués au culte des dieux de la ville. Sur leur modèle, se formèrent les collèges de *cultores*. (V. Boissier, *Revue archéol.*, 1872, T. 1, p. 84). Adorateurs des dieux, ils ne dédaignaient pas le culte des vivants. On en vit qui s'obstinaient à célébrer Auguste, dès avant sa mort. Cela montre que la religion ne fut bientôt pour eux qu'un prétexte. En réalité, les associations se divisent. Celles qui poursuivent le lucre ou des intérêts corporatifs se mettent par habitude sous la protection d'un dieu. Celles qui ne sont pas formées entre gens de même métier, et pour faire des bénéfices, conservèrent un véritable caractère religieux.

Or la religion commande avant tout de prendre soin des morts ; cela explique que les associations religieuses fussent des collèges funéraires (V. Mommsen, *De coll.*). La garde et l'entretien des tombeaux, la célébration périodique des rites funèbres par des repas en commun, telle était leur double et principale fonction.

Etait-ce la seule ? Non. Il est vrai que les empereurs s'efforcèrent de limiter à cet objet l'emploi de leurs ressources. Mais ces prescriptions étaient gênantes ; on s'en débarrassa peu à peu. Au surplus, que les collèges distribuassent des secours à leurs membres, cela ne pouvait porter ombrage au pouvoir.

En fait, l'association avait des fonds disponibles ; il était naturel qu'elle en fit usage. Le nombre des repas s'accrut au point de devenir l'affaire principale de ces confréries ; c'était déjà un soulagement à l'indigence. Or nous avons la preuve que ces repas étaient parfois remplacés par des distributions en argent ou en nature (*Lex collegii Œsculapi et Hygiœ*). L'appendice épigraphique de M. Liebenam en offre plusieurs exemples (voir notamment les numéros 36 et 52 qui relatent des legs faits à des collèges « *ut ex usuris sportulœ viritim dividantur* »).

Les testateurs se référaient à un usage constamment pratiqué dans les associations ; ils imposaient aux collèges une charge dont ils les voyaient s'acquitter tous les jours.

Sans doute, nous n'avons pas de documents précis permettant d'affirmer que les *collegia tenuiorum* remplirent le rôle de véritables sociétés de secours mutuels. Mais combien de statuts de ces collèges possédons-nous ? Trois, également tronqués, et nous savons cependant que le territoire de l'Empire était couvert d'associations de cette sorte.

D'ailleurs, faudrait-il s'étonner que les statuts ne parlassent pas formellement de distributions de secours ? Non, car, strictement, les *collegia* ne devaient s'occuper que de l'ensevelissement de leurs morts. Que si l'autorité ne tenait pas rigoureusement la main à l'observance de cette règle (ce qui est certain), au moins était-il prudent et, pour ainsi dire, convenable aux *collegia*, de ne pas en afficher la violation dans leur acte d'institution.

Peut être même les fondateurs n'avaient-ils d'autre pensée que d'assurer la sépulture des associés ; mais cette pensée, qui procédait assurément d'un esprit de mutuelle assistance, devait dépasser promptement son objet primitif. Comment croire, en effet, que les associés n'eussent de fraternité que pour s'ensevelir ? Les réunions étaient fréquentes, les relations jamais interrompues. Des hommes qui s'assemblent au moins une fois par mois, ne sauraient demeurer indifférents les uns aux autres. Et ce n'étaient pas seulement de joyeux convives, aimant à dîner ensemble, c'étaient de pauvres gens, faibles dans leur isolement, et qui venaient chercher dans les collèges un appui et des secours. Ils avaient besoin les uns des autres : ils devaient donc s'entr'aider.

Les Romains étaient-ils rebelles aux sentiments d'amitié ? Etaient-ils absolument incapables, à défaut de pitié, de ce rudiment d'amitié qu'est la confraternité ? Ne savons-nous pas, au contraire, que les mœurs et la tradition imposaient aux membres d'un même groupe de se prêter une aide mutuelle. Le *collegium* était, nous l'avons dit, la *gens* des *tenuiores*.

Et dans cette famille spontanée, ne voyons-nous pas les liens se resserrer et l'égalité grandir ? L'esclave a accès au collège (1) ; il peut y occuper les premières fonctions ;

(1) Les empereurs reconnaissent formellement aux esclaves le droit d'en faire partie avec l'autorisation de leur maître. L'esclave acquérait alors une certaine personnalité ; le maître devait en supporter les conséquences économiques ; il ne pouvait prétendre à aucun droit ni sur les cotisations versées par son esclave, ni sur les autres prestations qu'il avait pu fournir. (*Corp. Inscr. lat.*, XIV, 2112. — II, 1). S'il refusait par méchanceté de livrer le corps de son esclave, celui-ci était assuré que ses confrères lui feraient des funérailles imaginaires *(funus imaginarium)* en lui érigeant un cénotaphe (*Ibid.*, II, 5). — *Dictionn. des Antiq.*, *loc. cit.* — Les femmes même paraissent avoir été admises dans ces collèges;

les associés se sentent vraiment semblables, puisqu'ils se déclarent égaux (1). C'est d'eux qu'on peut dire avec Sénèque (Ep. 95) qu'ils sont membres d'un même corps. Nul doute qu'ils n'en eussent le sentiment.

C'est l'époque de la rénovation stoïcienne ; dans les carrefours retentissaient les éloquents appels des philosophes à l'égalité et à la fraternité. Ces hommes étaient prêts à les comprendre , nous croyons qu'ils les appliquèrent.

A défaut d'organisation, l'assistance devait se faire spontanément. En présence de la détresse d'un associé, les autres, se sentant solidaires, puisaient dans la bourse commune, ou peut-être chacun dans la sienne. Tel était le devoir social à Rome.

Nous ne sommes pas réduits sur ce point aux conjectures. Des textes viennent confirmer notre opinion. Citons, tout d'abord, la définition suivante de Festus (*V° Sodales*) « *Sodales dicti... vel quod inter se invicem suaderent quod utile esset* ». L'idée d'une assistance mutuelle y est assez apparente. Tel est l'avis de Serrigny (2).

C'est aussi celui de Marquardt, surtout de Mommsen et de M. Liebenam, qui ont consacré chacun une monographie aux collèges et sodalités.

V. *Bullet. delle commiss. archéol. municip. di Roma*, 1886, p. 379. — Il y avait même des collèges de femmes ; V. *Corp. Inscr. lat.*, VI, 10423, 10109. — III, 1303. — V, 2072. — IX, 4696.

(1) « Ces associations devaient être d'une grande utilité, étant propres à relever la dignité de la vie au milieu de l'abaissement général », Liebenam, *Zur Geschichte und Organisation des römischen Vereinswesens*, p. 40.

(2) *Droit public romain*, n° 996, t. II, p. 291.

M. Marquardt (1) fait observer que les collèges de prêtres, affectés aux *sacra peregrina*, n'avaient d'autres
ressources, pour l'entretien du culte et le leur, que les
contributions des *sodales* ou celles du public (2) : que
l'*arca communis* subvenait à leurs besoins sans dotation
de l'Etat. Donc il existait à Rome des collèges qui pour-
voyaient aux besoins de leurs membres. Or les *collegia
tenuiorum* sont issus des *collegia cultorum* (V. sur ce
point Marquardt et surtout G. Boissier, Revue archéologi-
que, 1872, p. 84); le souci de la sépulture y était également
dominant ; il y a analogie à faire entre les associations de
prêtres et les *sodalitates* « calquées elles-mêmes sur les
associations de *gentiles* et où la communauté de sépulture
était la règle ; elles furent le type sur lequel se modelèrent
les *collegia tenuiorum*. » Par conséquent, ceux-ci devaient
très naturellement subvenir aux besoins de leurs affiliés.

C'est ce que dit Mommsen (3) « Les collèges avaient
une caisse commune, destinée à fournir des secours communs à ceux des collègues qui avaient besoin d'aide, refuge
ordinaire des malheureux et des pauvres, et je pense
qu'en conséquence, des legs à titre de fondations, dès avant
les empereurs chrétiens, étaient volontiers adressés à ces
collèges et administrés par leurs magistrats...., et en
effet, bien que la société décidât que les cotisations seraient
employées uniquement aux frais des funérailles, cependant
il en était fait usage pour beaucoup d'autres objets. »

M. Liebenam, dans un récent ouvrage sur l'histoire et
l'organisation des associations romaines, est plus affirma-

----

(1) Le culte chez les Romains, trad. Brissaud, t. I, p. 173.

(2) MARQUARDT, *op. cit.*, p. 174 et notes.

(3) *De coll. et sodal.*, p. 94.

tif encore : « On est fondé à considérer, écrit-il (1), ainsi que d'autre part cela a été soutenu déjà, que ces associations n'existaient pas dans un but unique ; mais, bien plutôt, nous devons les envisager comme ayant constitué des caisses de secours mutuels en cas d'accident, de maladie, et en général comme des associations d'assistance mutuelle. »

M. Liebenam s'autorise notamment d'une réponse de Trajan à Pline le Jeune. L'empereur écrit à ce dernier qu'il permet aux habitants d'Amise de s'imposer des contributions volontaires, à condition que ces fonds ne soient pas employés en réunions tumultueuses et illicites, *sed ad sustinendam tenuiorum inopiam*. Trajan rappelle évidemment ici la règle qui interdit les associations, plus ou moins daugereuses pour l'ordre public (*non ad turbas*), et qui ne permet que les *collegia tenuiorum*. Et comment désigne t-il ceux-ci ? « Les collèges qui soulagent la misère des pauvres gens. »

Un autre argument, tiré d'un passage célèbre de Tertullien, paraît moins sûr ; car Tertullien, qui décrit les services rendus par les collèges de chrétiens aux enfants, aux pauvres, aux vieillards, etc... oppose cet emploi des ressources communes à l'usage que d'autres en font en festins (2). Toutefois il est probable que Tertullien fait par

----

(1) *Zur Geschichte und Organisation des römischen Vereinswesens*, Leipsig, 1890, p. 40.

(2) Voici le passage de Tertullien : *Modicam unus quisque stipem mentrua die, vel cum velit et si modo possit apponit ; nam nemo compellitur, sed sponte confert. Hæc quasi deposita pietatis sunt, nam inde non epulis nec potaculis, nec ingratis voratriciis dispensatur, sed egenis, alendis humendisque et pueris ac puellis, re ac*

là allusion simplement aux orgies de quelques associations ; il reste de son morceau que les collèges de chrétiens étaient formés sur le modèle des collèges funéraires. Quant à l'opposition qu'il signale, elle dut être exagérée par l'ardeur de la polémique. D'ailleurs les collèges de chrétiens eux-mêmes tombaient parfois dans les excés que flétrit Tertullien (Saint Augustin, *De more Eccl. cathol.* 34, 76), et, certes, on en tirerait à tort des conclusions générales contre les associations chrétiennes.

Mais nous possédons des documents plus décisifs encore. En 1851, M. Léon Renier découvrit à Lambèze (en Algérie) les ruines d'un camp qu'avait occupé pendant trois siècles la légion IIIe Augusta, chargée de la défense de la Numidie, dès le premier siècle de notre ère. Par bonheur, ces ruines n'avaient pas été reconstruites, grâce, sans doute, à la situation écartée du camp. Les matériaux des recherches épigraphiques étaient donc intacts autant qu'authentiques. Or, la lecture des nombreuses inscriptions révèle qu'à côté et dans le sein même des légions, de nombreux collèges s'étaient formés.

Ici encore, les mœurs avaient triomphé de la loi. A s'en tenir au Digeste, il eût fallu penser que de telles associations n'avaient pu exister. Les défenses les plus expresses étaient prononcées contre les collèges de militaires. Ulpien le dit pour les vétérans (2, Dig. XLVII, 11), et Marcien (1 pr. Dig. XLVII, 22) déclare qu'il est prohibé « *Neve milites collegia in castris habeant.* » Mais il était déjà dans la destinée de la loi sur les associations, d'être très peu respectée.

parentibus destitutis, jamque domesticis, senibus, item naufragiis, etc.

Or, comment étaient constitués ces collèges d'officiers ou de soldats? Les inscriptions de Lambèze nous apprennent qu'ils avaient leur *schola* (ainsi que les *collegia tenuiorum*), des règlements, et une caisse commune alimentée par des cotisations et par des libéralités. Ces libéralités provenaient parfois des empereurs eux-mêmes, comme le prouve l'inscription 60 du recueil de M. Renier (1). Voici la traduction (2) de cette inscription : « Pour la santé des deux Augustes, les lieutenants des centurions (*optiones*), sur la solde très abondante et sur *les libéralités qu'ils en reçoivent*, ont fait leur *schola* avec les statues et les images de la famille impériale et des dieux qui les protègent, par les soins du questeur Lucius Egnatius Myron; et à l'occasion de cette solennité, ils ont décidé que le membre de leur collège qui va s'assurer si leur espoir est fondé, recevra 8000 sesterces, et aussi que les vétérans qui recevront leur congé, percevront aux calendes de janvier, chacun 6.000 sesterces à titre d'*anularium*, lequel *anularium* le questeur aura soin de leur compter au jour dit, sans délai ».

Le collège dont il s'agit est composé d'officiers (au nombre de 57) ; le fonds social est formé par des prélèvements sur la solde ; il est grossi par des dons et legs. Le collège a ses patrons, hommes et dieux. Les associés ont d'ailleurs des dignités qui correspondent à des fonctions. En l'espèce, il est décidé qu'un membre du collège ira à Rome afin de s'occuper de recevoir les présents dont il est question.

(1) *Inscriptions d'Algérie*, no 60.

(2) D'après M. Renier lui-même. *Archives des Missions scientifiques*, Année 1851, t. II, p. 219,

A cet effet, il percevra un *viaticum* de 8.000 sesterces Enfin, l'assemblée ordonne qu'il sera distribué à chacun des associés libérés du service dans l'année, une somme de 6000 sesterces à titre d'*anularium*.

L'*anularium* n'est autre chose que le *funeraticium* payé d'avance. Les collèges funéraires, lorsqu'ils n'ensevelissaient pas eux-mêmes leurs morts, payaient aux héritiers une somme appelée *funeraticium*, qui les indemnisait des frais de sépulture (1). Mais lorsque l'associé quittait le pays et par suite le collège, il était juste qu'on lui remît immédiatement l'argent de son ensevelissement ; c'est ce qui arrivait dans les collèges militaires, lorsque les vétérans recevaient leur congé ; la somme ainsi fournie par avance s'appelait *anularium* (2).

Il est facile de comprendre que la crainte d'être privé des honneurs funèbres ait hanté surtout les soldats ; il suffit d'ouvrir l'Iliade pour s'en rendre compte. Ce service suprême, à défaut de parents, les frères d'armes seuls pouvaient le rendre à leurs camarades tués. Les premiers collèges militaires furent donc aussi des collèges funéraires. Mais les officiers avaient, à ce point de vue, autant besoin les uns des autres que les simples combattants, *tenuiores* de l'armée. Cela explique la formation des collèges d'officiers.

Le hasard d'une conservation de ruines nous montre la

---

(1) V. l'inscription relative au *Collegium Alburnense (in fine)* Bruns Mommsen, p. 319. A Lanuvium, le *funeraticium* était de 300 S., mais on prélevait 50 S., pour être distribués autour du bûcher à ceux des confrères qui avaient suivi le convoi *(sportula exequiaria). Corp. I. L.* XIV, 2112. — V. *Dict. des Antiq. Gr. et Rom., loc cit.*, p. 1404 et s.

(2) Gaston Boissier, *Rev. Archéol.*, 1872, p. 92.

transformation qui s'était faite peu à peu. En réalité, ces collèges militaires sont des associations de secours mutuels. « On peut voir là, dit M. Renier, l'origine des caisses de retraites établies au moyen de retenues opérées sur les traitements. »

L'*anularium* qui est fourni à chaque vétéran, à l'expiration de son temps de service, quelle qu'en soit la destination, remplit la fonction d'un fonds de retraite. Mais ce n'est pas tout, la caisse commune fournit à bien d'autres dépenses ; on y puise encore pour payer une somme à titre de frais de route aux associés qui vont faire un voyage. « S'il faut voir en eux (les collèges militaires) de véritables collèges funéraires, ce qui est fort probable, nous devons reconnaître qu'ils ne se préoccupaient guère de la défense qui leur était faite d'affecter l'argent des associés à d'autres usages qu'à leur sépulture » (G. Boissier). C'est ce que prouve l'inspection des comptes de l'association de Lambèze (1). Chaque associé verse à son entrée 750 deniers (600 fr.) (2) ; de plus il est opéré des retenues de traitements ; il y avait sûrement des amendes comme on en voit dans les statuts de Lanuvium ; enfin nous savons qu'il était fait des libéralités. La dépense normale pour chaque associé, qui consiste en le paiement de l'*anularium*, est seulement de 500 deniers (400 fr.). Il reste donc un excédent considérable : cet excédent est employé aux œuvres d'utilité commune, sans doute en allocations de secours quelconques, dans le genre du *viaticum*. Ces collèges étaient en vérité bien organisés pour une assistance mutuelle ; pour qu'ils ne la pratiquassent point, il eût fallu que les *colle-*

(1) M. RENIER, *Inscr. d'Algérie*, n° 70.

(2) Dans le corps des officiers, *cornicularii*.

giati fussent rebelles à tout sentiment de solidarité.

Cela n'est pas vraisemblable ; aussi nous n'hésitons pas à penser que si des membres de ces collèges se trouvaient dans le besoin, les autres venaient à leur secours. Ce cas était forcément rare dans un corps de militaires entretenus et payés par l'Etat. Il était au contraire fréquent dans les collèges funéraires de pauvres gens. Or les uns et les autres avaient de grandes ressources. Tous, après avoir été au début de simples collèges funéraires, avaient plus ou moins dévié de leur objet primitif. Ce dont on ne peut douter, c'est que, ainsi que le dit M. Liebenam, de telles associations n'aient été, pour les classes inférieures, « un grand bienfait » (*eine grosse Segen*). Elles furent de véritables sociétés de secours mutuels. Nous en avons la preuve pour les collèges de militaires ; quant aux collèges de *tenuiores*, nous avons, pour le croire, des raisons très sérieuses ; si la certitude absolue nous manque, la faute en est à l'insuffisance de nos sources.

Aussi bien, est-ce l'avis général (1). Le seul auteur qui n'ose l'affirmer (2) est bien près, lui-même, d'y croire, et c'est à lui que nous empruntons la conclusion de ce paragraphe : « Les collèges funéraires, dit M. G. Boissier, ne se firent pas scrupule d'employer bientôt leurs fonds à

---

(1) Aux autorités déjà citées, ajouter M. Duruy, *Hist des Rom.*, t. V.

(2) M. G. Boissier tire argument de ce que la donation de Marcellina favorisait les *magistrats* du collège d'Esculape ; mais cela ne dénature pas, selon nous, la pensée de la donatrice. Il est certain qu'elle impose des distributions périodiques. Si les *curatores* reçoivent davantage, c'est parce qu'ils ont des devoirs plus lourds à remplir envers l'association que les simples associés *(plebs)*, de sorte que la donatrice juge utile, soit de les en récompenser, soit de leur donner les moyens de s'en acquitter.

d'autres œuvres qu'à la sépulture de leurs morts. Ils formaient à la fois des réunions destinées à rendre la vie plus facile, et des sociétés d'*assurance mutuelle* qui, au moyen de contributions payées par tous, tous les mois, pouvaient subvenir à certaines dépenses extraordinaires des associés » (*Revue arch.* 1872).

C'est par ces associations et en elles que l'assistance privée était pratiquée par l'antiquité païenne (1).

(1) Il sera parlé des institutions alimentaires à propos des fondations analogues de l'époque chrétienne.

DEUXIÈME PARTIE

—

L'ASSISTANCE PRIVÉE

CHEZ LES CHRÉTIENS.

—

En enseignant l'unité de Dieu, la religion chrétienne enseignait l'égalité des hommes. Chez les païens, le culte était personnel, les dieux étaient appropriés. Au contraire, le christianisme proclame qu'il n'y a qu'un seul Dieu pour tous les hommes ; il se distingue dès le début par une propagande ardente, jusque-là inconnue. Il substitue le prosélytisme à l'exclusivisme égoïste du culte ; les chrétiens travaillent au bien des âmes pour la gloire de Dieu. Mais ils travaillent aussi au bien des corps. Selon les idées antiques elles-mêmes, les hommes qui ont le même Dieu sont frères. La communauté universelle du culte devait donc logiquement entraîner la fraternité universelle des hommes.

Désormais la religion commande d'aimer les hommes ; auparavant elle commandait plutôt de les haïr. Les philosophes, il est vrai, avaient su s'élever au dessus des préjugés religieux ; ils avaient entrevu la notion d'un Dieu unique ; mais leur doctrine n'était pas descendue dans la foule. Le devoir d'assistance qu'ils avaient recommandé, n'avait pas de sanction, ni d'autre récompense à espérer

que celle d'une conscience satisfaite ; de plus, il sortait
difficilement d'un cercle étroit de personnes groupées.
Pour les chrétiens, l'assistance est un devoir sanctionné,
et un devoir universel.

Ce devoir, inspiré par une foi et stimulé par des espé-
rances et des craintes infinies, produisit des actes ; la
charité chrétienne multiplia les œuvres d'assistance.

Il semble qu'au début, elle ait eu peine à s'affranchir de
ce préjugé, si fort enraciné, d'après lequel les hommes ne
devaient secours qu'à ceux qui leur étaient unis par le
lien religieux.

Les premiers fidèles évitaient de se mêler aux païens,
selon les recommandations de leurs évêques. Mais, bientôt,
leur charité s'étendit à tous les hommes, ainsi qu'en témoigne la lettre déjà citée de Julien l'Apostat.

Les chrétiens sentirent le besoin de se grouper. En
s'organisant en confréries, ils obéissaient à la coutume et
se conformaient aux lois. Recrutés presqu'uniquement, à
l'origine, parmi les pauvres gens, ils formèrent des *collegia
tenuiorum*. Il était permis de s'associer pour un motif religieux : d'ailleurs ces associations chrétiennes étaient aussi
des collèges funéraires. Les chrétiens, préoccupés de la
sépulture, eurent leurs *columbaria*, comme les païens
leurs repas religieux *(agapes)* ; enfin, ils versaient une
cotisation mensuelle.

Les liens de la fraternité unissaient étroitement ces néophytes, animés d'une même ardeur. Les chrétiens ne se
contentaient pas de verser quelques cotisations ; ils remettaient tous leurs biens entre les mains des pasteurs qui en
disposaient au mieux des intérêts de la communauté. Le
premier acte d'un nouveau converti est, en ces temps primitifs, de vendre tous ses biens et d'en distribuer le prix

aux pauvres ; nous en avons une multitude d'exemples.

Jamais l'abnégation de soi-même et l'amour d'autrui ne furent davantage pratiqués qu'alors. Ce fut le triomphe de l'assistance privée.

La misère fit cependant des progrès effrayants dans la société romaine. Peut-être l'assistance fut-elle peu éclairée ; peut-être songeait-on moins à diminuer la misère qu'à répandre des aumônes. Il serait sans doute injuste de le penser. La responsabilité du développement prodigieux du paupérisme revient de droit à cette assistance publique de l'Empire romain qui, en promettant à tous les hommes la nourriture quotidienne, les détournait du travail et les avilissait en les asservissant.

C'est justice à rendre aux premiers chrétiens qu'ils n'épargnaient rien ni de leur temps ni de leurs peines pour soulager la misère de leurs « frères en Jésus-Christ ».

Le sentiment de la solidarité chrétienne ne s'affaiblit pas à mesure que le nombre des chrétiens augmenta. Tous les chrétiens étaient unis dans une vaste association qui s'appela l'Eglise, association qui avait ses chefs, ses règles, une discipline étroite, et qui bientôt eut ses traditions. Constantin la reconnut et lui donna le droit de posséder. L'association générale se divisait d'ailleurs en associations particulières, établies dans chaque ville ou dans chaque région sous la direction immédiate d'un évêque ; ce furent autant d'Eglises, ayant chacune la personnalité juridique sous les empereurs chrétiens.

En ce vaste sujet, nous limiterons nos recherches à ce qui concerne les institutions juridiques de la bienfaisance. A l'époque qui précède la reconnaissance officielle du christianisme, on ne peut guère signaler que des actes de charité personnelle ; mais l'initiative de chacun se disci-

plina promptement. Nous parlerons à ce propos des diaconies. Puis nous étudierons les établissements de secours,
la condition juridique des moines et des monastères, et
les fondations.

CHAPITRE PREMIER

LES DIACONIES.

Le Christ, qui promettait à ses fidèles les biens du ciel, avait prêché par-dessus tout le détachement des biens de la terre. Ayant enseigné le mépris des richesses, il avait commandé d'en faire emploi au soulagement des pauvres. Ces instructions furent mises en pratique avec ardeur.

L'usage le plus méritoire de la richesse fut de s'en dépouiller. On en faisait, ainsi que le disent les Pères de l'Eglise, *oblation* au Seigneur. Dieu est en effet le souverain maître de toutes choses et les Apôtres ou leurs successeurs sont ses dispensateurs. Aussi les biens des chrétiens étaient-ils remis entre leurs mains ; ils en disposaient pour le compte de tous les fidèles de la communauté chrétienne.

Celle-ci s'établit tout naturellement. Les chrétiens, qui étaient souvent, au début, de petites gens, étaient enrôlés d'avance dans les *Collegia tenuiorum* ; ils en sortaient lors de leur conversion, mais pour en former d'autres. C'était le moyen légal de pratiquer en commun leur religion (1). Ils usèrent de la tolérance générale qui favorisait ces associations. La surveillance de cette multitude de collèges n'était assurément pas très rigoureuse. Aussi, sous pré-

(1) V. M. G. BOISSIER, p. 338.

texte de religion, était-il aisé d'organiser une association étroite et disciplinée, pratiquant, sous l'inspiration et l'autorité de chefs, soit la vie en commun, soit les œuvres les plus diverses.

C'est ce que firent les premiers chrétiens. Ils se servirent des associations à l'exemple des païens, mais ils y apportèrent un esprit nouveau d'abnégation personnelle, mêlèrent toutes leurs idées, toutes leurs aspirations, tous leurs biens et même leurs existences.

Ces faits sont rappelés et commentés par saint Urbain dans la lettre suivante (1) :

« Frères bien-aimés, il convient aux disciples de J.-C. d'imiter celui dont ils ont l'honneur de porter le nom. Vous n'ignorez pas qu'une foule de chrétiens fervents ont maintenu depuis les temps apostoliques, et maintiennent encore aujourd'hui, avec la grâce de Dieu, la pratique de la vie commune. La multitude des croyants, lisons-nous au livre des actes (2), n'avait qu'un cœur et qu'une âme. Aucun d'eux n'appelait sien ce qu'il possédait en propre ; tout était commun entre eux. Les possesseurs de maisons ou de champs les vendaient, en réalisaient le prix et venaient le déposer aux pieds des apôtres. Les prêtres, les clercs et les fidèles comprirent donc tout d'abord qu'il y aurait pour chaque Eglise un avantage réel à ce que les trésors accumulés ainsi par leur charité fussent administrés par l'évêque. C'était assurer dans le présent et dans l'avenir une meilleure répartition de ces richesses, soit pour le plus grand éclat du culte divin, soit pour le plus équitable soulagement de chacun des frères. Les sommes

(1) *Patrol græc.*, t. X, col. 135.

(2) *Acta Apost.*, II, 44, 45. — IV, 32, 34, 35, 37.

provenant du prix des héritages et des maisons qu'ils donnaient, furent dès lors immatriculées à l'Eglise qui pourvoyait ensuite à la subsistance de ceux qui s'étaient dépouillés en sa faveur. Or, dans chaque *parochia*, l'administration de ces fonds appartenait dès le principe, comme elle appartient encore, et doit demeurer à l'avenir, aux évêques qui tiennent la place des apôtres ; c'est sur ces fonds que les évêques ou leurs dispensateurs doivent prendre ce qui est nécessaire à ceux qui veulent mener la vie commune. Ces trésors ne doivent être employés à aucun autre usage qu'au service des autels, à l'entretien des fidèles qui vivent en communauté, et à la subsistance des frères indigents. Nous ne devons point considérer les biens de l'Eglise comme des biens qui nous appartiendraient en propre. Ils sont le patrimoine commun et l'oblation faite au Seigneur... il ne faut donc pas les détourner de leur usage légitime (1) ».

Ainsi les premiers chrétiens remettaient leurs biens entre les mains des prêtres ou évêques, chefs de leurs associations, chargés de répartir ces ressources entre tous les fidèles selon les besoins de chacun.

Dès avant Jésus-Christ, les Juifs paraissent avoir été unis par un sentiment très étroit de solidarité. Ils formaient, c'est Tacite qui nous l'apprend, dans les villes de l'empire, des associations fraternelles (2), communautés de petites gens établies par quartiers, gagnant leur pain en travaillant, et secourant leurs pauvres. On signale la présence des Juifs à Rome, dès l'an 150 avant J.-C. Ils obéissaient,

(1) *Cpr.* S. Just., 2ᵉ *Apol.*

(2) C'était, au reste, l'habitude des étrangers dans une même ville de se grouper en collèges.

eux aussi, à la règle absolue de l'antiquité selon laquelle il n'y avait pas de religion universelle, ni un Dieu pour tout le monde. Le christianisme enseigna le contraire : il faut aimer et secourir même les gentils, telle est la doctrine que répètent les apôtres. Il faut les aimer dans leur âme et les amener à Dieu ; il faut les aimer dans leur corps et adoucir leurs souffrances. Précepte étrange, que l'on comprit difficilement, et ce fut un sujet d'étonnement pour l'esprit antique. Les chrétiens s'accoutumèrent avec peine à cette idée ; la tradition ne les portait pas à aimer ceux qui étaient étrangers à leurs croyances. La lettre précitée porte la trace de cet exclusivisme instinctif (1).

Quoi qu'il en soit, et quels que fussent au début les bénéficiaires de la charité chrétienne, il s'agissait de répartir les richesses accumulées entre les mains de la communauté. A cet effet furent instituées, dès les premiers temps, les *diaconies*.

Les diacres eurent une double fonction (2), l'une consistant à aider les prêtres et évêques dans les exercices du culte, l'autre à assister les pauvres et à répartir entre eux les secours dont ils avaient besoin. Dans ce but, ils étaient établis par quartiers (7 à Rome) sous la direction générale d'un archidiacre. On leur adjoignit bientôt des femmes répondant à certaines conditions d'âge et de vertu, sous le nom de diaconesses.

Les diacres avaient pour office principal de s'informer des besoins, de découvrir les souffrances, surtout de visiter les malades et de rechercher les pauvres honteux. Ils rendaient ensuite compte aux évêques des misères ainsi

______

(1) « La subsistance des *frères indigents* ».

(2) Cpr. lettre précitée.

reconnues, et recevaient de leurs mains les secours nécessaires qu'ils étaient chargés de distribuer. Ils étaient,
selon les expressions des constitutions apostoliques (1),
« l'oreille, l'œil, la bouche, le cœur et l'âme de l'évêque ».

Leur ministère était singulièrement facilité par la coopération spontanée de tous les fidèles ; les chrétiens se
connaissaient tous ; aussi aucun d'eux ne risquait-il de
demeurer isolé, et les besoins de chacun se trouvaient de
la sorte signalés. Ils avaient coutume de se réunir tous les
dimanches (2) ; après les cérémonies religieuses, ils prenaient ensemble un repas appelé agape où chacun appor-
tait sa contribution selon ses facultés (3) : « Quelles que
soient les dépenses qu'occasionnent ces agapes, dit Tertullien (4), une dépense faite au nom de l'amitié est un gain
puisque, dans ce rafraîchissement, nous soulageons les
pauvres ».

Dans ces assemblées, les diacres prenaient les noms des
pauvres, dont ils établissaient ainsi la liste (5).

Chaque diacre ayant fait rapport des souffrances à
soulager dans son quartier, l'évêque, ou l'archidiacre, cen-
tralisait ces renseignements. Sachant quelles ressources
avaient été mises à sa disposition par les fidèles, il les
partageait équitablement, sans craindre de favoriser quelques misérables au détriment des autres.

Aucune souffrance ne risque d'échapper à ces perquisi-
tions à domicile ; les aumônes se font avec discernement ;

(1) 2, 44.

(2) S. Just, *Apol.*, 2.

(3) S. Paul, 1 *ad. Corinth.*, 11, 21, 33.

(4) *Apol.*, 39.

(5) S. Just., *Epist. ad Heron.* — Prudence, *Hym.*, 2.

les secours sont variés et appropriés à la nature même des besoins que l'on a dessein de soulager (1).

Ils ne sont procurés qu'à ceux qui sont dans l'impossibilité de travailler, et ne servent par conséquent pas de prime à la paresse, « *Si quis non vult operari, nec manducet* », dit saint Paul (2).

Une partie du service de la diaconie primitive consistait à procurer aux pauvres les aliments dont ils manquaient (Saint Ignace : lettre aux habitants de Tralles). Il est probable que les diacres assignaient à chaque maison chrétienne riche un ou plusieurs pauvres qui devaient s'y présenter sur leurs indications pour y être nourris. « Que la veuve, disent les constitutions apostoliques, ne fasse rien sans prendre auparavant l'avis du diacre, lorsqu'elle veut aller chez quelqu'un pour boire, pour manger ou pour recevoir une aumône. »

Les diacres avaient encore un autre office, celui de signaler les malades à l'assemblée des fidèles; chacun était libre, alors, d'aller porter les consolations et les remèdes. C'est à quoi ils ne manquaient, comme le prouve ce passage de Tertullien où il recommande aux femmes chrétiennes d'éviter le mariage avec des païens, car, dit-il, « est-il un païen qui voulût permettre à sa femme d'aller visiter les frères, d'aller de quartier en quartier, dans les plus pauvres chaumières où ne l'appelle aucune relation de famille ? » (*Ad uxor*, livr. 2).

Telle était, dans ses traits généraux, cette institution de la *diaconie* qui fut sans doute l'organisation la plus parfaite de l'assistance privée. Au résumé, il faut y voir une

____

(1) V. S. Cypr., *Epist.*, 38. Const. Ap., 4, 2.

(2) Cpr. S. Clem., *Epist.* 1, (1er siècle).

vaste association, modelée sur le type des collèges funéraires possédant une caisse commune alimentée par une
générosité très large, et dont les ressources servaient aux
frais du culte, à l'entretien des cimetières, à la subsistance du clergé, des vierges consacrées, des veuves, surtout à l'assistance des pauvres, des captifs et, en général,
de tous les malheureux.

Pour subvenir à ces besoins, l'Eglise recevait les oblations des fidèles. Quand le christianisme fut reconnu, et
que Constantin eût accordé à l'Eglise la capacité de recevoir (Année 321, Code Théod., XVI, 4 — 1, C. Just., I, 2),
ces oblations prirent le caractère juridique de dons et de
legs. Les libéralités à l'Eglise jouirent bientôt de privi-
lèges spéciaux ; l'Eglise eut même des moyens d'acquérir
à elle propres.

Elle profita d'abord des richesses des temples païens ;
ceux-ci, désaffectés lorsque la religion romaine fut morte,
servirent aux cérémonies du culte nouveau (1) ; leurs biens
furent dévolus au fisc ou remis entre les mains des évêques
(1. 19, *De paganis et templis*, Code Théod.). Ainsi le décida, en 381, l'empereur Gratien. L'exemple avait été
donné par Constantin qui avait remis aux établissements
religieux les biens des martyrs, autrefois confisqués.
Ces biens, vendus par le fisc, furent saisis entre
les mains des détenteurs au profit des *venerabiles
loci* (2).

Puis, la capacité des Eglises, établissements et monastères fut étendue ; elle fut plus grande quant à acqué-

(1) V. M. ALLART, *L'Art païen*, p. 264.

(2) EUSÈBE, *Vie de Constantin*, II, 37. — 5, Code I, 11.

rir à titre gratuit que celle des personnes physiques. Constantin proclama les principes nouveaux dans sa constitution de l'an 321. « *Habeat unusquisque licentiam sanctissimo catholico venerabilique concilio decedens bonorum, quod optaverit, relinquere, et non sint cassa judicia ejus* ». (1, Code J., I, 2). « Car, dit-il, c'est bien le moins qu'on doive aux hommes que de respecter l'expression de leurs dernières volontés alors qu'ils ne peuvent plus vouloir, et qu'une disposition sur laquelle on ne revient plus soit licite ».

Un mode spécial aux Eglises et établissements religieux d'acquérir à titre gratuit, fut la *pollicitation* ou le *vœu*.

Déjà la législation païenne l'avait consacré. La simple promesse faite aux dieux engendrait obligation, sans que personne fût même intervenu pour accepter l'offre, pourvu qu'elle fût fondée sur une juste cause, et que le promettant fût capable. Cette législation fut encore facilitée en faveur de l'Eglise ; selon une loi de Zénon (15, Code I, 2), il suffit de faire insinuer la *pollicitation* pour qu'elle fût irrévocable ; l'évêque avait qualité pour en poursuivre l'exécution contre le promettant ou ses héritiers.

Quant aux donations, il sera inutile de recourir à la *datio* ou à la *stipulatio* ; l'insinuation sera seule nécessaire ; encore le consentement des parties sera-t-il, à lui seul, suffisant, si la donation est inférieure à 500 *solides* (34, C. VIII, 54).

Dans l'interprétation des legs faits pour un but religieux, on montre la plus grande tolérance. Justinien décide qu'ayant rencontré dans un grand nombre de testaments l'institution de Jésus-Christ comme héritier, il juge conforme aux intentions du défunt, d'appeler l'Église du

domicile de celui-ci à recueillir l'hérédité (26, Code I, 3).
— Si un saint (ou un archange, etc.), est institué, l'Église
qui lui est consacrée recevra ; s'il y a plusieurs Eglises
consacrées à ce saint, on appellera celle pour laquelle le
défunt avait une dévotion particulière, ou encore la plus
pauvre *(ibid.)*. Le gérant du patrimoine, évêque, prêtre,
abbé, n'aura qu'à manifester d'une manière quelconque
son acceptation ; quant au testament lui-même, on ne
sera pas rigoureux pour admettre sa validité. Que la volonté soit manifestée, et cela suffit.

Les legs pieux échappèrent à la loi Falcidie selon
laquelle l'héritier institué avait toujours droit au quart de
la succession, quel que fût le montant du legs dont il était
grevé. Justinien permit au testateur de priver son héritier
du bénéfice de la quarte ; et même il déclara que cette
clause devrait en tout cas être sous-entendue au profit
des legs pieux *(Nov.* 131, *cap.* XII).

Le droit d'usufruit des établissements religieux dure
cent ans.

L'héritier n'a que six mois (au lieu d'un an) pour exécuter le legs pieux ; passé ce délai, il doit les intérêts, les
fruits et toute indemnité légitime depuis le jour du décès
(Nov. 131, *cap.* XII). S'il se laisse poursuivre en justice,
il sera condamné au double *(Inst.* IV, 6 § 19). S'il paye
par erreur un tel legs qu'il ne doive pas, il n'aura pas la
condictio indebiti (Inst. III, 27 § 7).

La prescription contre ces libéralités ne s'accomplira
que par le délai de cent ans (23, C. I, 2), réduit plus tard
à quarante ans *(Nov.* 131, *cap.* 6).

Telles furent les faveurs dont la législation impériale
entoura les dons et legs pieux. On comprend que la for-

tune de l'Eglise grandit rapidement. Alors aussi les diaconies ne suffirent plus à la répartition de toutes ces richesses; la charité chrétienne commença de s'organiser administrativement : elle eut ses maisons de secours et ses monastères.

CHAPITRE II

Les communautés de chrétiens avaient toujours dû
posséder des immeubles. Les collèges, en effet, pouvaient
être propriétaires. Donc chaque association chrétienne
pouvait avoir ses lieux de réunion lui appartenant, de
même qu'elle possédait ses cimetières à l'instar de tout
collège funéraire. Il est vrai que les collèges chrétiens
ayant dépassé les attributions et les occupations normales
des *collegia tenuiorum* licites, avaient contrevenu aux
lois rappelées par Marcien (1 § 1, Dig., XLVII, 22), en vertu
desquelles les collèges étaient, en principe, prohibés.
On ne sait trop ce qu'étaient les collèges illicites ;
cette vague formule, qui réservait à l'autorité un pouvoir discrétionnaire sur les associations, visait sans
doute les collèges qui, d'une façon quelconque, mena-
çaient l'ordre établi. Il en résultait pour le gouvernement impérial une puissance terrible contre les affiliés
à des collèges non expressément autorisés. Ils en usèrent plusieurs fois contre les chrétiens, et ce furent les
persécutions. Mais les persécutions ne furent que de
rares accidents. La marche normale des choses, quelque
temps interrompue, reprenait ensuite son cours. Or il
n'est pas douteux que des terres et des édifices n'aient
été affectés par les premiers chrétiens au service de

leur culte, c'étaient en même temps des lieux de réunion et bientôt ils devinrent des lieux de secours. Peu importe qui avait la propriété juridique de ces immeubles, que ce fût la communauté prise comme collectivité en tant que personne civile, ou bien que quelque particulier en eût la propriété nominale, sauf à en abandonner la jouissance et l'usage à perpétuité. En fait l'histoire nous apprend que chaque diaconie avait son église et sa maison.

A mesure que les persécutions se ralentissent, que l'Eglise croît en force et qu'elle s'approche de la reconnaissance officielle, à mesure qu'elle gagne en stabilité et en sécurité, ses institutions se transforment et se fixent. Les diaconies primitives étaient un ministère actif de charité, allant chercher le pauvre chez lui. Peu à peu elles laissent plus à faire à l'initiative du malheureux et c'est le pauvre qui vient à la diaconie. Lorsque ce changement fut accompli, les maisons de charité étaient fondées.

De tout temps, il y eut sans doute des lieux d'asile servant d'habitations aux clercs et par suite de refuge à ceux qui avaient recours à eux. Mais pour que ces maisons devinssent de véritables établissements, ouverts aux indigents, aux malades, aux étrangers, aux orphelins, aux vieillards, etc., il fallait que le christianisme fût libre de ses actions, à l'abri des soupçons et des inquisitions de la justice impériale. Cette transformation s'accomplit dès la reconnaissance du christianisme.

L'existence des établissements hospitaliers organisés paraît remonter à l'époque de Constantin. Cela résulte de la lettre de Julien l'Apostat qui recommande au préfet Arsace d'imiter sur ce point les chrétiens.

Le ministère des diacres s'étendait à tous les misérables

en général ; plus spécialement, ils étaient chargés de la
nourriture et de l'entretien des pauvres. Mais ils n'avaient
pas été sans s'apercevoir que la variété des misères exi-
geait la même variété dans les secours. C'est pourquoi
l'assistance, lorsqu'elle put s'organiser d'une manière permanente, institua autant d'établissements spéciaux qu'elle
avait constaté d'espèces de malheureux à secourir.

La diversité de ces établissements est attestée par de
nombreux textes insérés au *Code de Justinien*, notamment par l'intitulé du titre III, livre I, et aussi par la loi
19, livre I, t. II, dans laquelle l'énumération est complète :
« Des lois antérieures, dit Justinien (Constit. de 528) ont
déclaré, quoique obscurément, que les donations faites
pour cause de piété étaient valables, encore qu'elles ne
fussent consignées dans aucun acte écrit. La présente loi
a pour objet de régler clairement ce point. Si donc, quelqu'un fait jusqu'à concurrence de cinq cents écus d'or,
une donation, soit à la sainte Eglise, soit à un *Xenodochium*, soit à un *Nosocomium*, soit à un *Orphanotrophium*, soit à un *Ptochotrophium*, soit à un *Gerontocomium*, ou à un *Brephotrophium*, soit aux pauvres, soit à
une ville : que cette donation soit valable à l'égal de celle
qui aurait été consignée dans un acte écrit (1).

Justinien distingue ces établissements les uns des autres
puisqu'il prend la peine de les indiquer chacun séparément.
L'étymologie permet d'ailleurs de reconnaître quels
étaient leurs fonctions particulières ; chacun d'eux mérite
quelques explications.

Brephotrophium. Ce mot signifie littéralement *un lieu
où l'on élève les enfants*. Comme nous le verrons bientôt,

____

(1) Cpr. loi 22 pr., Code, I, 2.

le sort des enfants préoccupa de bonne heure les hommes
sensibles et les hommes d'Etat. La puissance du chef de
famille sur les siens était, théoriquement, absolue (1).
Cependant les mœurs publiques n'admettaient pas que le
paterfamilias usât du droit de vie et de mort qui lui
appartenait, selon la rigueur du droit, sur ses enfants et
esclaves. La censure, tant qu'elle fut une institution respectée, suffisait à prévenir les excès de l'autorité du père.
L'organisation familiale assurait en réalité l'existence et la
protection des enfants. Mais, en dehors de la famille, le
sort des enfants était, certes, beaucoup plus précaire.
Il semblerait que l'exposition des enfants était encore habi-
tuelle au temps de Constantin, ainsi que le montre le
décret suivant, rendu par cet empereur (Code Théod., liv.
II. T. 27, 1) : « Que dans toute l'Italie, on affiche une loi
tendant à détourner les parents de l'infanticide et à les
diriger dans une meilleure voie. Que cette loi soit gravée
sur des plaques de cuivre, ou peinte en lettres blanches
soit sur bois, soit sur étoffe. Si des parents vont vous
présenter des enfants qu'ils ne peuvent élever à cause de
leur pauvreté, votre devoir est de leur faire délivrer aussitôt des aliments et des vêtements. La nourriture des enfants qui viennent de naître ne comporte point de retard.
Nous ordonnons que notre fisc et notre cassette privée
fournissent indistinctement à cette dépense ».

Les *brephotrophia* accomplissaient le même office.
C'étaient des hôpitaux d'enfants trouvés. L'Eglise s'assurait en même temps des néophytes zélés.

Orphanotrophium. C'est une maison pour les orphe-

____

(1) *Patribus quibus jus vitæ in liberos necisque potestas olim
erat permissa* (Code VIII, 47, 10).

lins. La fonction de l'*orphanotrophium* ressemble beaucoup à celle du *brephotrophium*. Toutefois elle s'en distingue en ce que l'orphelin n'est pas nécessairement un enfant abandonné sans ressources. Aussi le devoir à l'égard des orphelins est-il plus moral encore que matériel ; il consiste à les élever, à remplacer leurs parents morts : c'est un office de tutelle. Une loi de l'empereur Léon l'indique de la manière suivante : « Les directeurs des *orphanotrophia* doivent être considérés comme les tuteurs des pupilles et les curateurs des adolescents (1) ». Ils seront dispensés de l'obligation onéreuse de donner caution en toutes causes soit judiciaires, soit extra-judiciaires. Cette loi leur concédait en même temps la faculté d'aliéner les biens des orphelins, s'ils jugeaient cette mesure avantageuse, soit pour éteindre des dettes usuraires, soit pour toute autre cause urgente, comme l'impossibilité de conserver l'objet qui leur était confié ; enfin elle leur donne l'autorisation de conserver le prix de la vente, ou de le faire valoir comme ils l'entendront dans l'intérêt des orphelins. Et l'empereur ajoute qu' « il convient que ces directeurs remplissent leur pieux et religieux office de telle manière qu'ils ne soient pas soumis au compte de tuteur ou de curateur. Car il y aurait quelque chose d'injurieux et d'inique (*grave enim atque iniquum*) à exposer aux vexations d'habiles manœuvres des hommes qui, par crainte de Dieu, s'empressent de sustenter des mineurs privés de leurs parents et de moyens de subsistance, se consacrant à les élever avec une affection toute paternelle » (*Comparer Novelle* 131 de Justinien, cap. 15). —.

Ptochotrophium, lieu où les pauvres sont nourris ; ce

(1) 32 pr. *Code Just.*, 1, 3.

D. R. 7

terme correspond à ce que les Latins appelaient *dia-conies*.

En effet, dans une note marginale de Labbe sur le huitième canon du concile de Chalcédoine, on lit comme explication du mot pôtcheion : « Ptôcheion, c'est-à-dire maison des mendiants ». D'autre part, du Cange, dans son *Glossarium mediæ et infimæ latinitatis*, définit ainsi les diaconies : « On appelait diaconies les lieux où, par le ministère des diacres régionnaires, étaient nourris les orphelins, les pauvres veuves et les vieillards de chaque quartier. C'étaient comme des maisons communes pour les pauvres, où les diacres leur fournissaient ce dont ils avaient besoin. Elles avaient, toutes, leur chapelle et leur oratoire. Le repas se faisait non dans la chapelle, mais dans l'intérieur de la maison. » (Cpr. S. Ambroise, *De officiis*, 2, 15) (1).

Ces établissements tenaient des tables ouvertes à tout pauvre connu du diacre qui en avait la direction. De plus on y distribuait des vêtements (Saint Augustin, *Epist.*, 122, 2. — V. encore dans St-Paulin, *Epist.* 13, le récit d'un festin donné par le proconsul Pammachius aux pauvres de Rome, à qui il distribua ensuite des vêtements et des pièces de monnaie). —.

Le *Xenodochium* est la maison d'hospitalité ouverte aux étrangers et aux passants. Pammachius et Fabiola établirent un *xenodochium* célèbre sur le port de Rome, à Ostie. Dès les premiers temps de l'Eglise, les chrétiens durent sentir le besoin de ces sortes d'hôtelleries où pouvaient s'arrêter les pèlerins, les apôtres et les fidèles fuyant la persécution. —.

(1) V. A. TOLLEMER, *Des origines de la charité catholique*, p. 552.

Nosocomium. L'assistance à domicile fut suppléée à cette époque par l'assistance dans les hôpitaux. Le *nosocomium* est la maison où l'on soigne les malades. La fondation du premier hôpital à Rome est attribuée à Fabiola qui y soignait elle-même les malades (S. Jer., *Epist*. 84). Pour le service des hôpitaux, s'était créé un corps d'infirmiers appelés *parabolani*. Une loi des empereurs Honorius et Théodose (1) nous fournit des détails sur ces infirmiers : « Nous avons ordonné, disent-ils, que les *parabolani*, qui sont chargés des soins à apporter aux corps souffrants des malades, soient au nombre de six cents. Leur choix, qui est laissé au jugement du très vénéré prélat d'Alexandrie, devra être fait parmi ceux qui auront acquis le plus d'expérience dans ce genre de service. Ces six cents infirmiers devront agir sous ses ordres et se conformer aux dispositions qu'il arrêtera. »

Peut-être ces infirmiers ainsi soumis à l'évêque étaient-ils des religieux, ou des clercs d'ordre inférieur comme les lecteurs, chantres et sous-diacres dont il est fréquemment question au Code. —.

Le *Gerontocomium*, enfin, est un hospice pour les vieillards pauvres. On a peu de renseignements sur ce genre d'établissements. Il est cité au Code sans explications. On sait seulement que le pape Pélage II, en 577, fit de sa maison un hospice pour les vieillards pauvres (2). Citons encore la lettre suivante de saint Grégoire. « J'ai appris, écrit-il à l'abbé du monastère du mont Sinaï, que l'hôpital de vieillards, *gerontocomium*, construit par Isaurus sur le mont Sinaï où vous habitez, manque de lits et d'objets

(1) *Code Theod.*, l. 18. — *Code Just.*, l. 1, tit. III, loi 18.

(2) TOLLEMER, *op. cit..*, p. 579.

propres à les garnir. Aussi je vous envoie quinze matelas, trente couvertures et quinze lits. J'ajoute une somme d'argent destinée à acheter des oreillers ou des draps, et à payer les frais de transport. Je prie votre Dilection de ne point dédaigner cette offrande et de placer tous ces objets dans le lieu auquel je les destine. » *(Regist.* 11).

Que ces diverses maisons d'assistance eussent chacune leur destination propre, c'est ce que prouvent les textes que nous venons de citer, et l'étymologie même de leurs noms. Mais il ne faudrait pas croire qu'elles se tinssent cantonnées chacune dans ses attributions particulières. La règle de la spécialité des fonctions n'était pas observée. Il semble que chaque établissement recevait toutes sortes de malheureux. C'est ce qui résulte, au moins en apparence, d'une loi de Justinien (49 § 3, Code, I, 3) concernant les donations faites sous le titre vague de donations aux pauvres : « Lorsque les pauvres sont institués héritiers indistinctement, le *xenôn* de la ville sera nanti de tout l'héritage ; la distribution du patrimoine sera faite aux malades par les soins du directeur, *xenodochus* ; on vendra les effets mobiliers…, et on placera le tout en immeubles afin que les revenus annuels servent à la nourriture des malades. En est-il, en effet, de plus pauvres que ceux qui sont, à cause de leur indigence, placés et retenus dans le *xenôn*, et qui, souffrant dans leur corps, ne peuvent y apporter ce qui est nécessaire à leur nourriture ? »

Ainsi le *xenodochium*, qui est proprement la maison des étrangers, l'hôtellerie, est considéré aussi comme un asile de pauvres et de malades (Comp. 5e canon du Concile d'Orléans, an 549).

Peut-être aura-t-on l'explication de ceci, si l'on pense

que ces établissements n'étaient pas isolés les uns des autres ; ils étaient, au contraire, groupés autour de l'Église ou du monastère. Ils correspondaient seulement à un service distinct d'un vaste asile d'assistance où aucune misère n'était oubliée. Mais la distinction n'était sans doute pas toujours bien faite ni rigoureusement observée. De là vient qu'on soignait les malades dans le *xenôn*, et que l'on abritait les passants et les pèlerins dans le *ptôcheion*.

L'exemple le plus célèbre, et vraisemblablement le plus parfait, de ces immenses établissements généraux de la charité, fut celui que fonda saint Basile à Césarée de Cappadoce, et qui fut dénommé dans l'antiquité la Basiléide (1). Il comprenait d'abord une église, une maison pour l'évêque, et des habitations pour les clercs et employés, ensuite des édifices pour servir aux devoirs de l'hospitalité, et pour les personnes dont l'état de santé exige un traitement particulier : « C'est en vue de ces derniers que nous avons établi, dans notre maison, les moyens de leur procurer les ressources nécessaires, des garde-malades, des médecins, des porteurs, des conducteurs (2). »

Des ateliers étaient organisés « pour les industries nécessaires à la vie, et les arts destinés à l'embellir. » Il y a tout lieu de croire enfin que Basile avait institué un hôpital pour les lépreux. C'est ce que dit saint Grégoire de Nysse ; et c'est évidemment aux lépreux que fait allusion Théodoret dans le passage suivant : « L'empereur Valens, dit-il, donna à saint Basile de magnifiques terres qu'il possédait dans la Cappadoce ; il les lui donna pour

<hr>

(1) Sozomène, *Hist eccl.*, 6, 54.

(2) S. Basile, *Epist.* 94.

les pauvres dont le saint Évêque prenait soin, et pour ces malheureux qui, *frappés de maladie dans tout leur corps*, avaient le plus grand besoin qu'on vînt à leur secours (*Hist. eccl.*, 4, 17) ».

Un tel établissement était disposé en vue de secourir toutes les misères. Aucune raison en effet ne militait spécialement en faveur de quelques-unes. Autour de l'évêque, autour du monastère, l'un et l'autre représentant l'Eglise, des asiles de toutes sortes se groupaient. Leurs directeurs étaient l'évêque ou l'abbé, chargés, au nom de l'Eglise, de dispenser les aumônes et les dons des fidèles. Il nous reste à examiner le rôle de l'abbé et celui de l'évêque, ce qui nous conduit à parler des monastères et des fondations.

CHAPITRE III

« Mon royaume n'est pas de ce monde », avait dit Jésus-Christ, et ses disciples ne l'oublièrent pas. Désormais la vie eut un but qui était de parvenir à une autre. Glorifier Dieu, mériter le ciel, telle fut la double fin, plus ou moins confondue, de l'existence des chrétiens. Toutes leurs actions furent dirigées vers cette fin, qui absorbait toutes leurs pensées.

La vie n'est qu'un moyen, les biens terrestres ne sont qu'un instrument de salut. La sagesse commande de s'en détacher. Le mépris des richesses est un article de la foi primitive.

Elles ont cependant une utilité, c'est de servir à faire la charité. Donner aux indigents est un moyen assuré de plaire à Dieu. Dieu n'est-il pas, au surplus, le maître de toutes choses ? Avons-nous le droit de dire : Ceci est à moi ? Non ; il faut dire : Ceci est à Dieu pour l'usage de tous (1).

Telle est la doctrine chrétienne primitive, ainsi qu'elle

(1) L'exposé de ces idées a été fait par S. Astère, 4ᵉ siècle, « Rien, dit-il, ne nous appartient en réalité. Tous les biens sont à Dieu, sont un domaine grevé des charges qu'il a établies sur eux. » Dans Tollemer, *op. cit.*, p. 466.

ressort non seulement de l'Evangile et des écrits des apôtres et des Pères de l'Eglise, mais aussi qu'elle apparaît dans les actes et la vie des premiers chrétiens.

Cette doctrine exerça dans les masses chrétiennes, aux premiers siècles de l'Eglise, une prodigieuse influence.

Le précepte évangélique : « Vendez ce que vous possédez », était suivi à la lettre. Ce fut alors la richesse qui eut besoin d'être défendue, et les Pères durent entreprendre de calmer les inquiétudes qu'elles faisaient naître, en montrant qu'à la rigueur la richesse n'est point un mal. Dans ce but, saint Clément d'Alexandrie écrit un livre intitulé : *Quel riche peut être sauvé,* dans lequel il assure que le Christ n'a pu condamner la richesse, puisqu'il ordonne de faire l'aumône, et que l'on n'est pas obligé de renoncer à sa fortune personnelle puisqu'elle nous sert à soulager le prochain (1). Saint Augustin reprit les mêmes conclusions (Lettre 158, à Hilaire de Sicile.)

Cette loi du renoncement absolu conduit à la communication entre tous de tous les biens qu'ils possèdent, pour jouir chacun comme usufruitier de la propriété divine. Aussi voyons-nous que les premiers chrétiens étaient invinciblement attirés vers la pratique de l'existence en commun. La perfection de la vie chrétienne consistait à remettre ses biens et sa personne entre les mains du délégué de Dieu. « Ton corps même ne t'appartient pas ! s'écrie saint Astère. O homme ! rien n'est à toi, tout est à Dieu ! » La règle des ordres monastiques est renfermée dans cette exclamation.

Toutefois les monastères ne s'établirent qu'à partir du commencement du IVᵉ siècle. La vie en commun fut pra-

____

(1) TOLLEMER, *op. cit.*, p. 459 et s.

tiquée avant d'être régulièrement organisée. Dans ces premiers temps, où la piété était jeune, simple et ardente, on se conformait tout naturellement, par un élan spontané du cœur, aux instructions divines. La communauté générale des biens était facile à des gens qui n'y tenaient point. Le communisme ne serait pas une utopie si les hommes étaient parfaits.

Les chrétiens se contentèrent d'abord de l'organisation des *collegia funeraticia* qui leur permettaient de se réunir sous la direction d'un chef. Mais lorsque la persécution se ralentit, qu'il fut permis à la religion nouvelle de s'organiser à sa guise, l'organisation des *collegia* parut trop large aux fervents, pressés d'aller faire abnégation complète et de se soumettre à des règles étroites de piété.

Les monastères apparurent alors. Quel fut leur rôle dans l'organisation de l'assistance? Quelle était leur condition juridique? Quelle était la condition juridique des moines?

Les monastères n'étaient pas seulement des lieux de retraite; ils furent aussi des lieux d'asile. Ils avaient des biens, qui devaient être considérables, à n'en juger que par la législation qui les concerne; mais ces biens n'étaient pas destinés à l'usage des moines, qui faisaient vœu de pauvreté. Ils étaient affectés à perpétuité au service des monastères, confiés au supérieur qui les employait à l'entretien des moines et du culte, et au soulagement des malheureux. Le *xenodochium*, cet asile des étrangers et des pauvres formait l'annexe essentielle de tout monastère. Les moines, qui se faisaient une loi du désintéressement personnel, ne pouvaient manquer de suivre les préceptes de charité et d'assistance enseignés par l'Evangile.

« Pleurez avec les malheureux, dit saint Colomban, et ce fut un précepte auquel ils ne désobéirent jamais. Nulle part la race humaine, dans ses joies et dans ses douleurs, n'a trouvé de sympathies plus vives et plus fécondes que sous le froc du moine. Leur porte était toujours ouverte non-seulement à l'indigent et à l'exilé, mais à toutes les âmes fatiguées de la vie... Les moines étaient les aumôniers de la chrétienté. » (Montalembert).

Quelle était la condition juridique de ces hommes qui renonçaient au monde ? Le fait de vivre d'une existence spéciale entraînait-il des conséquences de droit? Cette question ne se pose qu'à dater du jour où l'Eglise étant reconnue officiellement, l'autorité impériale commença de sanctionner les règles ecclésiastiques. Les collèges de vierges et de veuves (1) qui se constituèrent dès les premiers siècles (*Epître* de saint Clément, an 105, *ad Virgines*), pratiquèrent la vie cénobitique sans que les vierges et les veuves y fussent soumises à d'autres règles que celles de leur conscience. Dans le silence des catacombes, il est probable que les fidèles, réunis sous la direction de l'évêque, observèrent une sorte de discipline monacale. Toutefois la véritable constitution des monastères date seulement de l'époque où quelques hommes se groupèrent et se fixèrent en un lieu plus ou moins écarté, pour rompre toutes attaches au monde et vivre ensemble, uniquement dans la prière, la méditation et la pratique des bonnes œuvres. Alors l'individualité du monastère apparaît ; le monastère est un lieu qu'habitent des hommes

______

(1) Sur l'ordre des veuves, *Constit. Apost.*, 3, 1. — Tollemer, *Op. cit.*, p. 203 et s.

voués à une même règle de vie ; il est aussi la réunion, l'association de ces hommes.

Les premiers monastères furent fondés à la fin du IIIᵉ siècle. Saint Antoine, né en 251, passe pour l'instituteur des monastères. Il en établit plusieurs en Egypte. Depuis, une multitude furent constitués dans toute la chrétienté (1) ; alors les empereurs s'en préoccupèrent. Le fait d'embrasser la vie monacale eut ses conséquences juridiques. Le droit religieux avait commencé à sanctionner les règles librement établies ; le droit civil suivit (2).

Quelle fut alors la condition des moines? (3)

Les moines n'étaient pas des clercs ; c'étaient simplement des laïques qui vivaient d'une certaine vie. L'*ordre* monastique n'exista que vers le VIIᵉ siècle. Cela est prouvé par les nombreux textes qui énumèrent les *clerici* à côté des *monachi*, sans les confondre (notamment livre V, titre III au Code Théodosien ; intitulé du titre III, livre I, du Code de Justinien et textes dans ce titre). Justinien le dit expressément dans la loi 52 au Code, *De episcopis*, où il parle de moines qui ne sont pas clercs. Mais certains moines étaient clercs évidemment, car il n'y avait point de raison de fermer à des clercs l'accès des monastères. En

(1) On comptait, à la fin du IVᵉ siècle, en Egypte seulement, 76,500 moines, hommes et femmes. Abbé FLEURY, *Hist. eccl.*, T. V, liv. 20.

. (2) JUSTINIEN consacre la *novelle 133* à décréter « comment les moines doivent vivre ».

· (3) Le mot *moines*, employé pour désigner des personnes qui vivent en commun, paraît étrange (μονος). Celui de *cénobites* (χονιοβίται) est étymologiquement plus approprié. Les cénobites avaient chacun leur case (d'où le nom de moines) et en sortaient à heures fixes pour se réunir.

effet, Justinien *(ibidem)* déclare exonérer des charges de la tutelle les moines *qui sont clercs.*

Les moines n'étaient pas *capite minuti,* car la loi, déjà citée, au code Théodosien V, 3, insérée au code Justinien (l. 20 *De episcopis*) prouve qu'ils gardaient des biens propres et la *factio testamenti.* Et la loi 13 au Code Just., *De sacrosanctis ecclesiis,* montre qu'un moine peut être institué.

Le moine garde donc quelque relation avec le dehors; il ne rompt pas, par le seul fait de la profession des vœux, tous les liens qui peuvent le retenir à la terre. Ainsi il ne s'affranchit pas des droits légitimes qui pèsent sur lui. La loi 63 au code Théodosien, *De Decurionibus* (L. XII, T. 1) marque qu'il n'est pas toléré qu'on s'exonère des charges publiques en se faisant moine. L'empereur Valens (année 375) ordonne que le décurion sera ramené du désert, même *manu militari,* pour supporter les charges de la curie ou qu'il abandonnera ses biens à celui qui le remplacera dans cette charge. Il craint que la religion ne soit en cette occurence un prétexte *(specie religionis)* pour échapper à la curie; il vise les disciples de la paresse, *sectatores ignaviæ* (1).

Si plus tard les clercs et moines jouirent du privilège d'être exempts de ces obligations, du moins la curie gardait-elle ses droits sur leur patrimoine. Il en était de même du patron de l'affranchi qui se faisait moine. « Et en effet, dit

____

(1) Cpr. loi 12, *C. Théod. De veteranis: Et quoniam plurimos, vel ante militiam, vel post inchoatam vel peractam, latere objectu piæ religionis agnovimus : dum se quidem vocabulo clericorum..., non tam observatione cultus quam otii et socordiæ amore defundunt, nulli omnino tali excusari objectione permittimus, etc...*'

Théodose (1) (20 C. Just. *De episcopis*), il n'est pas juste que les biens ou pécules, qui légalement sont dûs aux patrons ou aux curies, soient retenus par les églises et monastères ».

On doit se demander alors si l'esclave peut être admis dans un monastère. Ce n'était pas véritablement s'affranchir, mais plutôt changer de servitude, le moine n'étant pas maître de sa personne. L'esclave avait-il ce droit? c'eût été un mode d'affranchissement nouveau, à la disposition discrétionnaire de l'esclave. Ni l'autorité ecclésiastique, ni l'autorité laïque ne l'admirent. D'une part, il était à craindre que les monastères ne fussent envahis par des moines peu fervents; d'autre part il n'était pas juste que les maîtres fussent dépouillés de leurs droits sur leurs esclaves. « Il faut éviter, dit le pape saint Gélase, de donner au public des sujets de plaintes. On se plaint de tous côtés que les esclaves, achetés ou nés dans la maison de leurs maîtres, se soustraient aux droits de ceux-ci et abandonnent leur domaine, sous prétexte d'embrasser la vie religieuse. Ils se retirent dans les monastères..... Ce fléau doit être combattu par tous les moyens, de crainte que la propriété d'autrui ne paraisse être envahie de vive force, et l'ordre public troublé par l'institution et le concours de la religion (2). » Cependant l'esclave, reconnu comme homme, doit avoir la faculté d'aspirer à la perfection de l'existence cénobitique. On l'admettra dans le monastère, dit saint Gélase, s'il est muni du consentement de son maître dûment constaté.

(1) Année 434.

(2) *Ap. Lab. Epist.*, 9, chap. 14.

La législation en cette matière fut établie par Justinien
(Novelle 5). Les droits du maître sont moins bien défendus
par l'empereur que par le pape. Justinien se préoccupe
seulement de ce que l'accession à la vie monastique soit
sérieuse, et non simulée pour faire fraude aux droits légitimes. Aussi il organise un noviciat, sorte de temps
d'épreuve après lequel l'admission au monastère est définitive et prévaut contre toutes réclamations. « La vie monastique est si honorable, dit-il *(præfatio)*, elle sait tellement
recommander à Dieu celui qui l'embrasse qu'elle efface en
lui toute souillure... Il faut donc considérer (*cap. II*) comment il convient de se faire moine, si les hommes libres
ont seuls ce droit, ou aussi les esclaves ; d'autant que la
grâce divine a indistinctement accueilli tous les hommes,
proclamant que, quant au service de Dieu, il n'y a point
d'homme ni de femme, de libre ni d'esclave, car tous
reçoivent une même récompense de Jésus-Christ ». En
conséquence, et suivant, dit-il, les règles sacrées, Justinien soumet à trois ans de noviciat les postulants, libres
ou esclaves. Pendant ce temps, tous devaient porter l'habit
laïque et étudier les divines Écritures. « Les vénérables
abbés s'inquièteront de savoir s'ils sont libres ou esclaves ;
d'où leur est venu le désir d'embrasser cette vie exceptionnelle, et si quelque mauvaise occasion ne les a pas
inspirés ». Ces trois ans passés, ils recevaient, s'ils en
étaient jugés dignes, l'habit monastique et la tonsure, « et,
s'ils sont esclaves, il n'est plus permis à personne de les
inquiéter ; ils sont définitivement entrés dans la liberté ».
Mais si, dans l'intervalle des trois ans, le maître d'un tel
esclave venait le revendiquer, et qu'il prouvât que le pos-
tulant s'était réfugié dans le monastère à la suite de quel-

que méfait, et sans vocation sérieuse, il devait reprendre son esclave et ce qu'il avait apporté avec lui.

Tels étaient les obstacles qu'apportaient les lois à la profession monacale. On voit qu'ils se réduisent presqu'à rien au temps de Justinien ; mais à mesure que l'accès au monastère fut plus largement ouvert, l'issue en fut plus étroite. Finalement le moine, en proférant les vœux, se lie, *jure civili*, pour la vie. Celui qui faisait défection ne perdait d'abord que ses biens, qui restaient la propriété du monastère. Plus tard, il est ramené de force, par les soins de l'évêque, à la vie religieuse (Nov. 5, cap. 4. — Nov. 123, cap. 42).

Les lois parlent constamment des biens du moine. Cela semble incompatible avec la règle d'abnégation qu'ils s'imposaient. Les premières règles de monastère qui nous soient parvenues sont celles de saint Benoist (qui fonda un couvent sur le mont Cassin, à 40 milles de Rome, l'an 529). Or nous y lisons les préceptes suivants, *Caput* 32 : « Il est de la plus haute importance d'extirper radicalement du cœur des frères toute idée de propriété personnelle ». *Cap.* 33 : « Que tout soit commun à tous, suivant la parole de l'Écriture, mais que l'on distribue à chacun suivant ses besoins ». *Cap.* 34 : « Le récipiendaire admis distribue aux pauvres ou abandonne au monastère tout ce ce qu'il possède, sans rien se réserver, puisqu'il ne doit même plus avoir la libre disposition de son corps (1) ».

Telle étant la règle ordinaire de tous les monastères, comment parler des biens d'un moine? Et c'est cependant ce que fait le Code. Ainsi, la loi 20, *De episcopis*, décide que les biens du moine seront recueillis à sa mort par son

----

(1) Cpr. *Nov. 133*, cap. 38 « *Ut qui monasteria ingrediuntur, se suaque dedicent monasterio.* »

monastère, à moins qu'il n'en eût disposé par testament, et sauf les droits des descendants, des parents, agnats ou cognats, de la femme, ou encore ceux de la curie ou du patron.

Mais il importe de remarquer que cette loi est une constitution de Théodose (code Théod., livre V, titre III), rendue en l'année 434. Quoique insérée au Code Justinien, elle ne représente pas exactement le droit de la dernière époque. En effet, notamment, elle parle de l'*uxor* d'un moine, alors que dans la novelle 5, *caput 8*, Justinien rappelle qu'il a interdit absolument le mariage aux moines.

Le droit, ici encore, suivit le fait, et consacra les règles volontairement établies ; mais ces règles elles-mêmes ne furent pas fixées en un jour.

Le fait de s'adonner, suivant les expressions du Code, à la vie solitaire, ne pouvait en lui-même, faire perdre aucun droit au moine ; il restait propriétaire, capable d'acquérir et de disposer. Seulement, détaché des intérêts matériels, les biens lui étaient devenus indifférents ; il les écarte, en quelque sorte, de sa personne pour qu'ils servent à tous. Qui devra en jouir ? Tous les hommes avec qui il vit en commun et tous les autres hommes, ses frères, qui en auraient besoin. Et qui devra en être le dispensateur ? Ce sera l'homme à qui il est soumis, le représentant de Dieu, c'est à dire l'abbé.

De là résulte que tous les biens du moine doivent être remis au monastère. Cela ne veut pas dire, par conséquent, que le moine cessera d'être propriétaire et d'acquérir ; seulement il sera propriétaire et il acquerra pour le compte du monastère.

Voilà quelles sont les intentions du moine ; si la loi les respecte et les sanctionne, elle devra aboutir à ce résultat que le moine sera maître de tous ses droits vis-à-vis de sa famille et du monde, mais que ces droits, qui se réalisent en sa personne, seront abdiqués par lui en faveur du monastère. C'est une sorte d'aliénation, par le moine, de tous ses droits au profit du monastère.

Telle est, en effet, la législation des Novelles. Mais la transaction entre les droits de la famille et ceux du monastère se fit lentement.

Les parents du moine ou de la religieuse pouvaient regretter de voir leurs biens aller à eux, sachant qu'ils s'en dépouilleraient au profit de la communauté ; de là, le désir possible de les exhéréder. On commença par déclarer que les religieux, ne pourraient être privés de leur part héréditaire ; ils auront droit en tout cas à la quarte (56 § 1, Code *De episcopis*, I, 3). « *Sin autem et amplius voluerint eis largiri, hoc eorum voluntati concedimus* », ajoute la loi. A défaut de testament, ils viendront à la succession selon les règles ordinaires, comme qui que ce soit *(ibid.)*.

Le moine ne sera donc point dépouillé de ses biens. En fait, alors, il les communique au monastère. Mais bientôt, les constitutions impériales établissent les droits des monastères sur les biens de leurs moines. D'après la loi 20, Code *De episc.*, de Théodose (434), le couvent succède en l'absence de testament, ou de parents, etc. La novelle 123, *cap.* 38, va plus loin : le couvent n'est primé que par les enfants nés avant la vocation. En ce cas, le moine peut, avant d'entrer au monastère, diviser ses biens entre ses enfants, et alors une part virile est réservée au monastère. S'il fait un testament, soit au profit du couvent, soit au profit de ses enfants, ceux-ci auront toujours droit à leur légitime, mais à leur légitime seulement ; il en serait de même s'il décédait au monastère, *intestat*.

Une fois le moine entré au couvent, ses biens appartiennent définitivement à ce couvent ; s'il rentre dans le monde *(si mundanus fiat)* tous ses droits restent attachés au monastère *(omne jus ipsorum ad monasterium pertinet)*, loi 55, § 1, *De epis.* — Loi 56, § 2, h. t. — Et ce n'est pas la peine d'une sorte de parjure ; car si le moine ne quitte son couvent que pour entrer dans un autre, le premier garde son patrimoine (1).

A la fin, on voit que les moines sont liés corps et biens à leurs monastères. C'est l'application de la pure doctrine de l'Evangile, commentée par saint Astère. « Nous appartenons complètement à Dieu, qui dispose de nous et de nos biens par ses représentants, prêtres, évêques ou abbés. » Les biens de la terre sont à Dieu, disent les théologiens, et les jurisconsultes traduisent cette idée dans la pratique, disant : les biens sont à l'œuvre, ils ont une destination qui les absorbe ; ils sont affectés à un usage qui en est maître en quelque façon, puisque ces biens ne doivent, sous aucun prétexte, lui échapper. Cet usage consiste à subvenir aux besoins de tous les fidèles présents et à venir, et même de tous les hommes. Plus spécialement, tel bien sera consacré à tel besoin légitime de l'homme, comme de dire à perpétuité des prières, ou de faire telles aumônes, ou de secourir tels misérables. L'idée de la fondation s'installa ainsi dans la jurisprudence.

A quel titre possède le monastère ? Car il possède, cela

______

(1) *Novelle,* 5, *cap.* 7. — *Novelle,* 123, *cap.* 42.

est sûr ; une multitude de textes, outre ceux déjà cités, le prouveraient au besoin. Il est donc, comme nous disons aujourd'hui, une personne juridique.

Mais est-ce en tant qu'*universitas* ? Nous avons vu que le droit était arrivé assez vite à la conception de la *personne morale association*. Parvint-il à celle de la *personne morale fondation* ?

D'après ce qui vient d'être dit, notre réponse n'est pas douteuse. Oui, le droit romain s'éleva à l'idée d'un patrimoine impersonnel, qui n'appartient point à un être humain, ni même à une collection d'individus, et qui cependant appartient à un sujet, puisqu'il n'y a pas de droit sans une personne pour les supporter. Il eut l'idée d'un patrimoine asservi à une fonction et lui appartenant. Le monastère est l'intermédiaire de cette fonction ; c'est pour l'accomplir qu'il est propriétaire. Il n'est pas, juridiquement, une *universitas*, pas plus que les moines ne sont des associés.

Point n'est nécessaire d'insister sur les différences qui séparent un *collegium* d'une communauté religieuse.

Quand le moine entre au couvent, il lui remet tous ses biens, nous disent les lois et les règles monastiques, afin que l'abbé en dispose pour l'usage fixé. Mais le moine n'a aucun droit sur ces biens qu'il apporte. Jamais il n'y pourra prétendre. Même il ne pourra, jamais plus, rien recevoir pour lui-même : « Ce qui sera envoyé du dehors à un religieux, dit la règle de saint Benoist (*cap.* 54), ne sera reçu au monastère qu'autant que l'abbé en aura donné la permission. L'abbé en disposera pour celui des frères qu'il jugera convenable ». Ou encore il en disposera pour les soins de la charité, car nous voyons dans les mêmes statuts (1) que tel est le double emploi des biens des monastères. L'abbé est l'agent de la fonction du monastère, et c'est, en vérité, cette fonction qui a droit au patrimoine; les religieux le lui ont abandonné.

Il est vrai qu'un couvent est composé de la réunion de plusieurs personnes. Mais cela ne suffit pas à fonder une *universitas*. Est-ce la réunion des malades qui procure l'individualité juridique à l'hôpital? Non, c'est le but qu'il poursuit; de même la réunion des moines ne faisait pas la personnalité du couvent, mais sa fonction (2).

Aussi dans l'organisation monastique, tout converge vers cette fonction; c'est elle qu'il s'agit d'assurer. Le monastère possède, mais sa propriété est *vinculée*.

Les papes et les conciles commencent à défendre aux abbés d'aliéner les biens des monastères. Cela devint la règle civile. Il leur est seulement permis de les louer, pour trente ans au maximum (Nov. 120, *cap.* 3), ou bien de les donner à emphythéose, mais non à perpétuité (Nov. 7, *cap.* 3), ou encore en usufruit.

L'aliénation était possible en certains cas, quand elle était nécessaire, mais soumise alors à combien de formalités! Il faut une nécessité absolue dûment constatée dans un acte écrit en présence de magistrats, de l'abbé, etc..... (loi 17 § 1 et 2, Code *De sacrosanctis ecclesiis.* — Cpr. Nov. 7, *cap.* 6). A défaut d'observer ces prescriptions, l'aliénation est nulle; le monastère garde le bien, et, s'il a reçu le prix, il n'aura même pas à le restituer (loi 14, § 1

---

(1) *Cap.* 33 (« le soin des malades est l'œuvre de charité par excellence, » etc.).

(2) V. cependant M. Geouffre de Lapradelle, *Des fondations*, thèse, 1894, p. 413.

et 2, Code *De sacros. eccl.*, — Nov. VII, *cap.* V pr. et § 1, *cap.* 7, pr.). Des pénalités sévères étaient seulement édictées contre les abbés ou économes et contre les tabellions ou autres officiers publics (loi 14 § 3 et 4, Code *De Sacr. eccl.*, Nov. VII, *cap.* 7 § 1, Nov. CXX (1), *cap.* 11).

Toute cette législation s'efforce de constituer au monastère, comme à l'Eglise, un patrimoine indisponible et presque sacré ; il est indisponible parce que son usage est perpétuel ; le monastère n'en est qu'administrateur.

Ces biens sont affectés à un unique objet qui est l'assistance : assistance dans l'intérieur du couvent, des moines les uns par les autres, puisque tout est commun entre eux ; assistance au profit des étrangers surtout, car la mission providentielle des moines est de secourir les hommes. Lorsqu'il s'agit de la charité, les règles même les plus absolues fléchissent ; c'est ainsi qu'il est permis en certains cas de vendre des biens-fonds, même les vases sacrés, pour racheter les captifs (loi 21, *in fine*, Code *De Sacr. eccl.*, — Nov. 120, *cap.* 9).

« Du moment que l'on n'envisageait dans les richesses terrestres que le but moral auquel on les destinait, on devait admettre facilement que cette fin spirituelle est la chose essentielle, et que les biens qu'on lui affecte deviennent véritablement sa propriété (2). »

(1) Toute la *Novelle* 120 est consacrée à ce sujet.

(2) Vauthier, *op. cit.*, p. 75.

CHAPITRE IV

DES FONDATIONS.

Affectation d'un patrimoine à une œuvre, telle est la formule descriptive de la fondation.

L'on en voit le plein épanouissement à l'époque chrétienne, dans les *piæ causæ*. Mais l'origine en est plus ancienne. Elle se trouve déjà dans ces concessions de terres faites par les patrons à leurs affranchis vivant en commun, à condition que les revenus seraient employés aux besoins de ceux-ci et des descendants d'eux. La perpétuité y est mal assurée ; alors le constituant décide que l'un des ayant-droits devra prendre une disposition semblable en faveur d'autres titulaires de même sorte, et ainsi les bienfaits de la fondation se prolongent.

Ici c'est toujours une libéralité à de certaines personnes ; l'élément abstrait de la fondation n'apparaît pas encore. Il y a seulement quelques conditions apposées au legs ou à la donation, par quoi l'idée morale, qui inspire le donateur, se montre et s'impose.

La subvention *sub modo*, tel est le procédé rudimentaire de créer une fondation.

Le droit romain l'employa de bonne heure. Dès l'époque d'Auguste, on voit des dons et des legs adressés, sous une affectation précise, à des personnes, de préférence à des personnes morales, cités ou collèges. De simples particuliers le firent. Une inscription nous apprend qu'un contemporain d'Auguste, T. Helvius Basila, fit un legs de 300.000 S. pour fournir aux enfants pauvres du blé jusqu'à la puberté, et ensuite leur donner par tête une somme de 1.000 S. (Orelli, 4365).

Les empereurs donnèrent eux-mêmes l'exemple de ces fondations; en même temps ils indiquèrent le procédé juridique qui devait servir à les réaliser.

Ce fut à propos des enfants de pauvres, exposés, vendus ou tués par leurs parents dans la misère, que ces fondations furent créées.

Nerva, le premier, paraît s'être inquiété du sort de ces enfants, et des dangers que les mœurs faisaient à cet égard courir à l'Empire. La compassion entra d'une faible considération dans les fameuses institutions alimentaires des Antonins. Il y eut là, chez eux, préoccupation politique; les institutions *ad alimenta puerorum* furent la suite naturelle des lois caducaires. Il s'agissait d'avoir des citoyens : « Ces enfants sont élevés aux frais de l'Etat pour en être l'appui dans la guerre, l'ornement dans la paix. Un jour ils rempliront nos camps, nos tribus, et d'eux naîtront des fils qui n'auront plus besoin de cette assistance ». Pline, *Paneg.*, 28 (1). — (Cpr. Orelli 784).

C'est donc là assurément de l'assistance publique. Cependant des individus imitèrent le fisc impérial et constituèrent des rentes au profit des enfants, dans un pur esprit de philanthropie : « L'homme vraiment libéral, disait aussi Pline (*Epist.* IX, 30. X, 94), donne à ceux qui sont dans le besoin, les secourt, etc... » Pline pratiqua ses principes.

____

(1) V. DURUY. *Hist. Rom.*, t. IV. p. 785.

Il constitua, sur une de ses terres, en faveur de Côme, sa ville natale, une rente perpétuelle de 3.000 sesterces, *in alimenta ingenuorum* (1) ; Pline donna encore à Côme une bibliothèque valant un million, et 100.000 sesterces pour l'entretenir, plus le tiers du traitement du professeur de rhétorique à Côme. Enfin il légua à cette ville de quoi établir des thermes et une rente annuelle de 112.000 sesterces pour fournir des aliments à 100 affranchis du testateur, et, après eux, pour servir un repas annuel à toute la *plebes* (Sal. Reinach, *Manuel de philologie classique*, p. 353). Une certaine Matidia laissa, de même, en mourant, un million de sesterces pour que les intérêts servissent à élever mille enfants. Cœlia Macrina légua un million de sesterces pour entretenir cent enfants à Terracine. A Sicca, un citoyen fit don à la ville de 1.300.000 sesterces pour que, avec l'intérêt à 5 p. 100, on nourrît, chaque année, 300 garçons et 200 filles de 3 à 15 ans, choisis par les *duumvirs*, dans les familles non seulement des municipes, mais aussi des *incolæ* établis dans la cité. (Guérin, *Voy. en Tunisie*, t. II, p. 59, n° 234). Les legs faits *ad alimenta puerorum* se multiplièrent rapidement.

Voici comment procédait le fisc, imité le plus souvent par les particuliers (exemple de Pline, *Epist.* VII, 18). L'inscription de Velleia et la *Tabula alimentaria Bœbianorum* fournissent sur ce point des renseignements détaillés. L'opération consistait en un prêt fait par le fisc aux agriculteurs par l'intermédiaire des corps municipaux : ce prêt était avantageux pour les propriétaires parce qu'ils ne payaient qu'un faible intérêt, 5 p. 100 ou même moins

---

(1) *Epistola* I, 8 — VI, 18.

(jusqu'à 2 1/2 p. 100), alors que l'intérêt normal des capitaux était de 12 p. 100 dans les provinces (Pline, *Epist.*, X, 62) et de 6 p. 100 en Italie. Les intérêts par eux payés étaient affectés à l'entretien d'enfants pauvres de la région. Nourrir les enfants sans ressources semble considéré comme un devoir de l'Etat (Paul, *Sentences*, V, 5).

La protection de l'enfance préoccupa beaucoup la sollicitude des chrétiens. Les empereurs chrétiens adoucirent la législation qui la concernait, diminuant les droits absolus des parents. Les païens, eux-mêmes, avaient paru douter de la légitimité de la propriété des pères sur leurs enfants, allant jusqu'à la faculté de les vendre ou de les tuer. Trajan, rapporte Papinien (5, Dig. XXXVII, 12), ordonna que le père qui se serait conduit vis-à-vis de son fils *contra pietatem*, serait obligé de l'affranchir ; et qu'au cas de décès du fils ainsi affranchi, il ne pourrait prétendre sur les biens à ses droits de patron. (Cpr. 1, Dig. *De liberali causa*, XL, 9). Constantin prononce les peines du parricide aussi bien contre le parent qui tue son enfant que contre l'enfant qui tue son père ou sa mère (Code, IX, 17). Une loi de Justinien défend que les enfants recueillis soient retenus en servitude par leurs éducateurs ; il les met sous la protection des gouverneurs, évêques, même des simples patrices et des défenseurs de la cité.

Ceux qui prostitueront leurs filles perdront leur puissance sur elles et seront condamnés aux mines (6, Code, XI, 40).

Ainsi s'étaient adoucies les mœurs. On assure l'existence des enfants abandonnés et des orphelins, et on protège les autres contre les excès de la puissance paternelle.

Pour fournir des aliments aux enfants assistés, on dispose des subventions du fisc, de celles de la cassette pri-

vée des empereurs (1) et surtout des libéralités des particuliers. Ceux-ci, nous disent les textes, léguaient aux
villes ou aux collèges à cet effet. Les termes de la loi 122
au Digeste, livre XXX, démontrent que cet usage était
répandu. « On peut léguer, dit Paul, en l'honneur et pour
l'ornement d'une ville : pour son ornement, dis-je, comme
au cas où un legs leur est fait pour construire un forum,
un théâtre, un cirque ; pour l'honorer, si par exemple il
est laissé quelque chose pour organiser des jeux... mais
surtout le legs devra être considéré comme concernant
l'honneur de la cité s'il est destiné à fournir des aliments
à ceux que leur âge rend faibles (j'entends parler des
vieillards et des enfants) » (2). Un fonctionnaire spécial,
le *curator rei publicæ*, était chargé de veiller à l'exécution de ces dispositions. Spécialement, le *procurator alimentorum* obligeait les propriétaires à s'acquitter du
paiement des rentes qui devaient être consacrées à la
nourriture des enfants.

La pratique des fondations charitables est ainsi attestée
pour l'époque païenne. On sait qu'il était légué à des temples, à Jupiter, etc. M. Duruy prétend même que, « pour
solliciter et recevoir les offrandes quotidiennes, les temples
avaient des troncs, comme en auront les églises » (3).

A l'époque chrétienne, le développement des fondations
sous le nom de *piæ causæ* est un fait bien connu. Les
chrétiens donnaient alors à l'Église, fille de Dieu, en lui
confiant leurs intentions. Seulement l'Eglise avait des
organes divers, les *nosocomia*, les *orphanotrophia*, les

____

(1) V. encore *Code Théodosien*, IX, 44 et 45.

(2) *Cpr.* MARCIEN, *fragm.* 117, *Dig.* XXX.

(3) *Hist. Rom.*, t. VII, p. 77.

monasteria, etc. Les évêques étaient les principaux dispensateurs de ces libéralités ; ils étaient les exécuteurs testamentaires naturels, et parfois nécessaires, de ces dispositions charitables et pieuses. Valentinien décida même que
les legs faits aux pauvres, ou aux captifs, et en général
pour toutes causes pies, ne seraient pas considérés comme
faits à des personnes incertaines, mais seraient validés,
et que l'évêque du lieu serait compétent pour les recevoir,
sous la charge déterminée. Le legs sera encore confirmé,
quand même le testateur n'aurait point dit qu'il serait
payé par une personne, par exemple s'il avait ordonné de
bâtir un hôpital ou un oratoire (24, 46, Code I, 3).

L'évêque veillera à l'exécution de la dernière volonté.
Rien en effet n'est plus sacré que la dernière volonté des
hommes, selon les paroles de Constantin (1, Code I, 2) ;
l'Eglise est alors considérée comme légataire nécessaire
de toutes ces libéralités impersonnelles de dernière volonté,
et l'évêque agit en son nom.

On n'oserait affirmer en effet que les Romains aient
conçu l'idée d'une fondation se soutenant par elle-même,
d'un objet de droit devenant son propre sujet. Même à
l'époque chrétienne, le procédé n'a pas changé : c'est toujours une libéralité *sub modo.* Les Romains ne connurent
pas d'autre procédé de fonder que celui qui consiste à
donner à une personne physique ou morale en la chargeant
de faire tel emploi de la chose donnée. Constituer un patrimoine, et lui attribuer, par la seule force de la volonté, la
vie, c'est-à-dire la personnalité, était une idée trop abstraite
pour qu'elle eût chance de plaire à leur imagination.

Et cependant on ne saurait nier que les Romains
n'aient eu l'intuition de l'affectation d'un patrimoine en
quelque sorte possédé par son but, de même qu'ils eurent

la notion d'une personne morale tirant sa personnalité de sa fonction. Ce n'est donc pas sans raison que nous voyons chercher l'origine de la théorie moderne des fondations dans le droit romain (1). Cette théorie y est impliquée.

Mais, à vrai dire, elle ne fut pas nettement dégagée par la jurisprudence romaine. Celle-ci ne se préoccupa pas d'une construction juridique basée sur de purs principes ; elle accepta les personnes morales fondations (hopitaux, églises, monastères...) comme une nécessité ; l'introduction des établissements publics personnes morales dans le droit, fut le résultat, non du raisonnement, mais de la force des situations.

Ce sont les faits qui engendrent les institutions nouvelles, mais ils commencent par se servir des anciennes. Les procédés ne changent qu'à mesure qu'il est nécessaire.

Or, les Romains avaient à leur disposition un procédé simple et varié de fonder, celui de la libéralité avec charge. Ils en usèrent donc.

La fondation, à l'analyser de près, est une obligation de faire ; le fondateur impose une série d'actes à accomplir au moyen des biens attribués : il faut des biens à l'œuvre, mais aussi il y faut l'activité humaine. Dès lors, quel meilleur procédé de fonder que de confier à un homme les ressources nécessaires, en le chargeant de les employer comme il convient ?

____

(1) Brinz, *Alimentenstiftungen der rœmischen Kaiser*, dans les *Sitzungs berichte der philosophisch philologischen und historischen classe der K. b. Akademie der Wissenschaften zu Munchen*, 1887, II, p. 209. — Henzen, *Ann. dell. Instit. romano*, XVI, 1844, p. 5 et s. — Herzog, Hirschfeld, Zachariæ, etc.

Sans doute, l'œuvre n'a point, de la sorte, de droits par elle-même, comme il serait si elle était érigée par la volonté même du fondateur, en personne juridique. Mais, tout de même si l'œuvre avait des droits, il lui faudrait encore emprunter l'énergie d'un homme pour les faire valoir. Alors on aura recours à un exécuteur testamentaire. N'est-il pas plus simple de léguer directement à une personne ou à une *universitas*, ou à quelque corps que ce soit, reconnu capable par les lois, en l'obligeant par modalité à exécuter le service fondé ?

C'est ce que firent les Romains. Nous avons un grand nombre d'exemples de dons ou legs *sub modo* adressés à des villes ou à des particuliers (*Corpus Inscr. latin.* III, n° 7526 — V, n°ˢ 5907, 5134, 5056, 6328 — II, n° 4511, etc.).

Mais il était à craindre que les donataires ou légataires n'accomplissent pas ou accomplissent mal la charge qui leur était imposée, et qu'ils ne jouissent pas eux-mêmes des bien affectés. Un fonctionnaire, le *curator rei publicæ* (1), fut chargé de surveiller l'accomplissement des *condiciones donationibus adscriptæ* (13, § 1, *Dig.* L., 12) ; mais ses fonctions ne concernaient que les villes.

Pour les corporations privées et les particuliers, on avait recours à des peines, *multa*. Pour inciter la diligence, le fondateur stipulait des droits de retour pour lui ou ses héritiers, en cas d'inexécution, ou encore il instituait à un second degré une autre personne morale, comme une corporation rivale, etc... (*Corpus I. L.*, VI, n° 10.231 — IX, n° 3.160 — XIV, n° 2793, etc.).

Ainsi le seul procédé de fondation employé fut à

(1) PERNICE, *Labeo*, III, p. 159.

Rome celui d'une modalité à une donation ou à un legs. Cette opinion est soutenue par un grand nombre d'auteurs. Elle a été développée principalement par Pernice, et elle s'appuie sur ce qu'on n'a point d'exemples d'une personnification directe de l'œuvre par la volonté du fondateur : « On a parlé ici, dit Pernice, de *dedicatio* et *consecratio* à un objet. Cela n'est absolument point romain. Les choses du droit ne sont pas celles de la divinité, lesquelles n'admettent aucune application d'analogie avec le droit civil. Car *dedicare* s'entend alors « d'employer à tel usage », comme un patrimoine au cens, un chemin à la circulation..., de même *consecrare* (1) ».

Cette doctrine est contredite par les auteurs qui veulent trouver dans la pratique romaine des précédents à la théorie moderne des fondations. Pour ceux-ci, la fondation fut parfois la création d'une personne juridique, par le seul effet de la disposition prise par le fondateur (2).

Dans ce système, on tire argument de l'analyse des tables de Bæbia et de Velcia; on remarque que les fondations qui y sont relatées, ne peuvent avoir de titulaires. A qui doit le fonds grevé de la rente? A la cité? Non, puisque les agents municipaux ne sont pas intervenus dans la constitution de la rente. Aux enfants ? Non, puisqu'ils sont personnes incertaines. Donc la rente est due à l'œuvre; le fonds est obligé envers la fondation.

Le raisonnement n'a pas eu de succès, parce qu'on a fait observer que le titulaire du droit était, tout naturellement,

---

(1) Pernice, *Labeo*, t. III, p. 150 et suiv. *Cpr.*, p. 56 et suiv. Voir Geouffre de Lapradelle, thèse, Paris, 1894, p. 23 et suiv., et les autorités citées en note.

(2) Brinz, *Pandekten*, III, p, 515 et 538, p. 541.

l'Etat (ou le fisc). C'est lui qui a prêté ; c'est lui qui est créancier (1).

Mais le système invoque un autre genre d'arguments, qui sont très sérieux. L'argument favori de la doctrine opposée réside en ce que les exemples de fondations qui nous sont parvenus, consistent en libéralités *sub modo*; alors on ajoute que si l'autre procédé avait existé, les Romains n'eussent pas manqué de s'en servir, comme étant plus simple.

Or le raisonnement pèche à la base, car les textes montrent un grand nombre de fondations qui indiquent seulement leur but et les biens affectés à ce but, sans désigner un légataire ou donataire. Les constitutions impériales valident cependant de tels legs. Qu'est-ce à dire sinon que le but lui-même sert de support à la fondation, qu'il est propriétaire des biens en vertu de la déclaration de volonté?

L'examen des textes invoqués fournit la réponse. La loi 46 au Code, *De Episcopis et clericis,* par exemple, dit que s'il est fait un legs aux captifs ou aux pauvres, ce legs ne sera pas nul, mais il ajoute que l'évèque de la ville ou l'économe du *ptochotrophium* ou du *xenodochium* auront qualité pour recueillir le legs. La Novelle 131, *caput* 9, dit qu'on peut instituer Dieu, Jésus-Christ ou les saints ; mais elle ajoute que l'Eglise du lieu

---

(1) On invoque encore la *Constitution de Justinien* (au Code, loi 46 pr., *De Episc. et cler.* I, 3), en tirant argument des mots *per institutionis modum ;* mais ces expressions se réfèrent uniquement à la qualité en vertu de laquelle l'ayant droit acquerra les biens, comme légataire, fidéicommissaire, donataire à cause de mort, héritier, *vel per alium quemcumque modum legitimum.* Justinien ne dit point par là qu'on peut créer une fondation par institution directe.

du domicile du défunt recueillera ce qui leur est laissé. Les textes supposent donc toujours qu'il y a un légataire ; si le légataire n'est pas désigné, ils l'indiquent par avance, conformément aux intentions présumées du testateur (1).

En résumé, il faut reconnaître que les Romains ne connurent pas le système de la fondation directement créée et érigée en personne morale par le disposant.

Et cependant ils se rendaient bien compte que l'objet de la fondation, l'œuvre, était l'unique raison d'être de la dévolution des biens, de sorte que ceux-ci se rapportaient entièrement à cet objet, à cette œuvre. De là à dire que l'œuvre y aurait droit, il n'y avait qu'un pas. Les Romains ne le franchirent point, faute qu'il fût nécessaire ; mais s'ils n'appliquèrent pas l'idée, du moins ils en eurent l'instinct.

On donne à Dieu, et c'est l'Eglise qui reçoit par ses différents organes, et ce sont les malheureux sur la terre ou dans l'autre monde, qui en bénéficient.

C'est pour être répartis entre les indigents que les biens de l'Eglise sont confiés à l'administration de l'évêque (17 § 2, Code I, 2). L'évêque est préposé à la surveillance générale de la distribution des biens aux indigents et de l'exécution des pieuses volontés des morts (2) (Loi 49, Code I, 3).

L'assistance privée prit alors un développement inouï ; mais la misère grandissait plus encore. Enfin le ministère spontané des évêques prit un caractère administratif, et

______

(1) C'est le système de notre article 937 *Code Civil*.

(2) Le *curator rei publicæ* avait eu, sous les empereurs païens, une mission analogue, quoique plus restreinte. (13, § 1, *Dig.*, L. 12).

l'Eglise remplit le rôle d'une vaste administration d'assistance publique. Toutefois le principe de l'assistance était changé : ce n'était plus la rançon du pouvoir, mais la contribution de la solidarité humaine.

APPENDICE

La trace des progrès de la bonté s'est marquée dans la législation qui concerne les esclaves. En la reproduisant rapidement, nous donnerons une esquisse de la marche des idées d'assistance dans le monde romain.

Dès longtemps, traiter ses esclaves avec douceur était le devoir des honnêtes gens. Platon, qui avait très peu le sentiment de l'égalité, conseille de bien traiter les esclaves (1). Horace fait de la douceur à leur égard un précepte de sa morale élégante (Satire, II. 2, 66). Le vieux Caton lui-même mangeait avec ses esclaves et les faisait soigner par sa femme quand ils étaient malades (Plutarque, Caton, 2, 20). Après tout, l'esclave était au moins une sorte d'animal. Les mœurs avaient moins de rigueur que les préjugés et que la loi. Aux premiers siècles de Rome, l'esclave, faisant partie de la famille, était traité comme tel. « Le maître, qui abusait de son pouvoir, était puni par le censeur. » M. Cuq. (*Orelli*, 2808). A la fin de la République, la crainte de la censure s'étant affaiblie, la condition de l'esclave empira. Alors intervint le législateur.

Suivons les progrès de la législation en cette matière.

(1) WALLON, *Histoire de l'esclavage*, I, chap. XI.

Au début, l'esclave, propriété du maître, est à sa discrétion complète (sauf la *nota censoria).*

La coutume ne fut jamais en harmonie avec cette barbarie. Sénèque dit que les maîtres cruels sont montrés du doigt dans la ville (*De clem.*, I, 18, 3). Sous Auguste, un mauvais maître ayant été tué par ses esclaves, l'opinion publique approuva ce meurtre et l'empereur n'osa le punir (*Sen.*, *Nat. quæst.* I, 16, 1). La bonté de Pline pour ses esclaves est légendaire (*Epist.* II, 17, 9 — III, 19, 7 — VIII, 16).

Il y eut certainement, en faveur des esclaves, un vif mouvement d'idées. Les constitutions impériales le suivirent. Toutefois les empereurs n'abolirent pas les anciennes lois, seulement ils défendirent d'en user. Gaius continue à affirmer que dans toutes les nations du monde les maîtres ont droit absolu de vie et de mort sur leurs esclaves ; mais il ajoute aussitôt qu'il est interdit dans l'Empire de sévir contre les esclaves sans motif (1, § 1 et 2, *Dig.* I, 6). Dès l'époque d'Auguste, une loi défendait de livrer l'esclave aux bêtes sans raison (2, *Dig.* I, 6). Hadrien exile pour cinq ans une matrone qui maltraitait cruellement ses servantes pour les causes les plus futiles (2 *in fine*, *Dig.* I, 6). Antonin établit qu'il n'est pas plus permis de tuer son esclave que celui d'un autre, et qu'en le faisant on encourt la même peine (1, *Dig.* I, 6).

« Il y a un juge, dit Sénèque (*De benef.* I — III, 22, 3), pour connaître des injustices des maîtres envers leurs esclaves, pour réprimer leur cruauté, leur avarice, leur brutalité ».

____

(1) Voir WALLON, *Histoire de l'esclav. dans l'antiquité*, t. II, p. 201.

C'était le *præfectus urbi* (1 § 1, *Dig.* I, 12). Hadrien fit beaucoup pour les esclaves : « Il priva, dit Spartien (1), les maîtres du pouvoir arbitraire de vie et de mort sur leurs esclaves ; et si ceux-ci méritaient la peine capitale, il voulut qu'ils y fussent condamnés par sentence des juges. Il défendit de vendre des esclaves de l'un ou l'autre sexe à un maître de gladiateurs ou au patron d'une maison de prostitution, sans qu'un juge en eût connu... Il supprima les prisons particulières où les maîtres contraignaient à de pénibles travaux les esclaves et les affranchis. Lorsqu'un maître était assassiné dans sa maison, il ne fut plus permis d'appliquer à la torture tous ses esclaves, mais ceux-là seulement qui, s'étant trouvés à proximité, pouvaient avoir connaissance du crime (2) ».

Telle était l'influence des idées d'égalité enseignées par les stoïciens et qui triomphent dans le christianisme. La plupart des jurisconsultes qui entouraient les empereurs étaient stoïciens. Néron était encore pénétré des leçons de Sénèque quand il chargea un magistrat de recevoir les plaintes des esclaves, victimes de la cruauté, de l'avarice ou de la luxure de leurs maîtres (3). Ce sont ces mêmes jurisconsultes qui introduisirent dans les Codes romains l'idée que la servitude n'est pas un fait naturel et qu'elle ne repose que sur une convention humaine (4, *Dig.* I, 1. cpr. Instit. Livre I, Titre III, § 2). Paul finit par appeler *uxores* les femmes des esclaves (*contubernales servorum, id est uxores*).

Le sentiment de la dignité humaine se relève ainsi

(1) SPARTIEN, *Vie d'Hadrien*, 18.

(2) *Cpr.* 1 § 2, 4 § 2. *Dig.* XLVIII, 8.

(3) SÉN., *De Benef.*, III, 32.

dans l'antiquité. L'homme, prenant conscience de ses droits vis-à-vis de ses semblables, sentit mieux aussi ce qu'il leur devait.

Les chrétiens, sous l'impulsion des idées d'égalité et de fraternité, ne virent plus dans les esclaves que des serviteurs ; ils les traitèrent avec douceur, respectant en eux des hommes. S'ils ne les affranchissaient pas toujours, c'est que l'affranchissement était inutile lorsque l'esclavage n'était plus qu'un mot.

Les stoïciens étaient arrivés aux mêmes conclusions et presque aux mêmes mœurs. Mais le stoïcisme n'était pas une religion. C'était une doctrine trop haute pour la multitude ; le stoïcisme aimait les hommes et la vertu par raisonnement, et la foule suit plus volontiers ses instincts que la raison. Le stoïcisme avait besoin de comprendre, et la foule aime mieux croire. La foi a plus de force que la conviction : le stoïcisme aurait été peut-être impuissant, la foi accomplit.

PRINCIPAUX OUVRAGES CONSULTÉS

—

Accarias. — *Précis de Droit romain*, 4e édit.

G. Boissier. — *La religion romaine d'Auguste aux Antonins.*

Cuq. — *Institutions juridiques des Romains.*

Dezobry. — *Rome au siècle d'Auguste.*

Duruy. — *Histoire des Romains.*

Fustel de Coulanges. — *La Cité antique.*

Girard. — *Textes de Droit romain.*

Liebenam — *Zur geschichte und Organisation des rœmischen Vereinswesens.*

Marquardt. — *Le culte chez les Romains, traduction Brissaud.*

Mommsen. — *Histoire romaine.*

Mommsen. — *De collegiis et sodaliciis.*

Mommsen. — *Le Droit public romain.*

Poisnel. — *Des sociétés de tous biens*, dans la *Nouvelle Revue historique*, année 1879.

Renier. — *Inscriptions d'Algérie.*

Savigny. — *System des rœmischen Rechts*, tradition Guenoux.

Tollemer. — *Des origines de la charité catholique.*

Vauthier. — *Étude sur les personnes morales.*

TABLE DES MATIÈRES

DROIT FRANÇAIS

—

DES LIBÉRALITÉS

AUX

SOCIÉTÉS CIVILES ET COMMERCIALES

D. F. 1.

INTRODUCTION

Les libéralités aux personnes civiles sollicitent de plus en plus l'attention. L'acte à titre gratuit se réalise de nos jours en elles sous sa forme la plus pratique et la plus intéressante : ces libéralités permettent aux hommes généreux de manifester leurs sentiments d'une façon large et permanente en répandant leurs bienfaits non pas sur une ou plusieurs personnes et pour un temps limité, mais sur des groupes ou des catégories d'individus et pour une durée prolongée ou indéfinie.

Satisfaction est donnée à ces besoins de la bienfaisance par la création multipliée des établissements publics et d'utilité publique. Il semble que la diversité de ces établissements, ainsi que la possibilité d'en créer de nouveaux, doive suffire à satisfaire tous les désirs des donateurs. Dès lors l'étude des libéralités impersonnelles serait bornée, par les faits eux-mêmes, à l'examen des dons et legs aux personnes civiles publiques.

Cependant la qualité de ces personnes les soumet à une réglementation étroite ; les libéralités qui leur sont adressées sont sujettes à contrôle et à déformation. Certaines bonnes volontés s'en effraient.

De plus les attributions des personnes civiles publiques, spécialisées pour chacune d'elles, sont aussi limitées dans l'ensemble ; leur fonction générale est restreinte à ce qui concerne l'utilité publique ; leur compétence cesse dès que l'intérêt privé apparaît. Or il est des œuvres, même d'utilité générale, qui ne sont pas désintéressées. La personnalité civile publique leur est refusée. Faut-il leur interdire également la personnalité civile privée? Il serait imprudent de le décider a priori.

Mais les libéralités elles-mêmes ne sont pas toujours purement désintéressées, en ce sens qu'elles n'ont pas nécessairement pour but d'enrichir le bénéficiaire, mais tendent peut-être à la satisfaction intime du disposant qui emploie sa fortune à défendre ses idées, à les propager, ou à procurer à ceux qui les soutiennent par leur talent les moyens pécuniaires de redoubler d'efforts.

En général, s'il s'agit d'une œuvre qui exige des capitaux importants et une action durable, et qui, par sa nature, repousse toute intervention de l'Etat, les personnes civiles publiques devront faire place aux personnes civiles privées. Et celles-ci, à cause de leur objet particulier, recevront, elles aussi, des dons ou des legs.

C'est donc à tort qu'on a dit que, « à leur égard, la question des dons et legs ne présente guère qu'un intérêt théorique (1). » Les observations précédentes permettent, au contraire, d'entrevoir combien notre sujet est pratique; il importait, dès le début, de l'affirmer.

D'ailleurs, c'est une tâche aisée de prouver qu'une question peut se présenter dans la réalité : il suffit de montrer qu'elle se présente. Or les tribunaux ont eu à se prononcer, en différentes occasions, sur le point de savoir si des sociétés civiles ou commerciales étaient capables de recevoir des dons ou legs. Cela suffit à justifier le titre et le sujet de ce travail ; il est issu des faits.

____

(1) TISSIER, *Dons et legs aux établissements publics...* Thèse, Paris, 1890, p. 38.

Puisque certaines sociétés sont de nature à attirer des libéralités, on doit se demander si elles sont capables de les recevoir.

En conséquence, nous diviserons notre étude en deux parties. La première sera consacrée à examiner quelles sociétés sont susceptibles d'être gratifiées, soit qu'en fait on cherche l'explication de ces libéralités dans la nature des sociétés donataires ou légataires, soit qu'en droit on précise à quelles conditions de telles sociétés sont fondées à invoquer la personnalité juridique à la différence des simples associations.

La seconde partie traitera des conséquences qu'il convient de tirer de la personnalité à la capacité.

—

QUELLES SOCIÉTÉS SONT SUSCEPTIBLES D'ÊTRE GRATIFIÉES

—

Après avoir indiqué que l'hypothèse des libéralités aux sociétés n'est pas, pratiquement, invraisemblable, il est nécessaire de montrer comment, en fait, elle se réalise. Au profit de quelles sociétés? Quelle est l'explication de pareilles dispositions? Ce sera l'objet d'un premier chapitre. L'exposé des statuts de plusieurs sociétés, qui y trouvera naturellement sa place, fournira un appui matériel à la discussion.

En second lieu, nous essaierons de distinguer, en droit, les sociétés civiles et commerciales des simples associations. A l'égard de ces dernières, la question de capacité ne saurait être soulevée, puisqu'elles n'ont point de personnalité (à moins, bien entendu, qu'elles n'aient été reconnues d'utilité publique). Au contraire, les sociétés sont des personnes morales; cette qualité n'a jamais été contestée aux sociétés de commerce; quant aux sociétés civiles, la jurisprudence la leur a définitivement reconnue (1). Ce point de droit sort des limites de notre sujet, il

____

(1) *Cass. Req.*, 23 fév. 1891, Dalloz 1891, I, 337. Cpr. Paris,

ne sera donc point examiné. Nous tiendrons pour accordé
que les sociétés privées sont des personnes juridiques,
nous autorisant de l'avis d'un grand nombre d'auteurs et
des décisions de la jurisprudence, ou, si l'on veut, nous
tiendrons pour accordé que les libéralités dont nous nous
occupons ne s'adressent qu'à celles de ces sociétés auxquelles la personnalité est reconnue sans conteste.

Mais encore faut-il savoir si telle société n'est pas, en
réalité, une association. La confusion est possible. Il importe de l'éviter, afin d'empêcher que sous le nom et sous
le couvert d'une société, une association dénuée de personnalité ne prétende à des droits qui, sous aucun prétexte,
ne peuvent lui appartenir.

27 fév. 1878, DALL. 78, II, 257, et les autorités citées en note sous ces
arrêts.

CHAPITRE PREMIER

SECTION Ire. — **Nature des Sociétés donataires ou légataires.**

Les *sociétés*, considérées non au point de vue du contrat qui les régit, mais en tant qu'êtres abstraits, sont des groupements d'individus et de capitaux unis en vue de produire des bénéfices. La terminologie du droit leur oppose les *associations*, groupements analogues formés pour des intérêts moraux. C'est l'intention lucrative des associés qui, selon qu'elle existe ou qu'elle manque, sert à distinguer la société de l'association.

L'intérêt pécuniaire et l'intérêt moral s'excluent le plus souvent. Une association de philanthropes ne se préoccupe pas d'enrichir ses membres ; une société de capitalistes ne se préoccupe pas de bonnes œuvres. Telle est la coutume, mais cette coutume n'est pas obligatoire.

En effet, il est possible que les opérations d'une société de lucre, en même temps qu'elles enrichissent les sociétaires, servent une cause sociale, politique, littéraire, scientifique, ou tel autre intérêt moral. Ou bien, on conçoit encore que les ressources qui sont nécessaires à l'œuvre poursuivie par une association, lui soient fournies par une entreprise lucrative. Enfin il peut se faire qu'une société

de commerce ou d'industrie entretienne une œuvre qui
l'intéresse, organisée comme un rouage utile ou même
indispensable à son fonctionnement.

Il s'est formé ainsi, depuis quelques années surtout, des
sociétés civiles ou commerciales qui recherchent, en même
temps que l'intérêt pécuniaire des associés, la satisfaction
de leurs sentiments, de leurs opinions ou de leurs croyances. Les associés y sont réunis par la similitude des idées
autant que par la communauté des intérêts. L'objet de
ces sociétés est d'ordinaire une œuvre à accomplir aussi
bien qu'un gain à réaliser. Dès lors on comprend qu'elles
provoquent la générosité.

Le caractère d'un grand nombre de ces sociétés est de
rechercher à la fois des avantages particuliers et des avantages généraux. Cette combinaison est-elle légitime ? Selon
un système partisan d'une division bien nette des fonctions, il conviendrait de réserver toutes œuvres d'utilité
publique aux établissements dirigés ou surveillés par
l'État ; l'activité des personnes civiles privées serait circonscrite aux entreprises tendant à enrichir les associés ;
telle serait leur unique fonction sociale.

Quant au soulagement des pauvres, aux œuvres de prévoyance, d'économie sociale, d'éducation et d'instruction,
de développement intellectuel et moral, toute préoccupation désintéressée serait le monopole des personnes morales publiques, animées et dirigées par le gouvernement :
s'il faut du dévouement, l'administration est là (1).

Les particuliers auraient bien encore matière à satis-

______

(1) Voir un article de M. Sainctelette dans la *Revue critique*,
année 1885, p. 239. — Cpr. *Revue générale d'administration*, t. III,
1888, p. 174, 308. — M. Guillouard, *Traité des Sociétés*, n° 99.

faire leurs penchants généreux ; la charité au jour le jour, les dons qui se font par un acte une fois consommé et qui se peut renouveler, l'effort quotidien restent à leur portée ; ils peuvent même s'associer pour cet objet, pourvu qu'ils soient en petit nombre, ou que le gouvernement le tolère. Mais les longues pensées ne sont pas leur affaire ; il leur serait donc interdit de fonder par eux seuls une œuvre durable, un être juridique qui prolongerait leurs bienfaits après leur mort, de réunir leurs vues pour donner plus de force en même temps que plus d'indépendance à leur conception en la personnifiant ; il leur serait interdit de constituer un patrimoine à leur pensée commune.

Cette théorie rêve de fondations bien réglementées, bien spécialisées, toutes publiques et taillées sur le même modèle ; elle n'admet que des associations bien ordonnées, dociles et soumises à l'idéal du Conseil d'État.

Or, de leur nature, les bonnes règles administratives sont très précises et très rigoureuses. L'idéal du Conseil d'Etat est en conséquence, et comme il convient, fort étroit. « La reconnaissance d'utilité publique, dit-il avec raison, est une haute faveur qui donne en quelque sorte la sanction de l'Etat aux travaux de l'association, et doit être envisagée comme la plus haute récompense de longs et importants services ». Les œuvres qui la sollicitent devront donc accomplir un stage, témoigner d'une forte vitalité encore que non assurées de vivre. Et pour mériter la faveur du gouvernement, elles devront se conformer rigoureusement à ses vues (1).

______

(1) Toute Société qui demande la reconnaissance, doit produire :
1° Un exposé portant : sur l'époque de la fondation, sur l'importance

Cela est très raisonnable ; on ne comprendrait pas que le gouvernement accordât la reconnaissance d'utilité publique à la légère, ni qu'il créât des êtres moraux contraires à ses principes. Toutefois la réserve à laquelle il est ainsi tenu indique la nécessité de la formation, en quelque manière spontanée, de personnes civiles, même d'utilité générale, appelées à vivre et à se développer sans son fait et en dehors de sa dépendance (1). Le Conseil d'Etat n'est-il pas de cet avis alors qu'il déclare notamment qu' « il n'y a lieu de reconnaître comme établissement d'utilité publique une société d'assistance fondée principalement en vue de propager des doctrines touchant à la religion ; le gouvernement, en lui accordant la reconnaissance, se mettrait en opposition avec le principe de neutralité qui est un des fondements de notre droit public » (Société de la libre-pensée de Niort. — Avis du 13 mars 1889) ; même décision contre une société évangélique de patronage (avis du 20 juin 1888). « Ne peut, encore, être reconnue une œuvre qui, à côté des malades admis gratuitement, reçoit des malades payants, qu'autant que le nombre de ces derniers est assez peu considérable pour

des travaux et services ; sur le but d'utilité publique poursuivi ; sur la justification de ressources proportionnelles aux besoins de la société et pouvant garantir sa durée ; 2⁰ les comptes des trois dernières années ; 3⁰ le budget de l'année courante ; 4⁰ l'état de l'actif et du passif ; 5⁰ la liste des membres ; 6⁰ la délibération de l'assemblée générale demandant la reconnaissance légale, adoptant les statuts proposés, et déléguant deux de ses membres *avec pleins pouvoirs pour consentir les modifications demandées par le gouvernement ;* 7⁰ l'avis favorable du préfet et du ministre compétents.

(1) Le législateur adopte cette idée, lorsqu'il donne la personnalité civile aux syndicats librement formés selon certaines règles générales fixées d'avance.

ne pas dénaturer le caractère charitable de l'établissement. » (Avis du 4 juin 1889.)

Soit, le gouvernement est empêché d'intervenir ; néanmoins ces associations en elles-mêmes avaient un objet licite ; elles n'étaient pas dangereuses pour l'Etat, puisqu'on les a laissées subsister en fait et qu'on ne les a pas dissoutes (1). Sans présomption ni parti-pris, on peut même les estimer utiles, au moins respectables. Pourquoi donc les maintenir dans le « non-être » ? S'il se trouve un moyen pour ces sociétés d'exister, quelques difficultés qu'elles aient à vaincre, pourquoi ne point le leur permettre ? Pourquoi, même, ne pas s'efforcer de leur faciliter l'accès de la vie ? Quels avantages à réduire ainsi l'initiative individuelle ? Est-elle donc l'ennemie ?

A défaut qu'on ne le dise et qu'on ne le prouve, il convient de réclamer, au contraire, pour ces sociétés, non la sévérité, mais la faveur.

Au surplus, le droit commun leur suffit. Nulle part, en effet, la loi n'ordonne que l'objet de leur activité soit exclusivement pécuniaire. Sans doute, le Code (art. 1832), n'a eu en vue que des associations de personnes se groupant dans le but de produire une richesse à partager. Mais qu'en conclure, sinon qu'une société ne peut civilement exister sans un certain intérêt pécuniaire ?

En quoi la poursuite parallèle d'un intérêt moral vicierait-elle la constitution d'une société d'ailleurs valable en elle-même ? Si un savant, un inventeur généreux, fonde une société commerciale pour l'exploitation, à bénéfices réduits, d'une découverte bienfaisante à l'humanité, dira-

____

(1) Ou si elles n'étaient point dans le cas d'être dissoutes, c'est que, de par la loi, elles étaient reconnues inoffensives.

t-on que la société est nulle, sous le prétexte que les dividendes pourraient être plus élevés ? Et si des philanthropes, heureux d'aider à des opérations si utiles, adressent des dons ou des legs à cette société, annulera-t-on ces dispositions, attendu que la société serait elle-même nulle ?

Voilà pourtant une société qui n'obtiendrait pas la reconnaissance d'utilité publique, puisqu'elle n'est pas exactement désintéressée. Serait-elle donc condamnée d'avance à ne pas exister civilement ? Il faut avouer qu'un pareil résultat serait déplorable. Par bonheur, il n'est pas nécessaire. Entre les associations inspirées par la seule ardeur des sentiments, et les sociétés entraînées par le pur esprit de spéculation, la place est libre pour des sociétés animées à la fois par le double désir de faire une bonne affaire et une bonne œuvre (1).

Ces sociétés, dont l'existence dépend des efforts constamment renouvelés des personnes qui les ont fondées et qui les soutiennent, tirent une énergie singulière des doubles attaches qu'elles ont au cœur de l'homme ; les associés sont liés tout entiers à leur prospérité, l'intérêt moral stimulant l'intérêt pécuniaire, l'intérêt pécuniaire stimulant l'intérêt moral. Dès lors que leur double objet est licite, comme d'ailleurs elles puisent en leur nature propre grandes chances de réussir, il importe d'écarter de leur route tout obstacle, et d'ouvrir libre carrière à ce nouvel élan de l'activité humaine.

Ce n'est pas une affectation plus ou moins utile de capitaux employés, ou enfouis, dans des œuvres où l'intelligence n'égale pas toujours le dévouement. Les associés n'anéantissent pas sans profit leurs capitaux, et ils en tirent au moins quelque utilité pécuniaire. Enfin ce n'est

____

(1) V. p. 54 et s.

pas une remise de fonds à des administrateurs susceptibles d'inertie et de négligence. C'est la mise en œuvre
féconde d'apports gérés par les soins et sous la surveillance des intéressés.

A tous ces titres, la constitution de ces sociétés, personnes morales privées d'intérêt général, est digne d'attention et de bienveillance.

C'est de quoi nous convaincra l'examen des statuts de
plusieurs d'entre elles.

SECTION II. — **Etude de quelques statuts.**

Que sont, que veulent ces sociétés? C'est ce qui, actuellement, nous intéresse, et non le détail de leurs combinaisons.

A ce point de vue, nous prendrons, comme types de
nos explications, une société d'éducation (Ecole Monge);
plusieurs sociétés qui cherchent à organiser une éducation
confessionnelle; une vaste société de constructions ayant
notamment pour objet d'édifier une église; une société de
construction de logements et d'alimentation à bon marché;
enfin, une société entretenant des caisses de retraites
(société civile du Bon Marché). A cette dernière, nous
comparerons la société des mines de Blanzy, à titre
d'exemple. Nous nous demanderons alors si l'hypothèse
de dons ou de legs à ces sociétés est invraisemblable.

Toutes ces sociétés ont le caractère commun que le
désir du lucre y est modéré par des vues désintéressées,
de sorte que les actionnaires font un placement plutôt
qu'une spéculation.

La société anonyme de l'*Ecole Monge* (1) (aujourd'hui dissoute) avait pour objet « de régir une institution destinée à la préparation à l'Ecole polytechnique, aux autres écoles du gouvernement et aux grades universitaires » (art. 1). L'influence de l'Ecole polytechnique devait y rester toujours prépondérante (art. 2, qualité des fondateurs, — art. 18, composition du Conseil d'administration — art. 27, nomination du Directeur). Le capital social était de deux millions ; il est évident qu'un individu ne pouvait tenter, à lui seul, une telle entreprise, laquelle impliquait nécessairement la contribution de plusieurs personnes et l'apport de capitaux peu exigeants. En effet, le dividende est limité à 5 0/0 (2) du montant des actions. Le surplus des bénéfices annuels, après les prélèvements légaux, forme un fonds de prévoyance destiné notamment à assurer le paiement annuel du dividende fixé. Ce point est important ; car, pour obtenir l'argent nécessaire, il faut inspirer confiance aux capitalistes. D'autre part, ces capitalistes doivent être aussi des philanthropes ; les plus-values ne serviront pas à les enrichir, mais à favoriser la cause de l'éducation et de l'instruction. C'est ce qu'exprime l'art. 36 aux termes duquel l'excédent des bénéfices sera en partie « destiné à faire face à des dépenses autorisées par le Conseil d'administration pour améliorations, encouragements et récompenses, services des bourses et toutes autres causes. »

Enfin, pour éviter qu'un vote d'assemblée générale ne change ces dispositions, notamment en ce qui concerne la quotité du dividende ou la direction générale de l'Ecole,

(1) Actuellement lycée Carnot.

(2) Année 1880.

on n'admet pas indifféremment les étrangers au nombre des actionnaires : la transmission des actions ne sera pas absolument libre. Les cessions entre-vifs sont soumises à un droit de préemption. Lors du décès d'un actionnaire, « sa veuve et ses héritiers en ligne directe seulement (descendants ou ascendants) ont le droit de conserver la propriété de ses actions » (art. 16). Les héritiers en ligne collatérale pourraient se voir préférer un tiers-acquéreur, sauf à percevoir la valeur nominale de l'action.

Cette société n'ayant point réussi, reçut des subventions de l'Etat, qui vient en dernier lieu d'acquérir son actif. Une autre société du même genre est celle du Collège Sainte-Barbe, laquelle a reçu également des subventions de l'État. Subvention ? N'est-ce pas donation ?

Il est stipulé dans les statuts de la société de l'Ecole Monge (art. 25), que le Conseil d'administration aura pouvoir d'accepter tous dons ou legs, ou de les refuser.

Ces statuts ont une netteté qui ne laisse aucun doute sur la validité de la société ; l'intérêt pécuniaire y est apparent.

Tel n'est pas le cas d'une prétendue société civile immobilière de X... Elle se propose, croyons-nous, de subvenir aux frais d'une école libre et gratuite ; mais la lecture des statuts fait douter qu'il y ait réellement intention de faire des bénéfices. En effet, les statuts décident que le prélèvement à faire chaque année pour le fonds de réserve « sera déterminé par l'assemblée générale sur les propositions du Conseil d'administration ». Le maximum n'en est pas fixé, et d'autre part aucun dividende ne sera payé qu'après ce prélèvement opéré, de sorte qu'on conçoit que, *statutairement*, les dividendes peuvent se réduire à rien. D'ailleurs, la préoccupation dominante de ces statuts est d'évi-

ter à tout prix l'intrusion d'un étranger : Quoique la
société doive durer après le décès des sociétaires, les
héritiers en sont exclus ; ils n'auront d'autre droit que
celui de vendre leurs parts, sauf préemption. Ces préten-
dus associés ne sont-ils pas de simples bailleurs de fonds
à une œuvre dont les administrateurs se réservent les
moyens de chercher de nouveaux prêteurs en remboursant
les premiers, devenus récalcitrants ?

Deux autres sociétés analogues paraissent mieux constituées. L'une a pour objet l'exploitation d'immeubles ; parmi
ses locataires, elle a l'Association des Frères de la Doctrine chrétienne, qui donne gratuitement l'instruction
primaire aux enfants de tel quartier de Paris. Nous igno-
rons, si, comment, et par qui le loyer est payé. Admettons qu'il ne le soit pas. Les statuts stipulent, en tout cas,
le paiement d'un dividende de 4 p. 100. Il y a lieu de
penser que le taux de capitalisation des prix d'achat était
de 5 p. 100 (en 1883). La différence des 5 p. 100 à percevoir aux 4 p. 100 à distribuer provient peut-être d'un
défaut total ou partiel du paiement du loyer de l'école. Les
difficultés de cession des droits dans la société sont moins
graves que dans la précédente.

Dans une troisième société, nous voyons l'acquisition
d'un terrain, la construction d'une maison d'école ; location, par la société, du tout à une congrégation de femmes,
sous condition d'un loyer calculé de façon à fournir aux
associés un intérêt à 3 p. 100 (année 1894), et encore
sous condition de procurer l'instruction primaire gratuite
aux jeunes filles de la commune. La congrégation entretient dans le même local un pensionnat payant.

Ces deux dernières combinaisons paraissent très légitimes ; les sociétés sont valables ; elles étaient néces-

saires, car on n'eût point réuni les capitaux indispensables
si on ne les avait assurés d'une rémunération.

Citons encore une vaste société anonyme immobilière,
ayant pour but la création d'un ensemble de constructions comprenant des maisons de rapport, des logements
économiques et une église. Les dividendes sont limités
à 3 p. 100 ; le surplus des bénéfices est versé au fonds de
réserve ou consacré à l'amortissement « ou encore au développement de la société, de toute autre manière se rat-
tachant à son objet. »

Société anonyme de Logements économiques et d'alimentation (à Lyon) :

Cette société, fondée en 1887, en vue de construire des
logements ouvriers, s'occupe en outre d'une œuvre d'alimentation populaire ; les statuts ont été modifiés en ce
sens par un vote d'assemblée générale en 1894. L'objet
de la société est désormais ainsi défini, art. 2 : « La
société a pour objet : 1° La création, aussi économique-
ment que possible, de maisons ne laissant rien à désirer
sous le rapport de l'hygiène, et d'un confortable relatif,
destinées à la population ouvrière et mises à sa disposition
aux meilleures conditions possibles ; 2° la création et l'exploitation, dans les mêmes conditions d'économie et de
bonne tenue, de restaurants populaires dans lesquels les
aliments de bonne qualité seront vendus aux prix les plus
réduits. »

L'habileté et la compétence spéciale de ses administrateurs lui permirent d'offrir ses logements avec une réduction de 30 p. 100 sur les loyers réclamés autour d'elle,
tout en servant un intérêt de 4 p. 100 aux actionnaires.
« En raison du but à atteindre par la société, cet intérêt
de 4 p. 100 forme la seule rémunération du capital. Mais

il faut que le service de cet intérêt soit assuré, il faut donner confiance au capital. Ne l'oublions jamais, nous avons besoin de lui pour notre œuvre, si nous la voulons considérable. Elle ne peut être alimentée ni par la charité, ni par la philanthropie; pour vivre, il lui faut l'aide du capitaliste cherchant un emploi *sûr* de son argent et n'étant pas fâché, en même temps, de prendre part à une bonne œuvre à laquelle il laisse le supplément de ses dividendes. » Ainsi s'exprime le président du conseil d'administration de la société (1); il explique comment la sécurité du placement est assurée. Le paiement du dividende est considéré comme une charge de l'entreprise, et les loyers sont calculés en conséquence; d'autre part les locataires ne font point défaut, puisqu'en définitive la société rend un service à ceux qu'elle agrée. A partir du versement, les intérêts ont commencé à courir; une légère majoration des prix de location sert à constituer un fonds de réserve spécial destiné à assurer, *en tout cas*, le service des 4 p. 100.

Les capitalistes eurent confiance, à ce point que le capital social put être porté successivement de 1 à 2, puis à 3, à 4 millions (délibération du 9 avril 1894) et enfin à 5 millions en 1895. Mais il faut observer que les terrains, mis ainsi successivement en valeur par la société, sont susceptibles de plus-values. Alors les associés pourraient être tentés par un gros bénéfice et faire complétement dévier, par un vote d'assemblée générale, l'œuvre de sa véritable voie. Les promoteurs de la société ont paré à ce danger de la manière suivante : ils firent appel à la caisse d'épargne de Lyon;

______

(1) *Les petits logements dans les grandes villes, etc.*, par F. Mangini, Paris, 1891 (Masson, éditeur).

celle-ci entra dans leurs vues et souscrivit, au moyen de ses réserves, mille actions de la société en formation (c'est-à-dire la moitié du capital, en 1888). Pour assurer à la caisse d'épargne la prépondérance dans la direction des affaires de la société, le conseil d'administration, de cinq membres élus, est tenu de s'adjoindre un ou plusieurs membres choisis parmi les vingt-cinq directeurs de la Caisse, à raison de un pour chaque dixième au moins du fonds social inscrit au nom de cette caisse, sans pouvoir dépasser cinq. De plus le vote à l'assemblée générale est réglé de façon que la caisse d'épargne, même si elle ne possède pas la moitié des actions, soit assurée d'avoir la prépondérance dans l'assemblée.

Les fonctions d'administrateur et de directeur sont absolument gratuites ; gratuites aussi, les fonctions des membres d'un comité de patronage de cinquante-deux membres institué pour veiller à la bonne marche du service de l'alimentation. Les excédents de bénéfices, tous prélèvements faits, sont employés à construire de nouveaux logements.

On ne voit pas quels reproches, à aucun point de vue, pourraient être faits à cette société.

Société civile du Bon Marché :

Cette société s'est formée pour donner, en certaines éventualités, à la société commerciale Veuve Boucicault et Cⁱᵉ, et à ses employés, l'aide et l'appui nécessaires.

Elle a pour objet, d'une part, de se livrer à des opérations immobilières : achat, vente, location, sous-location, etc. d'immeubles, le tout intéressant la société commerciale, et, d'autre part, « de créer une caisse de secours et de retraites en faveur de certains *employés* non intéressés dans la maison de commerce du *Bon Marché* « cette caisse devant être alimentée tant au moyen de prélèvements sur les bénéfices de la présente société que par *les dons ou legs qui pourraient être faits* » (art. 1).

La caisse de retraites, antérieurement constituée, avait sollicité la reconnaissance d'utilité publique ; mais le Conseil d'État avait répondu par une fin de non-recevoir, attendu que cette caisse ne représentait pas un intérêt général, mais plutôt des intérêts privés. La société civile prête, alors, sa personnalité à la caisse des retraites. Elle lui fournit 5 0/0 de ses bénéfices, prélevés avant toute distribution de dividendes ; en outre elle reçoit pour elle toutes libéralités.

Cette combinaison soulève des questions très intéressantes : une société civile ou commerciale peut-elle donc entretenir une fondation ? Peut-elle agir pour le compte de cette fondation, notamment recevoir pour elle des dons et des legs ? Cette question sera examinée plus loin.

Bornons-nous à constater qu'en réalité il est aujourd'hui bien peu de sociétés importantes qui n'entretiennent quelque caisse de retraites pour leurs employés, ou des hôpitaux, etc. C'est ainsi que la société *commerciale* du Bon Marché entretient elle-même une caisse de secours et de retraites pour ses *ouvriers et ouvrières*. Et les statuts prévoient que des dons et legs pourront être faits à la maison de commerce « pour cette destination spéciale ».

A ce propos, il est bon de noter que Mme Boucicault, ayant laissé un legs de plusieurs millions au profit de ses employés, avait institué à cette fin l'Assistance publique ; faute par l'assistance publique d'accepter, elle avait désigné comme légataire la Société civile du Bon Marché. Il eût été curieux de savoir, si, au cas où une contestation eût été soulevée, on eût soutenu que la société était incapable d'accepter le legs. Mais la question ne peut pas se poser : l'Assistance publique fut autorisée à accepter.

Quelques dispositions des statuts de la société civile du Bon Marché méritent d'être signalées. L'article premier insiste sur ce point que « la société constitue un être moral, ayant par lui-même une personnalité complète, avec les capacités civiles qui en dérivent, notamment en ce qui concerne la faculté d'acquérir à titre gratuit ou onéreux ».

Il apparaît bien un peu de naïveté en cette rédaction. De même on stipule que la société pourra recevoir tous dons entre vifs et legs. C'est une formule qui tend à devenir courante (1). Un droit de préférence est réservé aux associés lors de toute transmission de parts. Les dons sont acceptés par le directeur, les legs, par le conseil d'administration. Lorsque la caisse de retraites aura des ressources suffisantes pour lui permettre d'atteindre strictement son but, le prélèvement à son profit sur les bénéfices pourra être réduit à 1 p. 100. La durée est de 25 ans, le capital de 412.000 francs.

On conçoit, dès lors, combien l'hypothèse de libéralités faites aux sociétés devient pratique. Les sociétés recevront des legs ou des donations avec charge, comme les particuliers. C'est le seul moyen d'assurer une juste répartition entre les employés de telle entreprise. Il était très naturel que Mme Boucicault prît des dispositions en faveur de ses auxiliaires; il était très naturel aussi qu'elle prît la société civile du Bon Marché (au second

---

(1) Plusieurs notaires, si nous sommes bien informé, ont pris l'habitude d'insérer cette clause dans la rédaction des statuts.

degré, il est vrai) pour son intermédiaire. Les employés sont personnes incertaines ; léguer à un particulier pour eux est peu pratique, à un établissement d'utilité publique est hasardeux (1). Le mieux est de léguer à la société. Qui oserait soutenir que ces libéralités soient invraisemblables ? Est-ce que les chefs d'entreprise ne s'attachent pas à leurs auxiliaires et à la société même qu'ils ont fondée ? Certaines de ces sociétés n'offrent-elles pas d'ailleurs un intérêt général, patriotique, comme celle du Creusot ou telle compagnie de colonisation ?

On a tôt fait d'écarter les acquisitions gratuites des sociétés sous le prétexte que nulle affection n'est possible à leur égard. Qu'en sait-on ? Qui a sondé le cœur de l'homme ? C'est une grave imprudence de s'armer des faits contre un droit. On risque d'être démenti.

Et en effet, combien chacun ne connaît-il pas de sociétés qui ne vivent que de dons ? N'est-ce pas le sort d'un grand nombre de sociétés de publicisme ? Et cependant qui dirait que les sociétés fondées pour l'exploitation des journaux ne sont pas des sociétés ?

Dans le domaine des sociétés d'éducation, pourquoi ne pas admettre qu'un éducateur zélé veuille développer la maison fondée, accroître les cours, fonder des chaires, créer des bourses, ou simplement soutenir la maison en décadence, etc. ?

Si nous prenons le cas d'une société d'éducation primaire, étant donné qu'il faut absolument fournir aux capitaux l'intérêt à 4 ou 3 p. 100, sous peine de voir la

____

(1) Strictement, aucun établissement n'a cet office dans sa spécialité.

société se désagréger, on comprend qu'un sociétaire, ou un tiers, paie à la société la valeur de tel loyer d'un appartement vacant, etc.

Pour les sociétés de logements économiques, serait-il étrange de voir telle grande compagnie céder gratuitement à une pareille société un terrain voisin de ses chantiers ou usines, afin qu'elle y élevât des maisons ouvrières? Voudrait-on absolument qu'elle fît payer ce terrain? A quoi bon de pareilles exigences? Pourquoi restreindre ainsi, de parti-pris et sans nécessité, l'initiative privée?

Qu'on laisse donc les particuliers agir pour le mieux de leurs combinaisons, tant qu'ils ne lèsent pas l'ordre public. Les mobiles de leurs actes sont innombrables ; c'est ce qui fait leur force, c'est le mérite de l'initiative privée. Qu'on ne s'inquiète pas de les prévoir tous : tous les calculs seraient déjoués. C'est ainsi que l'on annulerait bien souvent à tort un certain nombre de contrats sous le prétexte qu'il n'y a point d'intérêt pécuniaire (1). Qu'en sait-on ? Voici une société qui se fonde pour fournir à un curé les capitaux nécessaires à la construction d'une église à tel endroit : défaut d'intérêt pécuniaire, dira-t-on, nullité. Et l'on se tromperait cependant, car cette société est d'accord avec une autre société, composée des mêmes personnes, laquelle s'est rendue propriétaire des terrains qui avoisinent l'église future, et y médite des spéculations immobilières.

De même, bien des donateurs sont intéressés. Telle donation, surtout à une société, peut enrichir celui qui la fait.

(1) La théorie de la stipulation pour autrui fournirait des exemples des dangers de cette tendance.

Il n'y a donc pas lieu d'être surpris de ce que de pareilles libéralités se réalisent.

Nous croyons qu'elles deviendront de plus en plus nombreuses. La voie ouverte par Mme Boucicault, surtout, devra être souvent suivie. La solidarité qui unit le patron à l'ouvrier s'affirmera de plus en plus. Déjà le spectacle n'est pas rare de ces cités industrielles, dans lesquelles patrons et ouvriers vivent sur le même sol, pour la même œuvre, travaillent ensemble et s'entr'aident. On y voit, à côté des usines, l'hôpital, l'asile, l'école, des caisses de prévoyance, etc. La société des mines de Blanzy entretient douze œuvres de cette sorte (1). Rien n'est plus naturel qu'un don ou un legs adressé à la société avec l'une de ces destinations spéciales.

SECTION III. — **L'intérêt moral et l'intérêt pécuniaire doivent se combiner mais non s'exclure.**

Les sociétés qui viennent d'être décrites sont assurément propres à attirer des libéralités. Mais répondent-elles aux exigences générales de la loi touchant la validité des sociétés ?

Le doute proviendrait de ce que le Code n'a eu en vue que des sociétés de spéculation. Mais chacun sait que les vues du législaleur de 1804 étaient fort étroites en ce qui concerne les sociétés ; s'il n'a pas prévu les sociétés dont nous parlons, il n'en résulte pas qu'il les ait condamnées.

(1) V. *Journal des Débats* (matin), 8 février 1895.

Si l'on considère, au contraire, quelles règles générales fixent les conditions de validité des sociétés, on reconnaît qu'il est un grand nombre de ces sociétés, parmi celles qui nous occupent, dont la légitimité est incontestable. Ce sont, par exemple, les sociétés de logements à bon marché ou d'alimentation économique, les sociétés de propagande fondées pour la publication de journaux, de revues, etc., d'autres encore qui, toutes, constituent des sociétés civiles de placement, où les capitaux sont employés à certaines opérations qui touchent à des intérêts sociaux, politiques ou autres d'ordre général. L'intention de faire des bénéfices y est essentielle. Il est certain, par exemple, que la Caisse d'épargne de Lyon n'eût point employé une forte partie de ses réserves en achats d'actions de la société des logements économiques de cette ville, sans la certitude de percevoir des dividendes représentant l'intérêt à 4 p. 100 des capitaux fournis.

D'autre part, il n'est pas douteux que l'esprit de lucre n'y soit très largement atténué par un esprit de philanthropie ou de propagande. Les actionnaires d'une société de journalisme partagent les opinions que soutient le journal. Remarquons, même, qu'une certaine sympathie les réunit ; la similitude des goûts crée de fortes amitiés, la similitude des opinions de plus fortes encore ; alors on arrive à confondre dans le même sentiment les idées préférées et ceux qui les préfèrent, et si ce sentiment devient tellement vif qu'il ait besoin de s'affirmer, nous le verrons s'exprimer par une donation ou un legs à la société, donation ou legs qui s'adressera à la fois à l'entreprise et à ceux qui la soutiennent. Ce ne sont pas là des hypothèses.

Dans certaines libéralités aux sociétés, le donateur ne

distingue pas nettement la société des sociétaires ; cependant il ne veut du bien aux sociétaires que parce qu'ils font partie de la société ; peut-être qu'il ne les connaît pas individuellement. Mais il les estime en leur qualité d'associés. Et s'il était arrêté dans sa généreuse disposition par l'idée qu'en définitive elle profitera à des personnes qu'il ne connaît point, ses scrupules seraient levés en considération de leurs sympathies communes. Citons le cas d'un legs à une société de concerts par un musicien ou mélomane.

Il est inutile de prolonger ces observations. C'est désormais un fait certain que des dons ou legs peuvent être adressés à des sociétés valables. Ces dernières sont celles dans lesquelles l'intérêt moral et l'intérêt pécuniaire se combinent sans s'annihiler, mais en se pondérant mutuellement. C'est dans cette pondération d'intérêts différents que l'État trouve sa sauvegarde, garanti ainsi contre les dangers de la mainmorte par les droits individuels subsistant, et d'autre part contre les excès d'une cupidité souvent peu scrupuleuse, d'autant qu'elle est anonyme, par l'idée morale qui inspire l'entreprise.

Ces intérêts différents s'équilibrent sans se neutraliser ; ce sont deux forces distinctes qui ne s'annihilent pas, mais qui se combinent, imprimant à la marche de la société une impulsion vive et bien dirigée.

Mais n'est-il pas à craindre que l'équilibre ne se rompe ? Qu'adviendra-t-il si l'intérêt moral l'emporte sur l'intérêt pécuniaire ? La société risque de dégénérer en simple association ; alors elle serait nulle. Il importe de déterminer à quel moment se fait cette transformation.

CHAPITRE II

DISTINCTION DE L'ASSOCIATION ET DE LA SOCIÉTÉ.

SECTION Ire. — Étude comparée de l'association et de la société.

§ 1er. — *Utilité de la distinction.*

A raison de leurs tendances et du rôle que leur nature les appelle à jouer, les associations sont soumises à un régime légal particulier. En principe, elles sont interdites et les affiliés tombent sous le coup des articles 291 et suivants du Code pénal. Par exception, celles qui paraissent dignes d'intérêt sont autorisées par le gouvernement. Quelquefois la faveur est plus complète, et elles sont déclarées d'utilité publique (1) ; alors elles jouissent de la personnalité civile, peuvent acquérir, aliéner, contracter, sous la surveillance des pouvoirs publics. Ceux-ci ont d'ailleurs toujours la faculté de leur retirer la personnalité.

Le gouvernement est donc armé contre les associations

____

(1) La simple autorisation de police doit être soigneusement distinguée de la reconnaissance d'utilité publique qui, seule, confère la personnalité. La jurisprudence se laisse parfois entraîner à des confusions. V. *Cass.*, 2 janv. 1894, *Sirey* 94, I, p. 129. Note de M. LYON-CAEN.

d'un pouvoir presque absolu (1). Qu'on la critique ou qu'on l'approuve, telle est la loi.

Elle est rigoureuse ; aussi le gouvernement en use-t-il avec modération ; il est maître, en effet, de ne point se servir de ses droits de répression. Les associations en profitent ; et toutefois la tolérance administrative ne leur suffit pas ; c'est qu'elle leur permet bien de se réunir, mais ne leur donne point l'existence juridique. L'association qui n'est que tolérée n'a pas la personnalité. Or la faculté de se réunir n'est presque rien sans la personnalité ; car l'association dépourvue de droits, n'a pas de ressources propres, pas de durée assurée, pas de vie en réalité, puisqu'elle ne peut agir par elle-même, mais seulement par l'intermédiaire de ses membres. Les biens dont elle jouit appartiennent aux associés ou à quelques-uns d'entre eux ; à chaque instant, par suite de décès ou de caprices, ils peuvent lui manquer ; elle ne subsiste que par le concours de bonnes volontés qui risquent de défaillir. Elle est réduite à vivre au jour le jour ; tout espoir de durer lui est interdit.

Les associations non reconnues d'utilité publique cherchent, par tous les moyens, à obvier à ces inconvénients ; en réalité, il n'y a qu'une manière d'y réussir, c'est d'usurper la personnalité.

Aussi ces associations sont-elles entraînées, à défaut de la personnalité morale publique qui leur est refusée, à se prévaloir de la personnalité morale privée, celle des sociétés civiles et commerciales. Il faut avouer que si leurs efforts devaient réussir, elles n'auraient rien à regretter.

---

(1) Certaines associations sont cependant licites par elles-mêmes, indépendamment de tout concours de l'autorité publique.

Au contraire, la condition plus obscure où les aurait conduites leur habileté leur offrirait de grands avantages : elles y trouveraient l'indépendance. En ce qui concerne les dons et legs, elles échapperaient au contrôle de l'autorisation gouvernementale. Dès lors, par la force d'attraction dont elles disposent à l'ordinaire, elles parviendraient à constituer ces grands patrimoines de main-morte que notre législation redoute si vivement. Et leur puissance augmenterait avec leurs richesses ; elles en viendraient peut-être à braver et à menacer l'autorité publique et les droits nécessaires de l'État. Les fortunes individuelles auraient elles-mêmes à en souffrir, car les particuliers seraient livrés sans défense à la force de leur captation. Plus de secours aux individus contre les entraînements de leurs passions et les défaillances de leur volonté ; plus de garantie à l'organisation sociale contre la richesse et la puissance des associations. « Les familles dépouillées et le sol mis hors du commerce, voilà, s'écrie M. Laurent, l'histoire des corporations ! » Que le malheur du passé soit la leçon du présent ! Le jurisconsulte belge consacre un grand nombre de pages, d'une éloquence et d'une âpreté singulières (1), à exposer les dangers des déguisements dont nous parlons.

Encore que la mainmorte soit redoutable, ces craintes sont peut-être exagérées. On s'en est parfois servi contre le système qui soutient que les sociétés sont capables d'acquérir à titre gratuit (2) ; l'objection naît de ce que

___

(1) *Princ. de dr. civ.*, Tome I, nos 287 et suiv., 298. — Tome XI, nos 161 et suiv. nos 186, 187 et suiv. — Tome XXVI, nos 181 et suiv.

(2) M. Labbé constate que ces préoccupations dominent la discussion : « La controverse s'est animée, dit-il, et des publicistes ont

les libéralités ne s'adressent vraisemblablement qu'à des sociétés dans lesquelles l'esprit de lucre est plus ou moins atténué, sociétés qui ainsi se rapprochent de certaines associations sans but lucratif où c'est le désintéressement qui se diminue du mieux qu'il peut. On semble croire que la ressemblance est si étroite entre elles que la confusion ne saurait s'éviter. Cette objection n'est pas sérieuse, car elle tend à affirmer que l'association peut réussir à se déguiser sous les apparences d'une société, ce qui ferait peu d'honneur à la précision de nos lois et à la sagacité de nos juges. De plus on serait mal fondé à dénier aux sociétés régulièrement constituées la jouissance d'un droit, sous prétexte que d'autres qu'elles, par fraude, en pourraient profiter.

Ces considérations prouvent seulement que la distinction que nous nous proposons d'établir est nécessaire. D'ailleurs, en faisant abstraction de toute autre préoccupation, et en se maintenant sur le seul terrain du droit, il apparaît comme évidemment inadmissible que le défaut de personnalité puisse être suppléé par l'adoption de la forme d'une société.

§ 2. — *Caractères généraux de la distinction.*

Reconnues d'utilité publique ou non reconnues, les associations sans but lucratif sont toutes de même nature. La reconnaissance gouvernementale ajoute seulement la personnalité juridique à un ensemble de qualités qui sont

introduit dans le débat des considérations étrangères au droit. » *Revue critique*, 1882, p. 346.

toujours les mêmes. Les observations qui conviennent aux unes s'appliquent donc aux autres ; les caractères essentiels s'y retrouvent de même.

Si l'on oppose une société civile ou commerciale à une association personnifiée, voici quelle dissemblance on découvre dans la constitution de leurs patrimoines et dans les droits qui compètent sur ces patrimoines. Elle a été analysée à merveille par M. Labbé (1).

Les personnes morales publiques, seules et contrairement aux sociétés, ont, selon le savant auteur, une existence vraiment indépendante de ceux qui les composent et un patrimoine tout à fait propre. En effet leurs biens n'appartiennent à aucun individu, mais à l'œuvre qu'elles représentent. Au contraire, dans la société, les associés conservent des droits individuels sur le patrimoine social. Sans doute, pendant la durée de la société, ce n'est qu'un droit de créance sur les bénéfices à partager périodiquement, et un droit éventuel portant sur l'actif social lors de la dissolution ; mais ces droits comptent dès à présent dans la fortune particulière des associés ; ils sont des éléments de fortune privée ; ils sont seulement voilés par la fiction de personnalité, fiction dont l'utilité est de donner à l'ensemble des intérêts concentrés une plus grande force d'action.

Mais lorsque la fiction disparaît, que la société est dissoute, les droits des associés sur le patrimoine social apparaissent dans toute leur plénitude, et l'ensemble de ces droits rivaux donne ouverture à l'état d'indivision. Or, c'est l'état vers lequel toutes les sociétés tendent ; desti-

(1) Journal *La Loi*, du 27 août 1881. — *Revue critique*, 1882, p. 346 et s.

nées à accroître des fortunes individuelles ; dès qu'elles ont atteint ce résultat dans les conditions voulues, elles doivent disparaître.

Quant aux associations personnifiées, leur existence durera autant que l'utilité de l'œuvre à laquelle elles sont liées ; selon toutes prévisions, cette utilité se prolongera longtemps ; mais si elle vient à manquer et que, pour ce motif, la personnalité leur soit retirée, voici que leur patrimoine se trouvera sans maître. Car, à aucun moment, aucuns droits individuels n'ont pu prétendre sur ce patrimoine ; les membres d'une corporation ne sont pas des co-intéressés, des co-ayants droit ; ce ne sont que des hommes qui se dévouent à une œuvre et à qui l'œuvre fournit les moyens de se dévouer. Ils ne sont pas, comme les membres d'une société, les successeurs ou ayants cause des membres qui les ont précédés dans l'association.

Les biens des sociétés restent donc dans le domaine privé, ceux des associations reconnues en sortent (1). Aussi, ajoute M. Labbé, « l'expression *biens de main morte* doit « être réservée pour désigner les biens faisant partie d'une « corporation autorisée ; ils sont en dehors de la cir- « culation ; ils ne subisssent aucune de ces mutations que « nécessite le sort variable des individus et des familles. « Les revenus ont une destination. Le fonds reste « à peu près perpétuellement attaché à une idée, à « un but, au service d'une cause, et peut s'accroître sans cesse ».

« Résumons-nous : la personnification des sociétés est « une force d'action mise au service d'intérêts individuels « agglomérés. La personnalité de la corporation est une

_____

(1) DOMAT le disait déjà. V. *Droit public*, liv. 1, tit. XV, sect. II, § 8.

« force, une puissance alimentée par l'activité ou la géné-
« rosité des individus, détachée du service des intérêts
« individuels, affectée au service d'une cause abstraite ».

Ainsi les avantages de cette personnification ne sont pas
identiques pour les sociétés et les établissements d'utilité
publique ; cette considération de fait explique par quels
motifs différents, quoiqu'également impérieux, la personnalité est attribuée aux sociétés d'une part, aux associations d'autre part. Pour les sociétés, « c'est un moyen employé pour activer et faciliter la production des richesses
au profit des particuliers qui en sont membres ». Pour les
établissements, c'est le moyen de réaliser des œuvres du-
rables.

L'intérêt qui pousse les individus à s'associer est, dans
l'un ou l'autre cas, bien différent. Ou bien ils ont en vue
de constituer un fonds social, de faire une opération lucrative ; alors ils forment une société. Ou bien, au contraire,
en constituant le fonds commun, les associés n'ont pas en
vue d'en retirer un revenu et de spéculer sur la plus-value
à réaliser ; ils veulent seulement subvenir aux frais d'une
œuvre ; à leur apport ne correspond pas un profit pécuniaire dans l'avenir, alors ils sont en association. Une
conséquence de cette diversité est que la dissolution des
sociétés est prévue, au lieu que celle des associations ne
l'est pas.

« Le fait individuel ou collectif, dit M. Sauzet (1), fondation
ou association, qui crée la personne morale ou qui n'en
est que le germe, qui en prépare l'avènement ultérieur
par un acte de la puissance publique, ce fait appelle nécessairement une contribution financière aux besoins, aux

____

(1) *Revue critique*, 1888, p. 327.

charges, aux frais que le fonctionnement de l'entreprise, de l'œuvre va révéler. Cette contribution, ce versement unique ou périodique, appelez-le donation du fondateur, dot du religieux, apport de l'associé, cotisation du sociétaire, il importe peu ; mais, quel que soit son nom, de deux choses l'une : ou bien ce versement est fait dans le but d'en tirer un profit pécuniaire, de le voir fructifier, s'accroître, dans le but de spéculer sur lui, c'est au moins un placement ; — ou bien il s'est produit, sinon toujours *animo donandi*, par pur esprit de sacrifice, du moins abstraction faite de toute perspective de gains, de tout espoir d'un revenu à en tirer ou d'une plus-value à réaliser un jour sur lui, ce n'est pas même un placement. Au premier cas, personne morale privée ; — au second, personne morale publique. »

Permanence des droits individuels, éventualité de dissolution, tels sont les traits caractéristiques de la société ; anéantissement des droits individuels, durée indéfinie, voilà ceux de l'association.

Cette différence résulte de la diversité des objets poursuivis ; nous devons démontrer qu'elle est nécessaire, et qu'ainsi elle marque une ligne infranchissable entre l'un et l'autre de ces groupements d'individus. Nous étudierons d'abord l'association, puis la société.

§ 3. — *De l'association ; sa nature.*

L'association se manifeste comme un accord de volontés. C'est une convention. Soit que l'autorité intervienne pour donner sa sanction à cet accord, soit qu'elle n'intervienne pas, soit même que l'association soit licite ou non, les intentions des personnes qui s'associent sont toujours les mêmes. Pour savoir ce que renferme le concept de l'association prise en soi, il faut donc rechercher ce que les associés veulent et ce qu'ils peuvent vouloir.

A quelle utilité correspond l'association? De son caractère primordial, à savoir le défaut d'intérêt particulier, quels effets juridiques découlent-ils? Quelle influence a, sur la nature des droits en jeu, la nature même de l'objet poursuivi?

De ce que cet intérêt est général et abstrait, ne résulte-t-il pas une impossibilité absolue d'appropriation privée sur le fonds commun? C'est ce que nous essaierons de démontrer.

Lorsqu'une association se forme, c'est que plusieurs personnes, de sentiments concordants, entendent faire servir en commun leurs efforts, leurs talents, leur expérience ou leur dévouement et abnégation à la satisfaction d'une idée qui leur est également chère ou d'un penchant qu'ils éprouvent de même.

Qu'il s'agisse de répandre une idée, ou d'assister autrui, ou de s'astreindre à une vie commune, etc., nous avons constaté que la création d'un fonds commun s'impose, et que, d'autre part, ce fonds commun, dans la pensée de ceux qui le forment, doit cesser de leur appartenir; il y a, chez les associés, volonté de se dépouiller de leur contribution à l'œuvre, au profit de celle-ci. Ainsi les membres d'une association n'entendent conserver aucun droit individuel sur le fonds commun.

Cela est nécessaire. Il faut que l'œuvre soit propriétaire,

car les ressources fournies sont destinées à être absorbées par elle ; ces ressources lui seront indispensables autant qu'elle durera. Mais, selon les vœux de ceux qui s'y dévouent, elle doit durer indéfiniment, ou, du moins, plus longtemps qu'eux-mêmes. Est-ce que l'homme ne désire pas se prolonger dans ses œuvres ? L'homme est dévoué à sa foi, à ses doctrines, à ce qu'il vénère et à ce qu'il aime jusque par delà la vie. Il veut qu'après sa mort l'association qui lui est chère lui survive.

Ainsi l'association, dans la pensée de ses membres, ne doit pas disparaître, elle est de sa nature perpétuelle, au moins durable ; elle doit subsister au moins aussi longtemps que son utilité ; en tout cas elle n'est pas faite pour se dissoudre, et son existence est indépendante de celle de ses adhérents successifs.

Et alors il n'y a pas lieu d'envisager une éventualité de liquidation, de partage. Le patrimoine que les associés ont composé ne leur appartient plus : il est le patrimoine de l'œuvre. Telle est leur pensée et leur vœu.

Si l'œuvre n'était pas propriétaire, les associés seraient donc dans l'indivision ; chacun pourrait, à chaque instant, demander la dissolution et la liquidation, réclamer sa part, exercer son droit en un mot. Ce droit, il le pourrait transmettre entre vifs ; à sa mort, ce droit passerait à ses successeurs. Alors, les associés ne seraient plus unis par une similitude de vues et de passions plus ou moins généreuses, mais par le hasard des transactions privées et des dévolutions successorales. Si les associés voulaient cela, c'est qu'ils ne perdraient pas de vue leurs intérêts patrimoniaux, c'est qu'ils ne chercheraient pas à fonder une association. Il est impossible que des personnes veuillent fonder une association non lucrative et conserver à la fois des droits particuliers sur les ressources communes. On ne peut vouloir deux choses contradictoires.

Donc il faut que chaque associé perde tout droit sur la mise qu'il apporte ; il faut que cette mise, destinée à un usage public, appartienne à cet usage qui y ait droit exclusif. Voilà ce que désirent les membres d'une association ; chaque fois que nous verrons apparaître, dans l'organisation d'un groupement de personnes, l'intention de faire abnégation de tous droits particuliers, ce sera un signe infaillible que ce groupement constitue une association. Les statuts, en effet, devront être combinés de façon à ce que les associés n'aient plus, individuellement, aucun moyen de reprendre leurs apports.

En réalité, le patrimoine créé collectivement n'est pour les associés qu'un moyen au service de leur objet ; dans une société, le patrimoine collectif est plus qu'un moyen, il est la fin : la société a pour objet de le créer, de le grossir et de le partager.

Dans l'association, les apports sont des dons à l'œuvre commune. La mise constitue un acte gratuit de la part de celui qui la fait ; c'est un appauvrissement pour l'associé sans enrichissement compensatoire ; les mises des associés sont indépendantes les unes des autres ; elles ne se servent pas de causes réciproques : c'est pourquoi chaque associé n'a rien à prétendre sur les apports des autres. Et si, en outre, le don qu'il veut faire trouve un sujet de droit qui le reçoive, l'associé n'aura rien à prétendre non plus sur la chose apportée par soi.

Alors il aura obtenu pleinement ce qu'il voulait : il

aura contribué à une œuvre durable. La loi aura fourni à ses désirs l'instrument nécessaire, à ses efforts la liberté de se développer.

Ce n'est pas assurément la considération des cotisations fournies qui l'attire ; ces cotisations ne sont que secondaires ; ce que chacun apporte surtout, c'est son ardeur ; l'association demande moins à chacun ce qu'il peut donner que ce qu'il peut faire. Ceux qui n'agissent pas et qui se contentent de donner, ce ne sont pas les associés, ce sont les bienfaiteurs de l'association, des membres « honoraires ».

Quant aux associés, ils donneront selon leurs facultés, les uns beaucoup, les autres peu, quelques-uns rien peut-être. Ils n'en seront pas moins tous associés au même titre, au même degré. On ne fera point comparaison de leurs contributions respectives : cela n'est pas à considérer dans une association ; il n'y a pas d'évaluation à établir ni de proportions à calculer entre les divers fournissements, ni entre les apports en deniers et les apports en industrie. Chacun donne et surtout chacun fait ce qu'il peut. L'association se contente, s'il le faut, du seul dévouement de l'associé ; on ne mesure pas la valeur de ce que chacun met dans l'œuvre commune, parce que cela n'aurait point d'utilité, attendu que l'œuvre ne paye pas en argent ceux qui la servent.

Une association ne rebute aucune bonne volonté sincère. L'accès en est ouvert à tous les hommes animés du même zèle. Toute association, de sa nature, sollicite des adhésions. A mesure que le nombre de ses membres augmente, son objet s'accomplit et ses forces grandissent.

Les nouveaux venus sont donc reçus avec joie ; on ne

les écarte pas comme des intrus qui viendraient grossir la masse des co-partageants, et cela prouve qu'il n'y a rien à partager. Si l'on devait partager, quels seraient les droits respectifs des participants? Comment seraient réglés les droits de ceux qui n'ont rien apporté, ou les droits des membres nouveaux, par exemple des plus récents ? Quelles proportions seraient établies ? On tomberait dans des difficultés inextricables, et en effet rien de tout cela n'est combiné, puisque rien de tout cela n'est entré dans les prévisions des associés. Il faudrait tenir des comptes, faire des appréciations, soumettre des calculs à des assemblées! Le fonctionnement de l'association ne s'accommoderait pas de ce régime.

De fait, nous voyons tous les jours qu'on présente les comptes d'associations. Qu'indique le bilan? Ce que l'association a dépensé, ce qu'il lui reste à dépenser, et ce qu'elle voudrait avoir à dépenser. Il ne vient à la pensée de personne de parler des droits des associés. Sans doute, lorsqu'il s'agit d'associations non reconnues, il y a erreur juridique à attribuer un compte à l'association ; sans doute les associés ont conservé leurs droits théoriques sur le fonds commun. Mais cette erreur même de langage fait éclater à nos yeux que, si les associés ont gardé des droits individuels, c'est à leur insu et malgré eux.

Enfin la nature de l'association veut qu'il soit toujours permis d'en sortir. Tout membre d'une association doit avoir la faculté de s'en retirer quand il lui plaît, parce qu'on ne conçoit pas qu'il soit contraint de contribuer à une œuvre pour laquelle il n'aurait plus de sollicitude. L'association n'a évidemment que faire de mauvaises volontés. Or les sentiments humains sont changeants ; les associations elles-mêmes dévient quelquefois de leur chemin ; aussi arrive-t-il que des associés se retirent. Mais si les associés ont des droits sur le patrimoine, du jour où l'un d'eux cesse sa collaboration, il faut qu'il puisse faire liquider ses droits afin d'emporter sa part. Si chacun peut, à chaque instant, retirer son apport, l'association manque de stabilité. Il n'est pas douteux que les associés n'entendent la soustraire à cet aléa ; comme cependant il faut laisser à chacun son entière indépendance, il ne faut donc pas que les associés aient droit sur le patrimoine commun.

De même, par suite de la fraternité qui doit régner entre les membres d'une association, on ne saurait admettre que les successeurs d'un associé prétendent entrer dans l'association de son chef, pas plus que l'association ne serait fondée à réclamer du chef du défunt une prestation quelconque desdits successeurs. Or, si ceux-ci ne tiennent de leur auteur aucune créance ni aucune obligation vis-à-vis de l'association, c'est la preuve qu'il n'y avait dans le patrimoine de l'associé aucun droit ni aucune obligation de ce genre.

Nous en avons dit assez pour montrer que les associés ne peuvent point avoir de droit individuel sur le fonds commun. Celui-ci, par le fait de son affectation, devient inapte à toute appropriation privée. Si l'association est personnifiée, il appartient à cette personne morale. Sinon, les apports restent la propriété privée de ceux qui les ont faits, et il n'y a pas de patrimoine d'association. Alors, si l'association veut vivre néanmoins, elle combinera des statuts qui s'efforceront d'anéantir les droits individuels ; mais elle ne pourra jamais prétendre à l'existence juridique, ni à aucune capacité.

Quelle sera donc la situation d'une pareille association ?

Si elle est illicite, les associés demeureront sous la menace, assez anodine en pratique, des articles 291, 292 du Code pénal, et de la loi du 10 avril 1834 (1). Si elle est licite, ils seront libres de continuer à se communiquer leurs efforts et leurs deniers ; en ce sens, l'association pourra subsister ; mais elle n'aura pas d'existence propre ; dépourvue d'autonomie, elle ne sera que l'ensemble des associés. Il y aura seulement, en fait, une union d'hommes qui emploieront, d'accord, certains biens à un certain usage. Mais ces biens n'appartiendront pas à l'association, puisque celle-ci n'est pas sujet de droits. La mise de chaque associé demeure sa propre chose, faute d'avoir pu devenir la chose de l'association.

Les mises ne sont même pas indivises entre les associés ; car, d'abord, ils n'ont certainement pas voulu se constituer des droits personnels réciproques sur les fournissements les uns des autres ; de plus, et en vertu de l'article 815 du Code civil, s'ils l'avaient voulu, une pareille convention ne produirait pas obligation.

Cependant, n'est-on pas fondé à dire que les associés contractent les uns envers les autres, en s'associant, l'obligation d'affecter les biens apportés à l'utilité commune? En d'autres termes, peut-on voir dans l'association un contrat civil? Si cela était admis, l'association ressemblerait aux sociétés non personnifiées et pourrait subsister et se développer de la même façon.

Si l'association était un contrat civil, chaque associé resterait, en principe, propriétaire de son apport ; mais il n'en aurait plus la libre disposition, il n'en conserverait pas davantage la jouissance, laquelle serait absorbée en-

____

(1) *Adde* lois 28 juillet 1848, 14 mars 1872, 30 juin 1881.

tièrement par l'œuvre. Que lui resterait-il? La possibilité de reprendre son apport, ou le reliquat de cet apport, au jour où le contrat serait rompu. Mais ce ne serait qu'une éventualité vague, non envisagée lors de la formation du contrat, puisqu'une association se forme pour durer et non pour se dissoudre.

En réalité, l'associé n'aurait plus qu'un fantôme de droit sur son apport. Mais les autres associés n'en seraient pas davantage les maîtres, et l'ensemble des associés n'en pourrait disposer à son gré. C'est de cette propriété qu'on pourrait dire justement qu'elle est « vinculée » (1). Les associés seraient liés par l'affectation convenue; ils n'auraient pas la faculté de disposer des biens pour un autre usage, car du même coup leur prétendu contrat serait rompu par mutuel dissentiment.

Les biens communs seraient donc enchaînés irrévocablement à l'emploi décidé. Sans doute les associés pourraient se mettre d'accord et changer l'affectation primitive, seulement cela ne se ferait pas au nom et en vertu du contrat prétendu, il y faudrait l'adhésion nouvelle et répétée des associés; l'opposition d'un seul suffirait à l'empêcher.

Mais la convention d'association n'est pas un contrat, elle ne produit pas d'obligation. Le concours des membres de l'association est à chaque instant libre et spontané.

Il est vrai qu'il y a entre les adhérents accord de volontés; mais c'est un accord que la loi civile ne sanctionné pas, parce qu'il est inconnaissable pour elle. On a beau invoquer l'article 1134 du Code civil. Il ne signifie

---

(1) Expression de M. Laurent, à propos des droits des personnes morales, *loc. cit.*

pas que toutes les conventions sont obligatoires ; il veut dire, statuant sur l'effet des obligations, que cet effet sera réglé en se reportant à la volonté souveraine des parties (pourvu qu'elle n'ait rien de contraire aux lois). Oui, les conventions sont libres ; mais pour que le droit s'en occupe, encore faut-il quelles soient de nature à produire obligation.

Or la convention des associés, dans l'association, est impuissante à les obliger les uns envers les autres. C'est qu'en effet ils ne sont pas mutuellement créanciers ni débiteurs. Si chaque associé accomplit sa promesse, c'est par la fidélité à la parole donnée, mais il n'exécute pas, en ce faisant, une obligation juridique, pas plus que des amis qui viennent à un rendez-vous projeté. Les engagements ont, certes, leur valeur en dehors des contraintes légales. Mais cela ne veut pas dire que la justice aît à intervenir pour les sanctionner tous. Etre lié, en droit cela s'appelle être débiteur. Etre débiteur, c'est être tenu, vis-à-vis de quelqu'un, d'une prestation d'où résultera un enrichissement pour le créancier. En l'hypothèse, la prestation réclamée ne doit pas enrichir celui qui la réclame ; donc celui-ci n'est pas créancier, et l'autre n'est pas débiteur.

Il n'y a pas d'intérèt pécuniaire en jeu, voilà pourquoi l'association ne forme pas une convention juridique, un contrat (1).

Vainement on objecterait que les associés souffriront pécuniairement du manque de parole d'un associé dissident, et que, par suite, il y a pour eux intérèt appréciable à l'accomplissement de la promesse donnée ; vainement

____

(1) Voir jugement du tribunal de Bruxelles, 28 mai 1873, *Pasicrisie,* 1873, 3. 213.

on prétexterait que les associés fidèles seront contraints à un effort et à des dépenses plus grandes. Car s'ils subissent un appauvrissement de ce chef, cet appauvrissement sera volontaire de leur part : il résultera de leur propre fait, et leur fait ne saurait avoir pour conséquence d'obliger personne ni de valider un contrat inexistant par défaut d'intérêt personnel des contractants au moment de sa passation.

Pour apprécier la validité d'un contrat, il faut se placer à l'époque de sa formation ; il ne faut pas chercher des éléments d'appréciation dans des faits postérieurs, alors surtout que ces faits dépendent entièrement de la volonté d'une ou de plusieurs parties. Les associés fidèles n'étaient pas forcés d'entreprendre ou de persévérer quand même et malgré le défaut de concours de l'un d'eux ; s'ils entreprennent ou persévèrent cependant, les conséquences de ce fait volontaire leur sont à eux seuls imputables. Ils y chercheraient en vain une cause au contrat primitif qui en manquait.

L'obligation des parties manque de cause parce que l'on n'y trouve pas pour chacune un équivalent pécuniaire à sa propre obligation.

En définitive, il faudrait avouer franchement que dans l'association, les associés ne cherchent qu'un avantage *moral*.

Laissons donc cette controverse que nous n'aurions certes pas examinée si un auteur ne l'avait récemment soulevée envers et contre l'unanimité des auteurs et de la jurisprudence (1).

Nous tenons pour certain, avec tout le monde, que les

____

(1) Voir dans la *Revue catholique des Institutions et du Droit*, année 1892, les articles de M. de Vareilles-Sommières.

associations non déclarées d'utilité publique ne peuvent posséder d'aucune façon, soit qu'elles y prétendent directement, soit qu'elles usent d'un détour pour avancer audacieusement que les associés peuvent posséder pour elles et détenir une propriété vinculée à leur objet.

Oui, les associés peuvent affecter leurs biens à tel usage licite qu'il leur plaît, mais ils ne sont jamais obligés de le faire (1). L'œuvre non personnifiée n'a de droit ni par elle-même ni par l'interposition de personne. Là est la vérité juridique.

Il est de même évident que les associations non reconnues ne peuvent recevoir aucune libéralité (2).

Dès lors, se pose la question de savoir si, une libéralité étant adressée à une société, celle-ci est réellement une société, ou si le don n'est pas plutôt attiré par une association non reconnue que la société masquerait de son mieux.

Le critérium d'une distinction rationnelle apparaît dès à présent, et il est très simple : il n'y a société que là ou les associés entendent conserver des droits particuliers dans le patrimoine commun.

Reste à préciser quels doivent être ces droits ; pour le savoir, étudions la nature du contrat de société.

(1) Voir Paris, 8 mars 1858, D., 58, II, 49. Comparer Rejet, Ch. Civ., 30 décembre 1857, D., 58, I, 21.

(2) Cela ne veut pas dire que les associés soient incapables de recevoir personnellement, même avec une affectation au but de l'association. Sur ces questions si intéressantes, nous ne pouvons que renvoyer aux notes de M. Beudant dans Dalloz, 1879, II, p. 229; 1880, I, p. 145 ; 1893, II, p. 3.

§ 4. — *De la société ; sa nature.*

L'article 1832 du Code civil donne la définition suivante : « La société est un contrat par lequel deux ou plusieurs personnes conviennent de mettre quelque chose en commun, dans la vue de partager le bénéfice qui pourra en résulter », et l'article 1833 ajoute : « Toute société doit avoir un objet licite et être contractée pour l'intérêt commun des parties. Chaque associé doit y apporter ou de l'argent, ou d'autres biens, ou son industrie ».

Il résulte de ces textes que toute société se propose, par l'union de mises réciproques dans une entreprise licite, de produire une richesse à partager entre tous ses membres.

Créer une masse active qui se divisera pour grossir le patrimoine de chacun des associés, telle est la fin de toute société. Les associés cherchent à obtenir, par un ensemble d'opérations bien conduites que l'union facilite, un excédent au capital engagé. Ce n'est d'ailleurs qu'après ces opérations terminées que l'on pourra dire avec certitude s'il y a ou non bénéfice, si la société a réussi.

D'où résulte que toute société tend vers sa dissolution. Le droit des associés consiste en la faculté de venir à la répartition de la masse active nette, lors de la liquidation. La liquidation n'est donc pas un accident dans l'existence d'une société : c'est l'accomplissement même de sa destinée.

Quant à l'entreprise licite qui forme l'objet de la société, elle ne saurait être, pour la société, qu'un moyen de parvenir à sa fin ainsi caractérisée, et jamais une fin en soi.

Aussi faut-il que, de sa nature ou par une clause du contrat de société, elle doive cesser à un moment. Sinon il y aurait lieu de soupçonner les associés d'un attachement pour l'entreprise même, exclusif de tout désir de gain.

Et toutefois l'on conçoit que l'entreprise prenne des forces toujours renaissantes, qui lui permettent de durer et de produire indéfiniment. Pourquoi les associés briseraient-ils cet instrument inusable de fortune ? Mieux vaut percevoir ces profits illimités par une division anticipée et périodique du produit total. Aussi, s'il est vrai de dire qu'il n'y a de bénéfices qu'à la fin de la société, en fait il arrive le plus souvent que l'acte de société porte que portions de ces bénéfices seront distribuées chaque année, après que l'inventaire aura fait connaître la situation de la société. Cela est, au surplus, presque toujours nécessaire dans une entreprise un peu longue, parce que les associés se priveraient malaisément d'un revenu annuel de leurs capitaux.

Néanmoins il est vrai de dire, d'une manière générale, et il importe de retenir, que toute société a pour but sa dissolution.

Les apports tendent toujours à rentrer dans les patrimoines particuliers ; dégagés de leur affectation momentanée, plus ou moins grossis ou diminués, ils reviennent libres aux mains des associés. Ceux-ci se les étaient mutuellement confiés pour un temps ; mais aucun n'avait abandonné le sien, ni ne l'avait perdu de vue. L'esprit de calcul et de prévoyance n'est pas aboli dans la société, il y est, au contraire, plus vigilant et plus actif que chez l'individu même.

C'est dans cette persistance et cette énergie des intérêts individuels que l'État trouve sa sauvegarde contre de

puissantes associations lucratives. Les sociétés d'industrie et de commerce et les sociétés civiles développent les
fortunes privées : l'État n'a qu'à s'en réjouir.

Dans l'ordre social et politique, les sociétés ne sont pas
un danger, mais un bienfait. Le législateur, loin de les
redouter, les favorise. Et cela est juste parce que la société
met en pleine activité toutes les forces de l'initiative et de
l'intelligence humaines ; l'individu ne fait pas abnégation
de lui-même ; sa personnalité ne s'anéantit ni ne s'amoin-
drit ; elle s'exalte au contraire par l'énergie de l'effort à
donner et l'étendue du résultat à obtenir.

Il est vrai que la passion du beau, du vrai et du juste,
l'ardeur du dévouement vivifient mieux encore l'intelligence de l'homme, et rehaussent autrement sa dignité.
Mais ces nobles passions sont moins clairvoyantes que le
souci des intérêts personnels ; elles adorent parfois ce
qu'elles feraient mieux de brûler. Nul n'ignore, enfin, que
les *associations* ne sont pas toujours sans danger pour
l'ordre public.

Les hommes qui s'associent dans un but lucratif sont
des calculateurs ; ils ne cherchent pas à se dépouiller,
mais à s'enrichir ; du même coup ils augmentent la
richesse totale du pays : c'est aussi une manière de diminuer la misère et les souffrances.

SECTION II. — **Application des principes précédents
à diverses clauses statutaires.**

Ayant défini l'association d'une part, la société d'autre
part, il est possible de rechercher si tel groupement

d'hommes et de capitaux constitue une association ou une société.

La convention doit révéler l'intention des associés ; les statuts feront apparaître si les droits individuels subsistent ou ne subsistent pas sur le fonds commun (1).

En fait il y aura toujours apparence de droits individuels, apparence de bénéfices à réaliser et à partager ; car la préoccupation de toute association qui cherche à emprunter la forme d'une société, est, évidemment, de paraître réunir les conditions de validité exigées par les articles 1832 et suivants du Code civil.

Mais la persistance de ces droits individuels serait, comme nous l'avons vu, en opposition avec les fins véritables de l'association déguisée ; d'où la nécessité, pour les associés, de restreindre ces droits, et, en définitive, de les anéantir. Ils s'ingénieront en des combinaisons plus ou moins habiles pour sauver les apparences.

Mais leur habileté ne saurait être si grande qu'elle ne se laisse apercevoir. L'examen des clauses statutaires trahira toujours leurs intentions ; il est un certain nombre de clauses particulièrement intéressantes à cet égard ; nous nous proposons en cette section de les étudier.

Une question mérite d'abord d'être résolue : La pensée des associés sera-t-elle toujours saisissable en un acte qui la manifeste ? Oui, parce que toute société doit rédiger des statuts. Sans doute le contrat de société est consensuel, et sa perfection n'exige pas la rédaction d'un écrit ; mais cette règle, selon laquelle le seul accord de volontés

---

(1) « L'effacement définitif, complet, des droits des associés sur le fonds, obtenu par les statuts, révèlera clairement le but poursuivi. » M. SAUZET, *Rev. crit.*, 1888, p. 339.

forme un contrat, est, chacun le sait, purement théorique ; en tout cas, elle n'a pas d'application à notre hypothèse.

En réalité, nul se croit juridiquement engagé s'il n'a signé, c'est-à-dire s'il n'a donné à l'autre partie le moyen de prouver l'engagement. Sans écrit, il n'y a guère que des dettes d'honneur. Au regard des tiers et pour les conventions qui les intéressent, la nécessité d'une publicité est encore manifeste.

Aussi d'une part la loi prescrit la rédaction par écrit des contrats dont l'objet est d'une valeur dépassant 150 f., d'autre part elle organise des mesures de publicité destinées à faire connaître certains contrats de ceux qu'ils intéressent.

Pour les sociétés, ces règles sont rappelées par les art. 1834 du Code civil, 39 et 40 du Code de commerce ; si l'on ajoute les dispositions des articles 1 et suivants, loi du 24 juillet 1867, et l'article 6 de la loi du 1er août 1893, on reconnaît qu'aucune société ne peut prétendre à la personnalité juridique si elle n'est constituée par acte publié dans les conditions voulues, et, en outre, que l'acte publié fait rigoureusement la loi des parties, délimite exactement leurs droits et obligations.

Donc, lorsque la question se pose de savoir si telle société ne peut pas recevoir une libéralité, attendu qu'elle ne serait qu'une association, il y aura un acte à présenter, et aucune preuve testimoniale (ni par conséquent aucune présomption) se sera admise contre et outre le contenu en l'acte, ni sur ce qui serait allégué avoir été dit avant, hors et depuis cet acte (art. 1834 du Code civil, 40 du Code de commerce).

Ainsi, c'est bien le contrat tel qu'il figure en l'acte qu'il faut examiner.

Dès lors la tâche du juge est des plus simples ; elle consiste à examiner si les statuts n'offrent pas telles combinaisons qui feraient obstacle aux droits particuliers sur les mises. Y a-t-il un patrimoine de société et des droits particuliers sur les mises, y a-t-il un patrimoine de société et des droits d'associés, ou bien un patrimoine d'œuvre et point d'intérêts privés ? Aperçoit-on en les statuts faculté et espoir de reprendre les apports et de partager les bénéfices ?

Telle est la question à résoudre.

Le caractère et les tendances des associations étant connus, on entrevoit sans peine par quelles clauses elles s'efforceront de réaliser leurs aspirations : elles viseront à s'abstraire de tous intérêts particuliers en assurant à leur œuvre une durée et un patrimoine propres.

Passons en revue ces différentes clauses en gardant toujours présent à l'esprit ce principe qu'il y a ou qu'il n'y a pas société selon qu'il y a ou qu'il n'y a pas un fonds commun susceptible d'enrichir les associés et de se partager à un moment donné entre eux.

§ 1er. — *Objet de la société.*

C'est la première constatation à faire ; le genre des opérations auxquelles la société compte se livrer peut, évidemment, révéler de prime abord qu'elle est étrangère à toute idée de lucre ; s'il apparaît qu'aucun bénéfice ne résultera de son fonctionnement normal, on l'annulera sans pousser plus loin les investigations ; il ne suffirait même pas qu'un bénéfice quelconque fût possible ; ce bénéfice doit être d'une certaine sorte, et, par exemple, les bénéfices qui se borneraient aux économies à réaliser par la communauté de vie ne répondraient pas aux exigences de l'article 1832 du Code civil.

Il faut que le capital soit destiné à un emploi tel qu'il doive fructifier ; il faut que le lien par quoi les associés s'unissent, soit le désir commun du profit à retirer. Une vue d'ensemble des statuts de la société, des personnes entre qui elle est formée, des opérations projetées, des chances plus ou moins sérieuses de gains, fournira parfois des renseignements utiles.

Il serait dangereux toutefois d'y attacher très grande importance ; car, en dépit des pronostics des gens sages, les entreprises les plus aventurées, voir les plus saugrenues, enrichissent parfois leurs promoteurs. D'autre part, il faut se garder d'un excès de puritanisme qui voudrait tenir à l'écart des idées de lucre certains usages de l'intelligence et de l'activité humaines.

Tous procédés licites de s'enrichir peuvent former l'objet d'une société. En fait, tout capital, à moins de demeurer inerte, produit des revenus ; or des associés ne se réunissent pas, apparemment, pour ne rien faire ; donc tout groupement d'associés assignera à son capital un emploi lucratif, tout au moins un placement. Seulement, que deviendront les revenus ? Dans une société civile ou commerciale, les associés se les partagent : mais si les statuts les affectent à un autre usage que celui des associés c'est l'indice que ceux-ci renoncent à leurs droits sur leurs mises ; ils n'ont pas mis quelque chose en commun dans la vue de réaliser des bénéfices, alors ils sont en association et non en société.

Pour qu'il y ait société, il faut donc que les statuts prévoient la répartition des bénéfices entre les associés. De savoir par quelle espèce d'opérations le profit sera obtenu, il semble, pourvu qu'elles soient licites, qu'il importe peu à la validité de la société.

Nous avons cependant rencontré une théorie d'après laquelle la nature de l'objet s'opposerait à ce qu'il y ait société : des personnes s'associent pour fonder une maison d'éducation ; les capitaux seront rémunérés par le prix des pensions. On prétend que la mission d'éducateur et d'instructeur est trop élevée pour faire l'objet d'une société (1). Qu'est-ce à dire ? Le contrat par lequel une personne s'engage à donner, contre argent, aux enfants qui lui sont confiés, ses soins et sa science, est-il illicite ? Non, sans doute. Or pour fonder une pension, une école, il faut un capital. Si le maître de pension n'a pas les fonds nécessaires, pourquoi lui serait-il interdit de s'associer avec des personnes qui lui fourniront les capitaux indispensables ?

Certes la pensée d'une spéculation en cette matière choque la délicatesse. Mais aussi faut-il bien admettre que les éducateurs et professeurs ne songent point à faire grande fortune. Associés, ils ne visent pas à réaliser des bénéfices illimités : leurs intérêts pécuniaires sont amplement balancés par un intérêt moral. Faut-il leur en faire grief ? Faut-il dénier à leur association le caractère de société, sous le prétexte que la source des revenus y serait trop pure ? On chercherait en vain l'utilité de cette prescription ; d'ailleurs on ne trouverait pas dans la loi motif d'annuler une telle société, les associés, en effet, conservent leurs droits sur la chose qu'ils mettent en commun ; sans doute leur esprit de lucre est modéré, toutefois il

(1) *Sic* M. Guillouard, *Traité des Sociétés*, n° 99.

existe et cela suffit : la loi n'exige pas qu'il soit insatiable.

Seulement les tribunaux auront à apprécier si le prix des pensions est sérieux, s'il est calculé de façon à pouvoir donner des bénéfices ; c'est une question de mesure dont les tribunaux sont souverains juges. Il importe néanmoins de remarquer qu'une société peut se constituer pour l'exploitation d'écoles.

Il en serait ainsi des sociétés ayant un objet scientifique, littéraire. Les productions intellectuelles peuvent être mises en société. Une société se formerait très légitimement pour éditer et vendre les œuvres de tel écrivain, ou telle collection d'ouvrages, ou pour les traduire et publier en divers pays ; ce serait une spéculation, mêlée, sans doute, d'un désir de propagande.

Mais combien, de nos jours, se sont formées de sociétés suscitées par des préoccupations de propagande ! La plupart de nos revues et de nos journaux ne réalisent-ils pas le type de sociétés mixtes, d'intérêt pécuniaire et moral, susceptibles au plus haut point d'attirer des dons et legs ? Les sociétés fondées pour l'exploitation d'un journal sont-elles nulles ? Qui le soutiendrait ?

Pourtant, c'est un objectif élevé d'instruire et d'éclairer ses concitoyens, aussi bien que d'élever leurs enfants. Il est beau de se consacrer à la défense d'une opinion ; nul ne s'étonne que l'on fasse fortune par ce moyen ; nous voyons qu'un but si grandiose peut être mis en société et que la spéculation s'accommode de ce voisinage. Même en supposant que tout esprit mercantile soit banni de quelques-unes de ces entreprises, celles-là formeraient, malgré le défaut de cupidité de leurs membres, des sociétés dans le sens de l'article 1832, car les associés y ont la pensée de faire en commun des bénéfices par des moyens licites.

De même, des sociétés existent qui se proposent de tirer profit, tout en servant la science, de découvertes archéologiques ou autres. Citons, à titre d'exemple, la Société civile des fouilles archéologiques de Sardes. De pareils travaux peuvent assurément mettre au jour des richesses considérables, ayant une valeur pécuniaire en même temps que scientifique.

Nous ne voyons pas qu'il y ait d'entreprise trop noble pour servir d'objet à une société. Une œuvre n'est pas déshonorée ni dénaturée par ce fait que des hommes unissent leurs connaissances et leurs capitaux pour la faire prospérer en se faisant payer de leurs peines. On ne soutiendrait le contraire que par l'influence de cet antique préjugé selon lequel le commerce et l'industrie sont essentiellement destructifs de toutes considérations généreuses, et qu'en posant comme principe que des personnes qui s'associent quittent tous sentiments désintéressés et tous scrupules.

L'examen de la nature de l'objet de la société ne suffirait donc pas à décider du caractère lucratif ou non lucratif de celle-ci. Le juge y trouvera seulement une indication générale qui mettra sa sagacité en éveil.

§ 2. — *Des apports.*

Dans des sociétés telles que les précédentes, il est possible que certains associés ne fassent point d'apport en numéraire ni en nature ; ce seront, par exemple, des publicistes qui apporteront leurs talents, ou des médecins, des savants, leur science, ou des économistes, leur expérience, etc. Peut-on qualifier ces contributions d'apports en industrie ? Sinon la société serait nulle (article 1833 du Code civil).

Nous croyons que le mot « industrie » est assez compréhensif pour désigner ces usages de l'intelligence. Apporter son industrie, c'est promettre d'employer pour l'utilité de la société une aptitude personnelle à l'associé ; l'industrie, c'est la mise en action des qualités de l'individu, de son intelligence ou de son expérience.

On doit se défier, à notre point de vue, des apports en industrie. S'ils sont très nombreux relativement aux apports en numéraire ou en nature, il est à présumer que les associés qui fournissent les deniers, renoncent à leurs prétentions sur eux. En effet, puisqu'ils admettent sur les sommes ou objets apportés le concours de tant d'individus, ils abandonnent la majeure partie de leurs droits sur ces biens. Pourquoi ? Afin d'obtenir la collaboration d'un grand nombre de personnes, qui donneront leurs soins, leur intelligence ? Est-ce bien vraisemblable ? Il est logique de croire que les apports en capital sont, en ce cas, une subvention fournie à une association par les adhérents les plus riches ou les plus entreprenants. On induira que tous ces individus sont unis par d'autres désirs que ceux de devenir co-intéressés dans une entreprise lucrative.

Il est naturel que les associations non lucratives n'exigent pas rigoureusement de tous leurs membres des apports ; car, faute de droits individuels sur la masse des biens affectés, il n'y a pas lieu d'écarter de la dite masse ceux qui n'auraient pas contribué à la former. D'autre part les associations ont toujours intérêt à l'adjonction de nouveaux membres. Si donc une association est déguisée sous forme de société, pour réussir à admettre un grand nombre d'affiliés, elle déclarera que ces affiliés ont fait des apports en industrie. En fait, tout homme a quelqu'intelligence, partant quelque manière d'industrie.

Mais la fraude est aisée à découvrir, parce qu'il faut que l'industrie soit de nature à former l'objet d'un apport social.

Pour cela deux conditions sont nécessaires : d'abord, que l'utilisation des aptitudes de l'individu produise un résultat appréciable en argent ; ensuite, que l'usage en soit applicable à l'objet de la société. Il faut, que, adaptée à l'objet de la société, cette industrie soit lucrative. Ainsi un médecin qui entrerait dans une société de publicistes pour donner comme associé ses soins aux membres de la société, ne ferait pas d'apport, parce qu'il ne coopèrerait pas à l'œuvre commune ; il y a impossibilité de faire servir à l'objet de la société l'industrie du médecin.

Au résumé, il est nécessaire que les apports soient sérieux et que les associés apportent à la société autre chose qu'un dévouement vague et une communauté de sentiments.

Toutes ces données sont, reconnaissons-le, bien peu précises ; elles n'aboutissent qu'à fournir contre les sociétés les éléments de procès de tendances.

Arrivons à des indications plus nettes et concluantes.

§ 3. — *Prévision ou imprévision de dissolution.*

Toute société tend, avons-nous remarqué, vers sa dissolution : le fonds social est destiné à être partagé ; au
contraire, l'association tend à la perpétuité ; les biens
dont elle use ne doivent pas rentrer un jour dans des
patrimoines particuliers.

Que disent à ce sujet les statuts? Ce point est capital.
S'il résulte des clauses que les associés se sont efforcés
d'assurer la perpétuité à leur prétendue société, ce sera le
signe certain qu'ils abandonnent leurs droits sur leurs
mises.

Toute société est créée pour une opération ou pour une
série d'opérations; après quoi elle se dissout, n'ayant plus
raison d'être. L'association, au contraire, est créée pour
une utilité indéfinie; elle ne perd point, en général, après
une série d'actes accomplis, sa raison d'exister.

Il est logique que toute société, dès son origine, prévoie
sa fin. Les statuts devront porter traces de ces préoccupations.

Au sujet de la dissolution des sociétés, la loi est
dominée par les deux idées suivantes :

1º Ne pas tolérer que des personnes soient liées pour
la vie à une société ;

2º Les associés étant unis les uns les autres par la
considération réciproque de leurs personnes, la disparition de l'un d'eux doit normalement anéantir le pacte
social. Cependant, il est peut-être moins tenu compte,
dans telle société, des qualités individuelles des associés

que de leurs capitaux; alors ils peuvent se substituer d'autres personnes à leur gré.

En conséquence, l'article 1865 du Code civil décide que : « La société finit : 1° Par l'expiration du temps pour lequel elle a été contractée ; 2° Par l'extinction de la chose ou la consommation de la négociation ; 3° Par la mort de quelqu'un des associés ; 4° Par l'interdiction ou la déconfiture de l'un d'eux ; 5° Par la volonté qu'un seul ou plusieurs expriment de n'être plus en société. »

Cette dernière cause de dissolution ne s'applique (article 1869) qu'aux sociétés « dont la durée est illimitée ».

Dans quels cas une société est-elle contractée pour une durée illimitée ? C'est, dit M. Guillouard (1), lorsque le contrat de société ne lui assigne pas un terme ou lui assigne un terme plus long que la vie humaine ; et que d'un autre côté la nature de l'entreprise pour laquelle la société est fondée ne limite pas sa durée à un temps inférieur à la vie des associés. Au contraire, la société sera à terme dans le cas où sa durée est limitée à un temps moins long que la vie des associés, soit par une clause formelle de l'acte de société, soit par la nature de l'opération en vue de laquelle la société est créée. »

Nous faisons ici l'application de l'art. 1780, aux termes duquel « on ne peut engager ses services qu'à temps ou pour une entreprise déterminée ». Si aucun temps n'a été fixé dans le contrat, chaque partie est toujours libre de le rompre, pourvu que ce soit de bonne foi et non à contretemps (article 1869 *in fine* ; cf. 1780).

____

(1) *Traité des Sociétés*, p. 399. — Cpr. LYON-CAEN et RENAULT, t. II, p. 222, et l'arrêt cité en note par ces auteurs. Req., 1ᵉʳ juin 1859, S, 61, I, 143.

Quant à la mort, la déconfiture et l'interdiction d'un associé, elles ne sont causes de dissolution que par interprétation de la volonté des parties. C'est ce qu'exprime l'art. 1868, d'après lequel il est permis de stipuler que la société continuera avec les héritiers de l'associé prédécédé, ou seulement entre les associés survivants (ce qui doit s'entendre aussi des associés subsistant après la déconfiture ou l'interdiction de l'un d'eux).

Enfin, même dans une société à terme, la dissolution peut être prononcée par les tribunaux sur la demande justifiée d'un associé (art. 1871).

Tels sont les principes du Code civil, lesquels forment le droit commun des sociétés (art. 1873).

Les modifications qu'y apportent les lois commerciales dérivent uniquement, et pour quelques sociétés seulement, de ce que les entreprises de commerce ont besoin de gros capitaux, que les associés y sont très nombreux et que le crédit personnel y est parfois remplacé par un crédit réel. Cela est vrai des sociétés par actions. Celles-ci étant, selon l'expression consacrée, des sociétés de capitaux plutôt que de personnes, les mutations d'associés n'y prennent point d'importance : la mort, l'interdiction, la déconfiture ou la faillite de leurs membres n'en déterminent pas la dissolution.

Les sociétaires demeurant libres de quitter la société, l'article 1869 cesse d'être applicable, et les sociétés par actions peuvent ainsi se fonder en sécurité pour une durée illimitée. Aussi les entreprises importantes et de longue haleine adoptent-elles cette forme (1).

____

(1) Les sociétés par actions constituent manifestement des corps distincts et autonomes. Aussi leur personnalité ne fait-elle pas doute.

Ainsi de deux choses l'une : ou la société est à durée limitée ; alors elle a l'assurance de subsister pour le temps prévu (sauf les circonstances anormales) ; ou elle est à durée illimitée ; alors il faut que les statuts laissent aux associés toute liberté d'en sortir, sinon elle serait à chaque instant sous le coup d'une dissolution. Il semble que cette alternative mette obstacle à la constitution d'associations sans but lucratif sous la forme de sociétés. Se constituer pour un temps, en effet, c'est manquer leur but. Se constituer à perpétuité, c'est s'exposer soit à la dissolution de l'article 1869, soit à la libre accession de personnes étrangères aux visées de l'association.

Faute de pouvoir échapper à ces dernières applications des principes, les associations s'assigneront une durée limitée. La perpétuité sera, alors, assurée au moyen de prorogations successives ; d'autre part l'association restera maîtresse chez elle, libre, par l'effet du terme qu'elle a inséré dans les statuts, d'écarter les intrus.

Il est certain que les sociétés à durée limitée peuvent se proroger, et aussi qu'elles peuvent écarter les cessionnaires qui leur déplaisent en entravant la liberté des cessions de parts.

Cependant une remarque s'impose, c'est que les sociétés ne sont pas à durée limitée ou illimitée selon qu'il leur plaît de le déclarer. Il doit y avoir corrélation entre la durée assignée à la société et le genre d'entreprise qu'elle poursuit. Une société qui vise réellement une spéculation doit se dissoudre après que cette spéculation est achevée. Aussi conçoit-on assez difficilement qu'une société se fixe

Voir une note de M. THALLER, dans DALLOZ, 1893, I, p. 105 et suiv.

un délai fatal. Comment dire d'avance que les opérations sociales seront terminées à époque fixe, surtout si cette époque est éloignée? De telles prévisions sont étranges. Tout au plus cette fixation se comprend-elle comme exprimant un maximum de durée que les associés entendent ne pas dépasser au cas où les affaires de la société ne seraient pas d'ores et déjà finies. Aussi la combinaison de clauses stipulant à la fois un terme éloigné et la possibibilité de le proroger, est-elle à nos yeux très suspecte. En général, les statuts des sociétés civiles et commerciales sincères ne renferment pas de semblables stipulations.

Au contraire, il est naturel de les trouver dans les statuts d'associations déguisées; celles-ci écartent de la sorte l'application de l'article 1869, en même temps qu'elles se donnent les apparences de prévoir un partage et se défendent par là de viser à la perpétuité.

La fraude apparaîtra avec évidence si, de la comparaison de la durée statutaire avec l'objet de la société tel qu'il est indiqué, ressort la conclusion qu'il n'y a pas rapport entre eux.

Ainsi on ne s'explique guère qu'une société de spéculations immobilières se fixe une durée de 75 ans (1). C'est ce que nous voyons cependant dans les statuts d'une prétendue société civile des dames de la vie commune de X.... Il est au moins bizarre que des associés estiment à 75 ans le temps nécessaire pour parfaire et mener à bien des opérations d'achats et ventes de terrains avec constructions à élever et louer. La faculté de prorogation y est au surplus réservée. Comment les associés penseraient-ils que

____

(1) Une telle société ne serait-elle pas d'ailleurs à durée illimitée ? On ne peut le décider a priori. V. plus haut, p. 61.

des spéculations de cette nature puissent se prolonger si longtemps et jusque par-delà le 20e siècle ? En réalité, leurs pensées sont ailleurs. La limitation du temps, comme l'objet, ne sont là que pour sauver les apparences.

La comparaison de la durée et de l'objet sera donc très instructive. Presque jamais, au cas de déguisement, les statuts ne décrèteront la dissolution pour l'époque d'achèvement des opérations ; en effet, les opérations ne figureront que pour la montre ; l'accomplissement de l'objet indiqué est le moindre souci des associés. Notons que ces sociétés auront tendance à s'accorder tout d'abord un long délai afin d'empêcher que leur existence ne soit remise trop tôt en question. Pour ces raisons, le terme, arbitrairement adopté, ne sera presque jamais en concordance avec l'objet ; les soupçons de fraude seraient à cet égard confirmés par l'adjonction d'une clause de prorogation éventuelle.

Le pivot de la recherche consisterait en ce point, savoir : si les statuts laissent entrevoir la possibilité et la prévision d'un partage.

§ 4. — *Facilités ou entraves apportées à la transmission des droits des associés entre vifs ou à cause de mort (droits de préemption, de rachat, etc...)*

L'adoption d'une échéance de dissolution, outre qu'elle garantit à la société la durée, lui permet d'exclure tous étrangers. Si la durée était illimitée, il faudrait, pour parer à l'application éventuelle de l'article 1869, permettre à tout sociétaire de quitter la société en cédant sa part à un autre. On ferait peut-être l'objection suivante :

Puisque les associés sont, par hypothèse, animés tous des mêmes sentiments dévoués à l'association, on ne conçoit pas d'une part que l'un d'eux en demande la dissolution, ni d'autre part qu'il se substitue une autre personne imbue d'un esprit différent. Donc l'association peut en sécurité se constituer sous forme de société à durée illimitée. Cette conclusion serait fausse. Car d'abord l'immutabilité des sentiments de chacun des sociétaires n'est pas garantie; or un changement d'idées l'entraînerait peut-être à demander la dissolution basée sur les articles 1865-5° et 1869. Si l'actif social a beaucoup augmenté, un tel revirement ne surprendra pas outre mesure. Il y aurait là pour toute association un risque redoutable qu'elle s'efforcera à coup sûr d'écarter. De plus, les associés primitifs auront des remplaçants dans la société, puisqu'elle est destinée à durer après leur mort. Or les héritiers et successeurs ne dépendent pas du choix de l'associé; sans doute il peut léguer ses droits sociaux à des personnes sûres, mais il peut aussi ne point le faire, l'oublier, son testament est exposé à des nullités; enfin la liberté de tester n'est pas toujours absolue.

Ecarter les héritiers est malaisé, ainsi que nous le verrons. Enfin, à supposer que l'interdiction ou la déconfiture n'aient pas pour conséquence, en vertu des clauses statutaires, de mettre fin à la société, le droit de demander la dissolution passerait au tuteur ou aux créanciers de l'associé failli ou déconfit, lesquels, peu touchés de considérations morales, s'empresseront de l'exercer.

Ces quelques idées suffisent à montrer qu'une association déguisée doit, logiquement, se fonder pour une durée limitée, et cela afin de conserver un droit permanent de contrôle sur les transmissions de parts sociales.

L'*intuitus personæ* y est, en effet, essentiel. Les associations non lucratives sont des groupements de personnes plutôt que de capitaux. Alors le vice fondamental de leur constitution sous forme de société va apparaître. Il réside en la contradiction qu'il y a en ce qu'une société, basée sur la considération des personnes des associés, dure malgré la disparition de ces personnes.

Lorsqu'une société est contractée entre personnes qui se connaissent, parce qu'elles se connaissent et qu'elles apprécient mutuellement leurs aptitudes, il est naturel que le jour où le concours de l'une d'elles à l'entreprise commune vient à manquer, le lien qui les unissait toutes se relâchant ou se rompant, celles qui subsistent se séparent, et que la société se dissolve.

Chacun contribue à la marche de la société par ses qualités particulières, la valeur personnelle de chacun y est spécialement considérée et spécialement nécessaire.

Cela est-il dans l'association? Non. Le concours des sociétaires est ici bien différent, c'est surtout un concours de bonnes volontés. Il ne s'agit point d'aptitudes spéciales à utiliser ; il s'agit de sentiments et de dévouements à grouper en vue d'une force morale à créer pour le service d'intérêts généraux. Il suffit à une association d'agglomérer un grand nombre d'adhérents animés d'une même ardeur ; le mérite personnel se découvrira parmi eux ; il n'est nécessaire que chez les chefs.

Si l'association déguisée considère la personne de ses membres, la raison en est dans l'apparence des droits que confère le fait d'y être admis. Que les associés changent etse renouvellent, en soi cela est bien ; c'est la condition de la durée et de la prospérité de l'association. Mais il importe qu'ils n'entrent dans le sanctuaire qu'avec des intentions pures, et qu'ils justifient à la porte de leur abnégation. On redoute les indiscrets.

Aussi de telles sociétés chercheront-elles toujours, et par tous les moyens, à se réserver, par un contrôle absolu sur les transmissions de parts, la faculté de choisir leurs membres.

Dès lors, elles se rangent dans la catégorie des sociétés de personnes, et elles doivent suivre les règles applicables à ces dernières ; notamment, elles doivent se dissoudre par la mort ou la déconfiture de l'un des associés.

D'après les principes généraux, le droit d'être associé, comme tout autre droit, serait transmissible entre vifs ou à cause de mort. Dans les sociétés où domine *l'intuitus personæ*, c'est la règle contraire qui est vraie. L'associé a un droit et une obligation corrélative, qui sont exclusivement attachés à sa personne : obligation de fournir son propre concours, droit d'exiger le concours (1) de ses co-associés.

De ce que ce droit et cette obligation lui sont rigoureusement personnels, il résulte : 1º Qu'il ne peut les céder ; 2º Que du jour où il est empêché de les exercer lui-même (par quelque motif que ce soit, et notamment pour cause de décès), les obligations et droits réciproques de ses co-associés s'éteignent aussi (sont résolus), et la société se dissout.

Mais cela n'est vrai que de sa qualité d'associé. Quant

____

(1) Nous prenons ce mot dans un sens très large, de nature à s'appliquer aussi aux commanditaires par intérêts.

à la finance de son droit, elle fait partie de son patrimoine et il est maître absolu d'en disposer. A sa mort,
ses héritiers la trouveront dans sa succession, ils l'exer-
ceront en venant au partage.

Si maintenant l'on suppose que *l'intuitus personœ*
fasse défaut, que le concours que les associés se sont
promis, n'est pas celui de leur personne, mais celui de
leurs capitaux, le droit de chacun se simplifie : ce n'est
plus qu'un droit pécuniaire. Dès lors, il est cessible et
transmissible à volonté.

Une situation intermédiaire se conçoit mal. Cependant,
le Code civil admet (art. 1868) qu'il peut être convenu,
même dans une société de personnes : 1° Qu'elle continuera entre les survivants ; 2° Qu'elle continuera avec
l'héritier du prédécédé.

La première de ces clauses se comprend bien ; car
l'activité qui vient à faire défaut, sera remplacée par un
supplément d'activité semblable et connue d'avance (1).

Au contraire, on conçoit avec peine qu'il soit convenu
que l'activité toute personnelle de l'associé sera remplacée
par l'activité inconnue de l'héritier (2). Aussi cette clause
est-elle très rare ; on ne la conçoit qu'au cas où l'héritier
présomptif de l'associé est bien connu de ses co-associés.

Il est vraisemblable qu'on ne la rencontrera pas dans
les associations déguisées, puisque celles-ci tiennent à
choisir leurs membres.

(1) C'est ce que disait notre ancien auteur Despeisses, *Des Contrats*,
Part. I. tit. III, sect. 3, n° 4.

(2) Le droit romain n'admettait pas cela (L. 59, *pr. Dig. Pro socio*,
livre XVII, t. 2). Dans l'ancien droit, il y avait controverse. Voir Pont,
Traité des Sociétés, tome I, p. 494.

Les principes qui viennent d'être rappelés ne convenant pas aux dites associations, on a raison de croire qu'elles n'adopteront pas souvent la forme d'une société civile ordinaire, ni celles d'une société en nom collectif ou d'une commandite simple, qui sont toutes des sociétés de personnes. Ces sociétés, en effet, se dissolvent par la mort, la déconfiture, l'interdiction d'un associé. Remarquons : 1° Qu'au regard des deux dernières, qui sont sociétés de commerce, la clause, selon laquelle la société continuera avec l'héritier, demeurera inefficace au cas où l'héritier serait mineur non émancipé et par conséquent inapte à faire le commerce (1) ; 2° que la clause n'étant pas obligatoire pour l'héritier n'assure pas d'une manière certaine la continuation de la société (2).

Les sociétés par actions évitent ces inconvénients. Cependant n'y aurait-il pas quelque procédé d'assurer la continuation d'une société (qui ne serait pas par actions), tout en réservant aux associés survivants la faculté de choisir ceux qui succèderont dans la société à l'associé prédécédé ? Que penser d'une clause portant qu'à la mort d'un associé la société continuera, mais que les héritiers n'en feront pas partie, qu'ils n'auront d'autre droit que celui de vendre leurs droits sociaux comme bon leur semblera, sauf faculté de retrait conférée au conseil d'administration et aux sociétaires ?

Que vaut la faculté de retrait, dénommée aussi droit de préemption ?

C'est le droit réservé aux associés individuellement ou

____

(1) Voir MM. LYON-CAEN et RENAULT, *Traité des Sociétés commerciales* (tome II du *Traité de Droit commercial*), page 215, n° 319.

(2) P. PONT, *loc. cit.* n° 594. Arrêt de la Cour de Caen, D. 59, II, 50.

parfois à la société, d'acquérir les parts cédées, de préférence à un cessionnaire étranger. Les intéressés sont mis en demeure d'exercer ce droit dans un certain délai, passé lequel la cession est valablement consentie. La réserve de préemption se conçoit au cas où les sociétaires désirent garder pour eux toutes les bonnes chances de l'affaire.

Mais comment admettre, dans les sociétés où domine l'*intuitus personœ*, qu'un associé cède son droit? Cela est contraire à la nature d'une pareille société. Toutefois il semble résulter de l'art. 1861 *in fine* (C. civ.) que la substitution du cessionnaire au cédant comme associé serait possible, pourvu que tous les co-associés y consentissent.

Dès lors le droit de préemption est légitime. Son effet sera de placer les associés dans l'alternative suivante : accepter tacitement la cession en n'exerçant pas dans le délai fixé le droit de préemption; ou maintenir la société entre eux seuls par l'exercice que tous ensemble, ou l'un d'eux seulement, feront du droit.

Mais la situation qui leur est ainsi faite est anormale; les associés fidèles au contrat sont obligés de subir le départ de l'un d'eux, peut-être du plus diligent, attiré ailleurs. Si le cessionnaire leur déplaît, ils devront se charger de l'office du dissident. L'équilibre de l'entreprise risque de se trouver rompu.

Que dans le cours de la société, le concours d'un associé vienne à manquer par une raison quelconque (autre que la mort), et qu'alors les autres associés avisent à le remplacer, cela se conçoit assez bien; c'est comme un accident qu'il s'agit de réparer. Mais que, lors de la formation du contrat, la dissidence des associés soit prévue et organisée, voilà qui doit surprendre. Comment ! vous formez une société de personnes, vous considérez que le mutuel concours de tous est nécessaire, et aussitôt vous ajoutez : ce concours personnel, qui est nécessaire à la société, elle saura s'en passer.

C'est une contradiction flagrante. Dans les sociétés de personnes, l'organisation du droit de préemption sur les cessions entre vifs est suspecte parce qu'elle ne sert qu'à faciliter la mutation d'associés dont le concours personnel est, d'autre part, envisagé comme indispensable.

Pour les transmissions par décès, la faculté de retrait mérite également des critiques. La société n'est pas dissoute par le décès ; donc elle doit continuer, soit entre les survivants seulement, soit entre les survivants et l'héritier du prédécédé (article 1868). Or la solution statutaire serait autre : la société continuerait entre les survivants et l'*acheteur* de la part du prédécédé, cet acheteur pouvant être, et devant être de préférence l'un des survivants ou la société elle-même. Voici les résultats de cette combinaison : 1° La société n'est pas dissoute par le décès ; 2° Cependant elle ne continue pas avec l'héritier ; 3° Il n'est pas certain qu'elle continue non plus entre les survivants seuls. Une telle stipulation serait nulle. D'abord elle est illogique en ce qu'elle admet la prolongation malgré le décès, et qu'elle reconnaît en même temps attacher grande importance à la personne des associés ; mais de plus elle n'est pas obligatoire pour l'héritier qui ne sera pas tenu de vendre la part sociale par lui recueillie. Son auteur a promis son fait ; or l'héritier est tiers à l'égard de cette promesse, puisque l'obligation qu'elle engendre n'était pas à la charge du défunt, et qu'elle est née directement en sa personne. Libre à lui de ne pas l'exécuter, art. 1119 C. civ. Il est vrai que succédant aux obligations du portéfort, il sera passible de ce chef de dommages-intérêts. Mais quels dommages-intérêts?

Il serait bien malaisé à la société d'établir le tort que lui causera le défaut de mise en vente d'une part d'associé. La présence de l'héritier dans la société lui sera-t-elle nuisible? Pourquoi en vérité? et comment le dire *a priori?* Pourquoi davantage que la présence d'un tiers cessionnaire?

En réalité, la clause place la société en dehors des principes du Code: une société de personnes est dissoute par la mort d'un des associés, à moins qu'il ne soit décidé qu'elle continuera avec l'héritier du prédécédé ou entre les survivants. Toute autre combinaison est illicite (1).

Si la société continue avec l'héritier, on ne peut l'en exclure par une aliénation forcée, pas plus qu'on ne pourrait exclure l'associé son auteur. Si elle ne continue pas avec lui, c'est qu'elle ne subsiste qu'entre les survivants, et dès lors l'héritier a droit au règlement de la part de son auteur (1868). Or ce n'est pas un procédé de liquidation d'un droit que de forcer le titulaire à s'en défaire. Il est d'ailleurs très douteux que l'héritier trouve dans le prix de cession l'équivalent de la valeur de la part sociale qui lui revient, d'autant que cette cession est soumise à une faculté de préemption.

Enfin, ce n'est aucunement le droit pécuniaire, par lui recueilli dans les termes de l'art. 1868, qu'il cède, c'est la qualité d'associé qu'il transmet, puisque la société continuera par hypothèse avec le cessionnaire; et cette qualité qu'il transmettrait, il ne l'a point!

A combien de contradictions conduit une situation fausse! L'association déguisée est toujours acculée à la

____

(1) Voir p. 69.

même impasse : durer malgré la disparition des associés, quoique la personne de ces associés soit prise en considération décisive. Là est sa faiblesse ; elle ne saurait si bien s'accoutrer qu'on ne perce ici son déguisement.

En réalité elle ne s'accommode pas d'une continuation entre les survivants seuls, parce que la société se vouerait de la sorte à une fin prochaine ; elle ne s'accommode pas non plus d'une continuation avec l'héritier, parce qu'elle n'est pas sûre de lui ; alors elle garde la ressource de se débarrasser de lui moyennant un certain prix qu'on lui interdit de contester (1). C'est un léger sacrifice éventuel que l'association s'impose pour se garer de toute ingérence étrangère.

Par malheur les précautions qu'elle est contrainte de prendre la trahissent, ainsi que nous venons de le montrer (2).

Notre conclusion est, ainsi, qu'on trouverait dans la clause sus-relatée, qui a pour but de faire continuer la société entre les survivants et *l'acheteur* de la part du prédécédé, une cause de nullité de la société, ou tout au moins un indice grave tendant à faire découvrir une simulation dans la société.

Nous étendons volontiers notre suspicion sur les clauses qui subordonnent à un droit de préemption les transmissions entre vifs. Il y aura là très souvent, pour la société,

____

(1) Les statuts stipulent le plus souvent que le taux de rachat sera établi chaque année par l'assemblée générale. En ces conditions, la majorité peut réduire singulièrement le sacrifice à faire pour écarter les importuns.

(2) Cpr. Cass., dans la *Rev. des Sociétés*, 1894, p. 190 (Soc. civ. pour l'enseignement primaire de Ploërmel).

le moyen d'empêcher en fait la cession par un associé de son *droit pécuniaire* ; or si la qualité d'associé est de sa nature intransmissible, la valeur pécuniaire de cette qualité doit toujours demeurer cessible. Les statuts veulent empêcher la cession à un tiers du droit de l'associé sur le fonds social parce que, dans l'intention commune des associés primitifs, ce droit a été abdiqué et qu'il importe d'empêcher qu'il ne renaisse en se réclamant des apparences.

Supposons maintenant que l'association ait pris la forme d'une société de capitaux (commandite par actions ou société anonyme). Ce sera le cas le plus fréquent, nous avons dit pourquoi ; la durée de la société est mieux garantie, puisqu'elle échappe aux causes de dissolution qui tiennent à la considération des personnes.

La contradiction dont nous poursuivons l'analyse, va de nouveau enserrer notre société illégale : elle veut durer, et pour cela, elle s'abstrait des personnes de ses membres, déclarant que peu lui importe qu'ils meurent ou qu'ils la quittent ; et cependant elle attache grande importance à leurs personnes, ainsi que le prouvera la réserve qu'elle ne manquera pas de faire du droit de préemption.

Ce dernier droit, elle l'a dans les sociétés par intérêts (1), mais alors elle se débat vainement contre les chances de prompte dissolution. Dans les sociétés par actions, c'est sa durée qui est assurée, mais c'est le contrôle des transmissions qui lui échappe. En effet, l'action est par essence un droit cessible (2) ; et c'est pourquoi les

____

(1) Sous les réserves exprimées ci-dessus.

(2) MM. Lyon-Caen et Renault, *loc. cit.*, p. 331.—Paul Pont, *Soc. Civ. et Com.*, I, n° 599. V. cpd., Cass., Req., dans Dalloz, 1895, I, p. 467.

sociétés par actions sont susceptibles de durer indéfiniment. L'article 1869 cesse d'être applicable, « lorsque l'acte de société donne à chacun des associés un autre moyen de s'affranchir des liens de l'association, par exemple en le laissant libre de céder sa part » (1).

Mais encore faut-il que la cessibilité soit entièrement libre, et elle ne le serait pas si l'aliénation était subordonnée à des conditions qui gêneraient ou paralyseraient l'exercice du droit, « par exemple si les actions sont stipulées aliénables à la double condition que l'aliénation n'en pourra avoir lieu qu'avec l'agrément du conseil d'administration, et après qu'elles auront été offertes aux associés » (2).

Donc, si une société par actions se fonde pour une durée illimitée, et qu'elle apporte néanmoins des entraves à la transmission des actions, chaque associé conservera le droit d'en demander la dissolution.

Cela montre encore une fois la véritable nécessité où se trouvent nos prétendues sociétés de se constituer à temps (3). Seulement elles n'échapperont pas ainsi à cette vérité qu'une action est cessible ; dès lors, s'il est apporté obstacle à la cessibilité, l'attention du juge doit être mise en éveil : la considération des personnes est donc ici de quelqu'importance ; alors nous retombons dans l'hypothèse d'une société par intérêts ; la société est mal qualifiée et il importe de faire rectification (4).

(1) Cass. 1 juin 1859, S. 64, I, 143. Voir la note de M. Pont.

(2) Note précitée. Cpr. Cass. D. 69, I, 137. — Aubry et Rau, IV, § 384, note 16. — Pont, n° 740. — Guillouard, *Sociétés*, p. 401.

(3) V. l'aveu de cette nécessité dans la brochure de M. de Vareilles-Sommières : *Du contrat d'association* (in-8, 1893), p. 170.

(4) V. MM. Lyon-Caen et Renault, n° 516, p. 328 et suiv. — Paul

Il faut toujours, en définitive, revenir à ce point : l'association déguisée prend en considération la personne des associés, les diverses clauses de préemption le démontrent toujours ; donc, sous quelque forme de société qu'elle apparaisse, elle doit se dissoudre à brève échéance ; pour échapper à cette dissolution, elle a deux moyens ; décider qu'elle continuera avec les survivants ; ce n'est que reculer une fin inévitable ; ou décider qu'elle continuera avec les héritiers des associés, mais c'est admettre l'introduction d'associés inconnus et suspects, et elle ne le veut point. Cependant le Code ne connaît point d'autre alternative ; il n'admet pas d'autres combinaisons, et c'est à juste titre, car en dehors de celles-là, il n'y a que contradictions et mensonges.

Aussi, les associations qui tenteraient de se déguiser en sociétés viendraient toutes se heurter contre ce principe de raison et de droit, et s'y briseraient.

§ 5. — *Restrictions au droit de contrôle des associés. Quid de l'interdiction de contester les comptes et inventaires ?*

Il est évident que toute restriction au contrôle des associés ou de leurs ayants cause sur la marche de la société et sur ses opérations, indique de leur part une abnégation plus ou moins grande de leurs droits. Si ces restrictions ne s'expliquent pas uniquement par les besoins de l'unité de

---

PONT, *Soc. civ. et com.*, n° 599. — Voir également un article de M. BEUDANT dans la *Revue critique*, tome 34, p. 136 et suivantes.

la direction ou de la bonne administration générale, elles
marquent une abdication plus ou moins complète que
font les associés de leurs droits individuels, entre les
mains de l'organe directeur de la société, lequel apparaît
ainsi comme une simple commission exécutive d'une association.

Nous constaterons cette tendance dans les clauses qui,
par des moyens quelconques, obligent l'associé ou son
ayant cause à se contenter, pour la liquidation de sa part,
d'une somme fixée à forfait par un pouvoir plus ou moins
arbitraire, en lui interdisant toute contestation sur les
comptes et inventaires.

Mais, nous bornant à signaler le caractère de pareilles
stipulations, nous ne pénétrerons pas dans l'analyse détail-
lée des observations qu'elles comportent.

Nous croyons seulement que, réunies à plusieurs autres,
dont nous avons esquissé les principales, elles révéleront
la nature véritable d'une société apparente où les droits
individuels seraient abandonnés au profit d'une œuvre, de
façon qu'il n'y aurait plus un patrimoine d'associés, mais
un patrimoine d'association. Et nous croyons aussi qu'aucune association ne peut songer à se constituer en société sans adopter l'ensemble des combinaisons que nous
avons décrites et qui serviront infailliblement à faire découvrir les intentions réelles des parties.

§ 6. — *Clauses qui limitent les bénéfices.*

Il reste à envisager une clause capitale, celle qui règle
la répartition des bénéfices.

Si les associés entreprennent leur propre affaire, une affaire privée, le but de leurs efforts est nécessairement d'augmenter le capital social, et, après partage, leurs patrimoines particuliers. En fait ils n'attendent presque jamais la fin des opérations pour distribuer entre eux la plus-value produite par le travail commun des personnes et des capitaux ; cela est notoire pour les sociétés à longue durée.

Donc, dans toute société d'industrie, on doit trouver des clauses touchant le partage des bénéfices. Nulle autre stipulation statutaire n'a autant d'importance à notre point de vue.

A l'ordinaire, tout converge dans une société vers ce but unique : produire des bénéfices, en produire le plus possible, et les distribuer dans le plus bref délai. Cet appétit est assurément très légitime ; toutefois, s'il s'est modéré, il ne semble pas qu'il faille s'en préoccuper vivement. Mais le contrat de société ne perdra-t-il pas, par une limitation des bénéfices individuels, son caractère lucratif ? Non ; c'est une question de mesure à garder. Il ne serait ni utile, ni moral, ni juridique de décréter qu'une société qui limite ses bénéfices, manque de cet âpre désir du gain qui serait nécessaire à sa validité. Et en effet, l'esprit de spéculation qui se borne, subsiste.

Que devient cependant l'excédent des bénéfices ? Il est employé à quelque œuvre, à quelque utilité générale. Nous verrons à quelles conditions cela est possible.

Pour le moment, il suffit de dire que la société est suffisamment intéressée tant que les bénéfices à en tirer par les membres ne deviennent pas purement illusoires. La loi n'a pas édicté qu'il n'y aurait pas de société sans la vue de faire des bénéfices illimités. Mais quelle borne fixerons-nous au désintéressement? A quel moment le but lucratif s'efface-t-il pour faire place à l'intérêt moral dominateur?

Cette question se résout aisément par l'application du critérium adopté; il n'y a société qu'alors que les associés ont entendu garder leurs droits individuels sur le fonds commun. Il faut donc qu'ils aient au moins l'intention de faire de leurs capitaux un placement (1); s'ils abandonnent l'usage et la jouissance de leurs apports, on est fondé à dire qu'ils en abandonnent la propriété.

Le contrat sera suffisamment intéressé si les dividendes annuels correspondent au taux normal de la rémunération de l'argent; car si, en ce cas, les associés font servir leurs capitaux à quelqu'œuvre, du moins ils ne la lui délaissent pas. Le fonds commun est bien à eux et non à l'œuvre; il n'y aura pas un patrimoine de mainmorte, c'est-à-dire un patrimoine immobile entre les mains d'une personne abstraite, sans profits ni revenus directs pour des particuliers (2).

Il est facile de reconnaître si les associés ont entendu tirer des sommes fournies un revenu normal, s'ils ont fait un placement. Le taux moyen de l'intérêt des placements à une époque donnée se détermine aisément. On dit, par exemple, qu'il était de 4 p. 100 il y a quelques années, et qu'il est aujourd'hui d'environ 3 p. 100.

Parfois, l'intention commune s'exprime très clairement.

______

(1) M. Sauzet, *loc. cit.*

(2) V. cependant la loi du 20 fév. 1849, art. 1, soumettant à l'impôt de mainmorte les immeubles appartenant aux sociétés anonymes, qui ne sont pas destinés à être vendus. Cpr., art. 9 *in fine*, loi 30 nov. 1894.

Ainsi les statuts de la société des logements économiques de Lyon, après avoir fixé (en 1886) à 4 p. 100 la rémunération du capital, ajoutent (art. 32) : « Toutefois, dans le cas où le taux moyen des placements hypothécaires, qui est actuellement de 4 p. 100, descendrait au-dessous de ce chiffre, le Conseil d'administration pourrait saisir l'assemblée générale d'une demande de modification du présent article, abaissant le taux fixé ».

Ici les dividendes annuels apparaissent comme une charge de l'œuvre, un prélèvement à faire tout d'abord. Mais ce prélèvement est essentiel ; c'est lui qui attire et retient les capitaux fournis, souvent considérables (1).

____

(1) La Société de Lyon vient de porter son capital à 4 millions (1894) et enfin à 5 millions (1895). — La validité des sociétés qui limitent les bénéfices ne peut plus être mise en doute depuis la loi du 30 novembre 1894. Cette loi autorise la création de comités, véritables établissements d'utilité publique, destinés à provoquer l'initiative individuelle « en faveur des sociétés de construction d'habitations à bon marché ». (*Journ. offic.*, Doc. Parl., Sénat, 8 novembre 1894). Les comités agiront auprès *des capitalistes et des philanthropes* pour les déterminer à fonder des *sociétés anonymes* de construction ou de crédit, et ils leur fourniront tous renseignements, plans, devis, etc. (Rapport de M. Siegfried au nom de la commission, *Journ. offic.*, annexes 1892, p. 2226). — Parmi ces sociétés, il en est auxquelles la loi accorde des exemptions d'impôt. C'est à celles qui *limiteront leurs dividendes à un chiffre maximum* (art. 11 *in fine*), celles, dit le rapporteur de la commission à la Chambre, « qui seront faites de manière à se contenter du minimum de loyer possible, c'est-à-dire aujourd'hui d'un revenu net des capitaux employés ne dépassant pas 4 p. 100 par exemple. (Ch. Annexes 1892, p. 2230) ». — Citons encore ces paroles de M. le rapporteur de la commission au Sénat: « Je dis qu'une société peut faire de grands bénéfices et distribuer de petits dividendes ; elle peut constituer une réserve dont elle fera un emploi déterminé. (Rapport de M. Diancourt, *Journ. offic.* Sénat, Ann., 1893

Autre est le caractère des sociétés dans lesquelles le prélèvement est fait d'abord en faveur de l'œuvre, quitte à distribuer des dividendes s'il reste du disponible. Dans ces conditions, les dividendes peuvent, *statutairement*, se réduire à rien. Alors il y aura un grand préjugé contre la validité de la société ; on devrait se demander s'il n'y a pas eu simplement apport de sommes dans l'intention de constituer une rente au profit de l'œuvre. La difficulté se ramène à une question de fait.

En définitive, il s'agit toujours de décider si, dans la société, subsiste l'intérêt pécuniaire exigé par l'art. 1832 du Code civil. Tous les éléments d'appréciation que nous avons cherché à réunir, ne servent qu'à former la conviction sur ce point unique : Y a-t-il, oui ou non, sous les apparences d'une société, fondation d'un patrimoine de mainmorte ? Le juge décidera par interprétation de volonté. Mais sa décision n'est pas arbitraire. Des faits, qu'il constate souverainement, se dégagent les conséquences juridiques nécessaires. Ce sont ces conséquences de faits particuliers que nous nous sommes efforcés de préciser. En ce sens, nous avons cherché, dans cette première partie, à établir sous quelles conditions un groupement de personnes et de capitaux constitue une société civile ou commerciale.

Mais il ne faut pas se dissimuler que l'appréciation des vues lucratives exigées par l'article 1832 laisse place à un

---

p. 534). — Cette loi fournit un appui sérieux à la thèse de la capacité des sociétés d'acquérir par donation ou testament. L'article 2 § 4, prévoyant le cas où tel comité cesserait d'exister, dispose que l'actif en pourra être dévolu aux sociétés de constructions. La société qui accepterait cette dévolution, ferait bien un acte d'acquisition à titre gratuit. La loi de 1894 la suppose donc capable de ce faire.

certain arbitraire. C'est ainsi que, pour une même société (société d'un journal de spiritisme), quatre décisions judiciaires ayant été rendues, deux de ces décisions ont déclaré y trouver l'intention, indispensable, de faire des bénéfices, alors que les deux autres ne l'ont point distinguée.

Cet arbitraire inévitable permettra toujours aux tribunaux d'atteindre les associations déguisées; l'habileté la plus ingénieuse dans la rédaction des statuts ne résisterait pas à un examen de l'ensemble des faits.

Cette considération permet de rassurer toutes les craintes que pourrait susciter le système qui reconnaîtrait aux sociétés civiles et commerciales la capacité d'acquérir à titre gratuit. Nous pouvons désormais étudier cette question de la capacité, dégagée de toute préoccupation qui serait étrangère au droit.

LES SOCIÉTÉS SONT-ELLES CAPABLES D'ACQUÉRIR PAR DONATION OU TESTAMENT ?

—

En principe, la capacité d'un être juridique n'a pas besoin d'être reconnue par la loi ; elle existe indépendamment de la loi. Au contraire, toute incapacité est exceptionnelle, et ne peut résulter que d'un texte formel ; si l'intérêt social ou individuel réclame qu'une incapacité soit établie, il faut que la loi intervienne pour le déclarer expressément. Ces règles sont rappelées par l'article 902 du Code civil, ainsi conçu : « Toutes personnes peuvent disposer et recevoir, soit par donation entre vifs, soit par testament, excepté celles que la loi en déclare incapables. » En présence de ces termes catégoriques, il semble que notre question soit résolue dans le sens de l'affirmative. Nos sociétés sont en effet, par hypothèse, des personnes juridiques ; la personnalité doit impliquer, pour elles aussi, la capacité générale.

Tel est l'avis d'un grand nombre d'auteurs et de la jurisprudence.

Cependant une autre opinion soutient qu'il y a lieu de distinguer entre les personnes civiles et les personnes physiques, et que ces dernières seules ont qualité pour invoquer l'article 902. Nous examinerons les divers arguments qui ont été fournis à l'appui de ce système; les uns sont particuliers aux sociétés, et se basent sur une opposition à faire entre la personnalité morale privée et la personnalité morale publique. Nous les examinerons en un premier chapitre. Les autres, qui ont moins de netteté, seraient communs aux personnes civiles en général, et tirés d'un défaut inhérent à la personnalité civile, laquelle serait spécialisée : ils formeront le sujet du second chapitre.

CHAPITRE PREMIER

Les objections de cette sorte ont eu pour interprètes principaux deux auteurs, MM. Camberlin et Labbé, qui ont cru trouver, dans la constitution même des personnes morales privées, des causes d'inaptitude à recevoir par donation ou testament. Nous discuterons les raisons de chacun de ces auteurs dans une section distincte.

SECTION Iʳᵉ. — Objections de M. Camberlin (1).

Cet auteur prétend, sans grande précision, que les sociétés ne sont pas faites pour être gratifiées. Recevoir une libéralité serait incompatible avec la nature des sociétés. Pourquoi ? C'est que « il n'est pas contestable que les donations entre vifs, de même que les testaments, sont des libéralités qui prennent leur source dans la bienfaisance. Or l'acte de bienfaisance, par lequel le donateur témoigne de son affection, de sa gratitude ou de sa charité envers le donataire se justifierait-il, si le bénéficiaire était une personne telle qu'une société de commerce, laquelle ne peut inspirer aucun sentiment d'affection, de gratitude, de charité ? » Voilà, en quel sens, selon M. Camberlin, la

(1) Journal *La Loi*, 8 mai 1881.

nature des personnes morales s'oppose à ce qu'elles acquièrent à titre gratuit : c'est qu'elles ne peuvent inspirer aucun sentiment de bienfaisance.

En est-on bien sûr ? A cet argument de fait, il suffit de répondre par des faits. Or nous avons déjà établi que des sociétés peuvent, au contraire, inspirer des sentiments de bienveillance. S'il faut encore, pour réfuter définitivement ce genre d'arguments, citer des hypothèses dans lesquelles « l'acte de bienfaisance se justifie » à l'égard d'une société, nous énumèrerons, après d'autres (1), le cas d'une libéralité à une association d'ouvriers qui se constitue en société commerciale avec un capital économisé sur les salaires, par un sociologue ayant confiance en l'émancipation de l'ouvrier par lui-même, en la puissance de la coopération ; libéralité d'un patriote (ou d'un grand propriétaire) à une société anonyme qui se fonde pour la destruction du phylloxéra ; un savant donnera à une entreprise qui se fonde pour l'exploitation de nouvelles découvertes ; libéralité d'un homme politique à une société de journalisme qui soutient ses opinions (2), etc.

Et sortant des hypothèses, nous citerons, parmi beaucoup d'exemples qui sont fournis tous les jours par la réalité des faits, le legs qui a été adressé par Mme Boucicault à la société civile du Bon Marché.

L'argument n'a donc aucune portée ; en somme il n'affirme pas une incapacité de droit, mais une impuissance de fait : cette impuissance n'est pas vérifiée.

Pour démontrer l'incapacité juridique des sociétés,

______

(1) V. M. VAVASSEUR, *Traité des sociétés civiles et commerciales.*

(2) Un dévot donnerait encore à la Société de chemin de fer de Jaffa à Jérusalem pour l'empêcher de faire faillite.

M. Camberlin a recours à des arguments de droit qui ne sont pas mieux probants. L'article 902, dit-il, n'est pas applicable aux personnes morales privées, parce qu'en statuant sur la capacité des personnes, le législateur n'a pensé qu'aux personnes physiques et non aux personnes morales ; la suite des textes le prouve, et notamment l'article 906 selon lequel, pour être capable de recevoir entre vifs, il suffit d'être conçu au moment de la donation ou du décès du testateur, disposition qui n'a évidemment de sens qu'à l'égard des personnes physiques.

Ce sont là des déductions hasardeuses ; car rien n'assure que le législateur, traitant de la capacité de recevoir, ait oublié la question capitale des libéralités adressées aux êtres collectifs ou moraux ; c'est la difficulté sérieuse du sujet. Les rédacteurs du Code devaient en être préoccupés ; il suffit pour s'en convaincre de se rappeler que les législateurs de 1804 avaient été les praticiens de l'ancien régime et les théoriciens de la Révolution.

L'intitulé du chapitre II (titre II, livre III) confirme notre système ; il ne dit pas que les règles de ce chapitre ne seront applicables qu'aux libéralités faites aux individus ; les termes en sont généraux : « De la capacité de disposer ou de recevoir par donation entre vifs (1) ou par testament. »

L'objet de ce chapitre est de décider qui peut et qui ne peut pas recevoir, et de résoudre le problème en son entier, sans rejeter à un autre endroit la question de la capacité des personnes morales. Donc toutes les règles générales posées en ce chapitre doivent s'appliquer, si cela

____

(1) On ne saurait assurément tirer aucun argument sérieux des mots *entre vifs*.

est possible, à tous les êtres juridiques pour lesquels il y a lieu de se demander s'ils sont ou non capables. L'article 902 édicte une de ces règles ; les termes en sont assez compréhensifs pour désigner toutes individualités susceptibles de droits : le mot personne veut dire, justement, sujet de droit.

Ce qui prouve, au surplus, que le législateur a pensé aux personnes morales, c'est la suite complète des textes de ce chapitre. Après avoir posé le principe de la capacité sauf restriction par la loi, le Code en vient immédiatement aux exceptions. Il règle celles qui concernent certaines incapacités de disposer, puis certaines incapacités de recevoir, comme celles de l'enfant naturel, des médecins et prêtres ; après quoi, l'article 910 s'occupe des restrictions qui sont apportées à la capacité des personnes morales publiques. L'article 910, comme les articles 903, 904, 905, 906, etc., fait partie de la série des dispositions exceptionnelles annoncées par l'article 902. Donc la règle de 902 était applicable aux personnes morales dont parle 910.

Il est vrai qu'il ne s'agit en cet article que des personnes morales publiques. Mais on n'en saurait tirer qu'une conclusion, à savoir que, faute d'une restriction spéciale aux personnes morales privées, elles jouissent, selon la règle générale, d'une pleine et entière capacité. L'article 902, en effet, n'a pas un caractère anormal ; il ne pose pas un principe nouveau, il a seulement pour but de rappeler qu'il n'y a pas d'incapacité sans texte. A la rigueur, il était inutile de le dire ; si le législateur a tenu à l'affirmer néanmoins, cela montre combien le principe est essentiel. Donc les sociétés peuvent s'en réclamer, même au cas où le législateur n'aurait pas pensé à elles en l'écrivant.

Et cependant on insiste, disant qu'il y a des motifs particuliers de leur refuser le bénéfice du droit commun. Ici, on fait intervenir l'article 910, et on raisonne *a fortiori* de la manière suivante : Les personnes morales publiques n'existent qu'en vertu d'une reconnaissance spéciale du gouvernement ; pourtant l'acceptation par elles de toute libéralité est subordonnée à une autorisation des pouvoirs publics. Comment donc admettre que les sociétés, dont l'existence n'est pas contrôlée, soient habiles à recevoir ? il aurait été nécessaire, tout au moins, qu'on soumît leur acceptation à une garantie quelconque. Or nos lois ne le font pas. C'est une preuve qu'elles n'admettent pas la capacité des sociétés (1).

Nous répondrons simplement qu'il est faux que les sociétés civiles et commerciales se fondent librement et à leur fantaisie ; pendant longtemps, une autorisation spéciale a été nécessaire pour l'établissement des sociétés anonymes (qu'intéresse principalement la solution de la difficulté) ; aujourd'hui encore, il faut une autorisation pour la création des sociétés d'assurances sur la vie. Mais, pour toutes les autres même, elle n'existent qu'en se conformant aux dispositions minutieuses de la loi, la reconnaissance leur est donnée d'avance et par la loi, au

______

(1) Le raisonnement de M. Camberlin n'est pas très net. Aussi on a cru comprendre qu'il était d'avis que les sociétés sont capables de recevoir sous l'autorisation du gouvernement. Mais une lecture attentive démontre que telle n'est pas sa pensée. C'est pourquoi nous ne discuterons pas la question de savoir si les sociétés seraient capables, à condition d'être autorisées. Cette opinion n'est pas soutenable, et n'est d'ailleurs soutenue par personne. Elle a été réfutée par M. Labbé (*La Loi* du 27 août 1881), et par MM. Lyon-Caen et Renault (*Traité de Droit commercial*, tome II, n° 122).

lieu de l'être par le gouvernement, statuant à l'instant de leur formation. Leur personnalité offre donc toutes garanties. Il est vrai qu'elle aboutit à d'autres résultats que la personnalité des Établissements publics; mais c'est précisément ce qui justifie la différence des traitements qui leur sont faits ; dans la personnalité des Etablissements, il y a création d'un patrimoine de mainmorte; dans la personnalité des sociétés, la mainmorte n'apparaît pas. Voilà pourquoi l'autorisation d'accepter est nécessaire dans le premier cas, et ne l'est pas dans le second.

Nous verrons que l'autorisation n'aurait, en effet, pas d'utilité sérieuse pour les libéralités adressées aux sociétés.

Enfin, M. Camberlin présente un autre argument, basé sur ce que les personnes morales n'auraient qu'une existence limitée à leur objet. Cet argument, qui s'attaque à la personnalité civile, prise en général, trouvera sa réponse quand nous parlerons de la prétendue spécialité de capacité des personnes civiles.

SECTION II. — Objections de M. Labbé.

Le système précédent se borne à dénier aux sociétés personnifiées l'un des attributs ordinaires de la personnalité. Le raisonnement de M. Labbé (1) va plus loin ; il s'attaque à la personnalité même des sociétés, disant qu'elle n'implique pas la création d'un être moral absolu-

____

(1) V. Sirey, 1881, II, p. 249. — Journal *La Loi* du 27 août 1881. — *Revue Critique*, 1882, p. 315.

ment distinct de la personne des individus associés : « La personnalité, écrit M. Labbé, est une fiction, un voile qui cache un temps le fait de la copropriété, voile qui se dissipe à la dissolution, pour laisser reparaître la réalité, c'est-à-dire la juxtaposition de droits individuels en état d'indivision » (2). Il serait donc exagéré de dire que les biens des sociétés forment un patrimoine propre, tout à fait séparé des patrimoines personnels des associés. Les biens de la société, en effet, comptent, sous le nom d'action ou d'intérêt, dans la fortune des associés ; c'est donc à ceux-ci qu'ils appartiennent en réalité ; la personnification n'est qu'un moyen de faciliter la gestion en empêchant qu'elle ne soit embarrassée par les volontés, les incapacités et les destinées diverses des associés : « C'est une puissance plus grande d'entreprise, une concentration, une unité de vues plus persistante dans la gestion, un essor plus libre et plus favorable à la prospérité (3) ».

« C'est une force d'action mise au service d'intérêts individuels agglomérés. Concluons que, dans une société, la personnification est un moyen employé pour activer et faciliter la production des richesses au profit des particuliers qui en sont membres... Ce qu'on appelle ici personnalité juridique n'est qu'une forte concentration de droits individuels juxtaposés sous une administration unitaire ».

En effet l'*objet* d'une société n'est que le genre des opérations par lesquelles les associés comptent faire des bénéfices. Au contraire, l'objet d'une personne morale publique se manifeste comme une fin en soi, de sorte que la personnification soit l'incarnation de cette fin ; la person-

(2) SIREY, *loc. cit.*

(3) *La Loi*, 27 août 1881.

nalité ici trouve un point où se prendre, un support, lequel lui manque dans la Société. Aussi « la corporation a-t-elle une existence vraiment indépendante de ceux qui la composent, et un patrimoine tout à fait propre ». Tout ce qui modifie ce patrimoine atteint la fin à laquelle il est affecté, et touche la personne morale elle-même puisqu'elle est identifiée à la fin. Au contraire, toute modification au patrimoine de la société n'est qu'une modification aux patrimoines des personnes associées : « Donner à une société personne morale, c'est, en réalité, donner aux individus qui la composent. Donner à une corporation, c'est donner vraiment à un être abstrait, c'est consacrer à une cause et faire sortir du domaine privé ».

Voilà les prémisses du raisonnement : elles se résument en l'idée que la nature des sociétés civiles ou commerciales est telle que les libéralités qui leur sont faites profitent à leurs membres et non pas à elles-mêmes.

Les conséquences se déduisent ainsi : « Puisque la donation s'adresse à des individus qui en auront le bénéfice, les donataires doivent figurer dans l'acte de donation et accepter le bienfait. La donation est faite à des personnes individuelles et non à la société personne morale. Le donateur peut imposer aux donataires la charge de verser ce qu'ils reçoivent comme apport supplémentaire dans la société dont ils sont membres. C'est ainsi seulement qu'il peut aider à la prospérité de la société. »

Pourquoi enfin les associés doivent-ils figurer à l'acte ? C'est afin de prévenir des fraudes ; il serait à craindre que, sous le couvert de donner à une société, le donateur ne cherchât à gratifier un incapable, ou qu'il n'éludât les règles du rapport et de la réduction : « Dans l'acte de donation, pour l'application des règles sur le rapport et sur la réduction, la personne du donataire doit apparaître sans voile. Aucune fiction ne doit s'interposer entre le donateur et le donataire. » (Sirey, loc. cit.)

La conclusion est que toute libéralité faite à une société est nulle, attendu qu'elle s'adresse en réalité aux associés, sans que ceux-ci, toutefois, y soient assez nettement désignés.

Cette argumentation ne tranche pas expressément la question de la capacité des sociétés ; elle l'élude plutôt. Car elle annule la disposition par des raisons d'ordre public, tirées du danger des fraudes et de l'incertitude sur la personne du bénéficiaire ; mais elle ne démontre pas que les sociétés soient juridiquement incapables de recevoir ; elle prétend seulement qu'en fait, la société n'est pas légataire ni donataire. On ajoute, il est vrai, qu'elles ne *peuvent pas* l'être, et tout le système repose sur cette affirmation ; mais c'est une affirmation de fait, base trop fragile pour servir d'appui à une démonstration de droit.

On pose en principe que les associés sont donataires, non la société. Mais cela est-il sûr ? Nous serions porté, au contraire, à affirmer que le donateur n'a pas pris en considération la personne des associés, et que c'est la société elle-même qu'il a entendu gratifier. Cela ne fera point doute si nous supposons que la donation est faite à une vaste société anonyme. Une compagnie de chemins de fer donne (1) à une société anonyme de constructions économiques un terrain sur lequel seront édifiées des maisons à l'usage de ses employés (2). Dira-t-on que la Compagnie

____

(1) Une société a-t-elle la capacité de disposer par donation ? Cela ne fait pas doute en pratique, ni en théorie.

(2) Compagnie d'Orléans pour le cottage d'Athis.

veut enrichir les associés ? Non, l'intention libérale vise
bien la société anonyme elle-même. C'est elle qui est véritablement donataire. Alors faut-il dire qu'elle est incapable? On interrogerait vainement sur ce point le système
que nous combattons; il ne répondrait pas à la question,
parce qu'il ne l'a pas prévue.

M. Labbé considère en effet la personnalité des sociétés
comme un *moyen* d'action, et alors il dit avec raison que
la donation ne s'adresse pas au moyen, mais à ceux qui
s'en servent. Or la personnalité n'est pas seulement un
moyen ; même dans la société, elle s'identifie parfois avec
l'objet ; c'est ce qui se produit quand les opérations de la
société servent un intérêt moral ; alors l'opposition que
M. Labbé établit entre la personnalité des sociétés et celle
des corporations ou établissements cesse d'être juste :
l'objet s'abstrait aussi bien dans les unes que dans les
autres, mérite d'être distingué pour lui-même, et l'est en
effet.

C'est en définitive la même réflexion que nous devons
reproduire encore : les opérations de la société sont quelquefois dignes d'intéresser, en elles-mêmes et pour elles-
mêmes, soit les associés soit aussi les étrangers. Les adversaires de notre opinion n'ont pas envisagé cette hypothèse,
et, faute d'avoir songé aux cas vraisemblables et légitimes,
ils n'ont aperçu que des invraisemblances et des fraudes.

Il faut considérer que donner à une société, c'est aussi
« consacrer à une cause. » Autrement, l'on sort de la
réalité, on raisonne sur des suppositions, et les solutions
fournies sont fausses, parce qu'elles ne s'adaptent pas au
problème véritable.

Le système que nous combattons part d'une conjecture
qui se trouve inexacte ; il défigure la disposition en lui

faisant prendre l'aspect d'une libéralité à personnes incertaines. Il interprète ainsi la volonté du disposant, mais cette interprétation est arbitraire, et elle ne résiste pas à l'analyse. Comment croire, en effet, que le donateur ait eu des intentions libérales à l'égard de *tous* les associés ? Mais, bien souvent, il ne les connaît pas tous. Pour un testateur, la supposition est évidemment fausse, puisque le testateur ignore, à l'époque de la confection du testament, qui seront les associés lors de son décès. Admettons que le disposant porte intérêt à chacun des associés ; encore est-il probable que ces bons sentiments comporteraient des degrés divers, de sorte que les associés ne devraient pas être gratifiés par portions égales, voire proportionnelles à leurs parts sociales.

Donc l'explication dénature les intentions du donateur ou du testateur. Sans doute la libéralité profite aux associés ; sans doute les actions ou intérêts augmentent instantanément de valeur, et ce sont les associés contemporains (1) de la disposition qui en bénéficient. Mais tel est le résultat de toute bonne opération faite par la société. Si la société passe un contrat avantageux, les actions montent aussi, les associés en profitent ; dit-on que ce soit eux, cependant, qui traitent ? Met-on en jeu leur capacité ? Non, c'est la société qui agit, c'est la société qui signe et qui s'engage. La personnalité, alors, a toute sa force ; nous demandons par quel mystère cette force disparaîtrait tout à coup, comment cette réalité deviendrait subitement une fiction. Il s'agit toujours d'un consentement à donner : on ne voit pas pourquoi on appellerait, pour consentir, dans un cas la société, dans l'autre les associés.

(1) V. *La Loi*, du 28 août 1881.

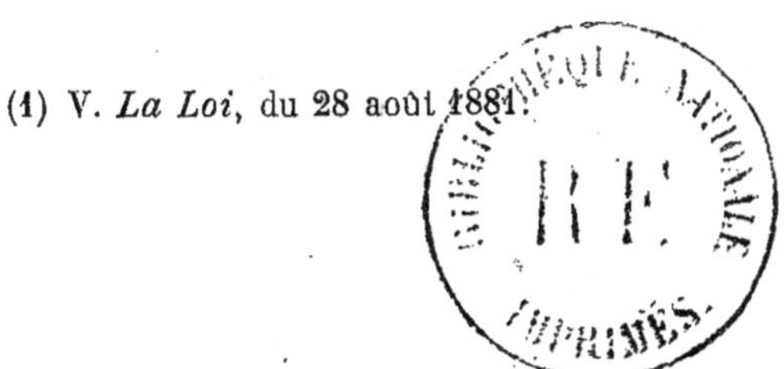

Lorsque la société vend, on ne dit pas que les associés sont vendeurs ; de même lorsqu'elle est appelée à recueillir un legs ou une donation, on ne doit pas dire que les associés sont légataires ou donataires. Même si l'émolument va à eux, le titre ne saurait leur appartenir ; le droit d'intervenir à une donation, en qualité de donataire, ne doit pas être confondu avec le fait de profiter de cette donation ; il n'est pas essentiel à la validité de la libéralité que le donataire ou légataire en retire un bénéfice. Cela est manifeste au cas d'un legs. Si les charges du legs dépassent la valeur léguée, dit-on que le legs est nul ? Non, le titre subsiste, quoique l'émolument puisse manquer (1).

Donc, prouver que la société ne recueille rien, ce n'est point pertinemment prouver qu'elle ne soit pas légataire ou donataire.

Mais cette première preuve, elle-même, n'est pas faite ; il est fort exagéré de soutenir que la société ne recueille rien. La libéralité aide à sa prospérité ; ses membres n'en profitent qu'en tant qu'associés, indirectement et parce que l'entreprise commune est facilitée. Leurs patrimoines particuliers ne s'enrichissent que par l'intermédiaire du patrimoine social. Il n'est même pas certain qu'ils s'enrichissent. Voici une société anonyme, dans laquelle les actions sont entièrement libérées ; elle périclite, le passif excède l'actif, elle est sur le bord de la faillite ; une donation survient, rétablit l'équilibre. Qui en profitera ? Les créanciers, au moins pour une notable partie. Le patrimoine social a reçu, et les associés n'auront rien peut-être. Donc, le patrimoine social ne se confond pas avec les patrimoines des associés, il a une existence propre ;

(1) V. un article de M. BEUDANT, DALLOZ, 1879, II, p, 279.

c'est une réalité. Il grandit, diminue; d'autres patrimoines gravitent autour de lui, qui subissent l'influence de
ses fluctuations ; mais il sont agités par contre-coup et
non par impulsion directe.

Si ce patrimoine a une réalité, la société personnifiée,
qui en est l'expression juridique, a aussi une existence
véritable. L'analyse de M. Labbé atténue tellement la
notion de la personnalité civile des sociétés, qu'elle la fait
disparaître ; cependant, il ne conteste pas que les sociétés
dont il s'agit ne soient douées de la personnalité (2). C'est
une contradiction ; il faut prendre parti : qu'on scrute la
nature de la personnification autant qu'on le voudra,
qu'on l'appelle un voile ou une fiction, il faut l'admettre
ou la rejeter. Dès lors qu'on l'admet, il faut reconnaître que
c'est la création d'un sujet de droit, d'un être juridique
en soi, distinct légalement des personnes des associés.
Sinon, la personnification n'est rien, et il n'y a pas matière à discussion.

Pour nous, la société étant une personne, il n'y a pas
lieu de lui refuser un droit qui est une des conséquences
ordinaires de la personnalité, à savoir la capacité de recevoir par donation ou testament.

Cette doctrine, dit-on, ouvre la porte à des fraudes ; des
incapables seront gratifiés par l'intermédiaire de la société !
Ainsi, le donateur trouverait là un moyen d'avantager son
enfant naturel reconnu, au détriment de la famille légitime, ou encore un de ses enfants légitimes aux dépens
des autres en éludant les règles du rapport et de la réserve.

Ces craintes paraissent mal fondées. Pour avantager l'un

____

(2) *La Loi*, 27 août 1881.

des associés illégalement, le disposant serait obligé d'avantager à la fois les autres ; cela est assurément peu pratique. Le procédé de fraude serait grossier ; ce père serait bien mal avisé, ou bien mal renseigné. S'il a recours à ce subterfuge, la fraude apparaîtra d'elle-même. La société jouerait alors le rôle de personne interposée, et les tribunaux n'auront pas de peine à le découvrir ; en conséquence ils annuleront ou réduiront la libéralité, par application des règles de l'article 911 du Code civil.

Même si le droit de recevoir peut donner lieu à des abus, ce n'est pas une raison suffisante de déclarer qu'il n'existe pas. L'éventualité de fraudes n'est certes pas une cause d'incapacité. Il ne faut donc pas, par crainte de fraudes plus ou moins imaginaires, priver les sociétés d'un moyen légitime de prospérer et de développer leur activité.

Que ce soit un moyen de prospérer, moyen légitime en soi, il est malaisé de le contester, et M. Labbé lui-même le reconnaît. C'est le procédé seulement qu'il critique ; mais il en propose un autre qui aurait le mérite de satisfaire les exigences de l'esthétique juridique : le donateur, ayant désigné, conformément au système, les associés comme ses donataires, « peut leur imposer la charge de verser ce qu'ils reçoivent comme apport supplémentaire dans la société dont ils sont membres. C'est ainsi seulement qu'il peut aider à la prospérité de la société ».

Constatons sans tarder qu'on revient ici à la notion d'une société distincte des associés. La donation rectifiée a pour donataires les associés, mais elle ne s'arrête pas, purement et simplement, dans leurs biens individuels, elle s'en va grossir les biens de la société. Elle n'est pas libre entre les mains des associés, elle est affectée à l'usage social.

Telle est la réalité. C'est à l'usage social que le donateur la destinait, c'est lui qui y a droit.

Bien plus, c'est lui qui la reçoit dans son patrimoine, et, comme il est personnifié, c'est lui qui l'acquiert. Il est donataire des associés, si ceux-ci le sont du donateur.

Entrons, en effet, dans l'hypothèse. Soit un legs aux associés à charge d'apport à la société. Nous disons que les apports partiels faits par chacun des associés, en vertu de la charge testamentaire, constituent pour la société des acquisitions à titre gratuit. Cela est évident si l'on regarde la société comme une personne morale véritable puisque cette personne reçoit sans donner.

Mais on invoquera la fiction. On dira que derrière la société, ce sont les associés qu'il faut considérer ; que, par les actes d'apports, ceux-ci ne s'enrichissent pas, qu'il n'y a qu'une modification nominale dans leur patrimoine, les droits qu'ils se transmettent sous le voile de la société prenant la forme d'action ou d'intérêt ; que le titre de leurs droits a changé, non la valeur, qu'au surplus, les apports sociaux n'ont jamais passé pour des actes gratuits, cela par la raison très simple que chaque associé, en donnant des droits aux autres sur son apport, acquiert des droits correspondants sur les apports des autres.

Voici la réponse. Les apports constitutifs de la société, ou les apports statutaires fournis en supplément, sont à titre onéreux parce qu'ils émanent de la convention de société par laquelle chacun s'engage en considération d'engagements réciproques, et où tous les apports se servent ainsi mutuellement de cause. Autre est la situation présente ; aucun lien de droit n'unit les apports les uns aux autres ; les uns pourraient manquer sans que les autres cessassent d'être dus. La raison en est qu'il n'y a pas de convention à cet égard liant les associés les uns vis-à-vis des autres ; ils tiennent l'obligation d'apporter directement du testament ; cette obligation n'est pas subordonnée à l'exécution des obligations analogues. D'où il suit que l'apport de chaque associé légataire est gratuit, bien que nécessaire. La société, ou, si l'on veut, les associés n'ont pas de droit sur cet apport, les biens qui y sont compris ne font partie du patrimoine social que par l'effet de l'apport réalisé, c'est-à-dire qu'en vertu de l'acte juridique accompli ; la transmission qui s'accomplit alors est bien gratuite, puisque l'acquéreur n'y avait pas droit et qu'il ne transmet rien en échange ; il n'y avait pas droit, puisqu'il n'avait pas d'action pour l'exiger. La preuve, disons-nous, que la société n'y avait pas droit, non plus que les associés, c'est qu'ils n'ont aucune action pour réclamer l'exécution de l'apport. En cas d'inexécution de la charge, les *héritiers* (ou ayants cause) seuls du testateur, et leurs créanciers, ont une action à faire valoir tendant à l'annulation du legs (art. 1046 et 954).

Donc tous les apports partiels sont des actes de libéralité faits à la société par chacun de ses membres. Par un circuit, nous revenons au même point. En réalité on permet de faire indirectement ce qu'on défend de faire directement ; en vain la donation change de nom et se fractionne ; en vain les donateurs se multiplient ; c'est toujours la société qui est gratifiée. Le système est, ici, manifestement en défaut.

Nous ferons au raisonnement un autre reproche. Il admet la validité des donations à la société par l'intermédiaire des associés. Or si la société est incapable, les associés sont des personnes interposées pour faire parvenir à un incapable le bénéfice d'une libéralité. Alors la disposition est nulle (art. 911). Au contraire, la donation à une société cachant une donation aux associés, serait valable ; car si la société n'est que personne interposée, qu'importe son incapacité pourvu que les véritables donataires soient capables ? D'où il suit que, logiquement, c'est la donation à la société qui serait validée, et la donation aux associés à charge d'apport qui serait annulée.

Toute cette doctrine manque donc d'harmonie ; cela ne saurait surprendre, car la contradiction est à la base du système ; elle vient de ce que la personnalité est niée tout en étant admise. On dit bien que les sociétés sont des personnes (1), mais on ajoute que, pour elles, la personnification n'est rien. Or ces deux idées ne s'accordent pas. C'est pourquoi la solution n'est point exacte.

____

(1) Cela n'est pas contestable. M. Van den Heuvel *(De la situation légale des associations sans but lucratif en France et en Belgique)*, a prétendu que les sociétés ne sont jamais des personnes ; mais cela est contraire à l'opinion formellement exprimée par le législateur (Locré, VIII, p. 3 7, 44, 66), et aussi, croyons-nous, à la réalité des faits juridiques. V. MM. Lyon-Caen et Renault, *loc. cit.*, nos 123 et 124.

CHAPITRE II

OBJECTIONS TIRÉES DE LA NATURE GÉNÉRALE DE LA PERSON-
NALITÉ CIVILE.

Les caractères particuliers de la personnalité civile des
sociétés, soit qu'on les étudie en eux-mêmes, soit qu'on
les compare à ceux de la personnalité des établissements
et corporations autorisés, ne fournissent, ainsi qu'il vient
d'être démontré, aucun argument valable contre la capacité
des sociétés d'acquérir par donation ou testament.

D'une part, en effet, les sociétés méritent parfois d'attirer la bienveillance; d'autre part, leur nature même explique qu'elles jouissent, en ce qui concerne l'acceptation
des dons et legs, d'une liberté qui n'est pas accordée aux
personnes morales publiques; enfin, l'analyse si ingénieuse
qui a été faite de ce que vaut pour elles la personnification, n'empêche point qu'elles ne soient des personnes et
qu'en cette qualité elles ne réclament la capacité de droit
reconnue par l'article 902 du Code civil.

Pour l'obtenir, il leur faut triompher d'un autre argument, argument général qui s'applique à la personnalité
civile elle-même, et qui intéresse toutes les personnes civiles. L'opposition se fait ici entre les individus et les
êtres abstraits, et elle se résume en ces mots : « Il n'y a
de personnes ayant par elles-mêmes des droits et des

obligations, que les particuliers ou individus réels (1) ».

Alors, qu'importe que les sociétés soient qualifiées des personnes ! Qu'importe qu'aucun texte ne leur dénie la capacité ! Un texte était inutile à leur égard, car leur incapacité provient d'un vice originel. Les personnes morales naissent incomplètes ; elles n'ont pas tous les organes de la vie juridique, mais quelques-uns seulement. Ce sont des êtres artificiels, dont l'existence n'a pas une valeur absolue, mais relative à une utilité pour laquelle ils sont créés, et ils n'ont d'aptitude que pour cette utilité ou fonction. Leur activité est essentiellement spécialisée à certains emplois. C'est donc à tort qu'ils prétendraient à une capacité générale. Ils n'ont pas de droits par eux-mêmes ; ils n'ont que les droits qui leur sont attribués expressément, ou qui leur sont strictement nécessaires.

Or, la capacité de recevoir n'a pas été accordée aux sociétés ; elle n'est pas nécessaire à leurs fins. Donc, les sociétés sont incapables d'acquérir à titre gratuit.

Le raisonnement repose sur ce qu'on appelle *le principe de la spécialité de fonction* des personnes morales, principe qui, dans le sens à lui attribué ici, serait mieux dénommé *principe de la spécialité de la personnalité morale.*

Les deux expressions n'ont point la même signification ; par malheur on les confond parfois, et l'on parle indifféremment de fonction ou de personnalité spécialisée. De là sort une certaine confusion, très préjudiciable à une saine appréciation des faits juridiques ; la vérité et l'erreur se trouvent mêlées.

Nous voudrions essayer de les dégager l'une de l'autre.

(1) M. Béquet, *Établissements publics et d'utilité publique.*

Le principe de spécialité, en lui-même, est juste ; mais on en déduit des conséquences qui n'y sont peut-être pas renfermées. Au point de vue de la capacité des sociétés, il n'apporte pas d'argument probant.

Si la règle de la spécialisation des fonctions des personnes morales est exacte, il n'en résulte peut-être pas que la personnalité soit limitée et la capacité restreinte. C'est ce que nous essaierons de démontrer. La confusion est sans doute plutôt dans les mots que dans les idées. Si nous réussissons à exposer clairement les différences que comportent ces expressions : *spécialité de fonction*, *spécialité de capacité*, nous avons l'espoir de tomber d'accord avec nos contradicteurs.

Il importe de bien établir, d'abord, ce qu'est le principe de la spécialité de fonction, et quelle est sa portée ; nous chercherons si la spécialité de capacité en découle ; nous verrons qu'en tout cas il est sans application aux libéralités *pures et simples* qui seraient faites aux sociétés. Dans la seconde section, mettant à part la spécialité de fonction, on examinera si, en l'hypothèse d'une libéralité pure et simple, il y a lieu d'invoquer une spécialité de capacité en vertu de laquelle les personnes morales n'auraient, *a priori*, aucun droit. Une troisième section sera consacrée à l'étude des libéralités avec charges et sous affectation spéciale.

SECTION Ire. — Du principe de spécialité. — Distinction de la spécialité de fonction et de la spécialité de capacité.

Le principe de spécialité n'est point formulé par la loi. C'est la jurisprudence qui l'a consacré.

Il est né des besoins de la pratique administrative, obligée de maintenir l'ordre entre les diverses personnes morales. A mesure que les établissements publics et d'utilité publique devinrent plus nombreux, la nécessité apparut davantage de les renfermer chacun dans ses attributions, sans permettre les empiètements d'aucun sur les fonctions des autres. Chaque établissement, en effet, étant investi d'une mission propre, pour laquelle il est institué, est pourvu d'une organisation spéciale, combinée de manière à assurer la meilleure exécution du service qui lui est confié ; il comporte un ensemble de règles ou statuts qui convergent vers sa fonction ; il a pour cette fonction une aptitude particulière. Tout autre établissement s'en acquitterait moins bien. Il convient d'éviter une inutile dispersion de forces dont l'accord harmonieux intéresse au plus haut point la prospérité de l'État.

Au résumé, chaque personne morale doit demeurer dans la sphère d'action qui lui est assignée ; ainsi le veut une bonne organisation administrative.

La règle de spécialité n'est donc, ainsi que le dit M. Taine (1), qu'une application du principe de la division du travail. En cette simplicité de forme, la règle défie toute controverse ; elle n'est que l'énoncé d'un fait, à savoir que l'ordre public exige que l'activité des personnes morales soit spécialisée. La règle se suffit à elle-même, car elle comporte sa sanction, attendu que rien ne

____

(1) TAINE, *Revue des Deux-Mondes*, 15 janvier et 1er février 1888 : « Établi par Adam Smith pour les machines et les ouvriers, appliqué par Milne-Edwards aux organes de la vie animale, ce principe a été étendu par SPENCER, *Principes de Sociologie*, et par MACAULAY, dans ses *Essais*, aux associations humaines », p. 256 et s.

saurait prévaloir contre l'ordre public. Toute clause qui tendrait à faire sortir la personne morale de sa fonction, serait nulle.

Mais on a voulu justifier le principe par d'autres raisons que celles de l'ordre public ; on a cherché dans la constitution même des personnes civiles, des motifs de limiter leurs opérations. Ces explications apparaissent déjà dans les avis donnés par le Conseil d'État en 1837, les premiers qui aient proclamé le principe de spécialité. Ces avis considèrent que « les établissements publics n'ont été reconnus en cette qualité et autorisés à posséder et recevoir que dans l'intérêt de leur fonction et dans les limites des services qui leur sont confiés par les lois et décrets ; que, hors ces limites, ils ne peuvent invoquer leur qualité pour recevoir, par exemple, des donations dont l'affectation ne se rapporterait pas à leur objet. » (Avis du 12 avril 1837, cité en note dans Dalloz, 1873, III, p. 98).

Ces termes, encore vagues, ont reçu depuis plus de précision. Voici le raisonnement en son entier :

En vertu de la personnalité dont ils sont revêtus, les établissements sont habilités à contracter et posséder. Mais cette personnalité, qui leur est nécessaire pour accomplir leur fonction, ne les rend pas aptes à agir librement ; leurs actes, au contraire, ne sont valables qu'autant qu'ils se rapportent directement à leur fonction ; ils sont impuissants à contracter et posséder hors de leur compétence spéciale : leur personnalité, à la différence de la personnalité des individus, est essentiellement restreinte : « Ce sont moins des personnes, dit M. Laurent, que des institutions chargées d'un certain service, autorisées à exercer certaines fonctions, qui n'ont pas d'existence en dehors de leur mission, qui doivent restreindre leur action dans le cercle que cette mission leur trace ; elles n'ont de droits que juste ce qu'il en faut pour atteindre le but qui leur est assigné : elles n'ont que des droits vinculés, c'est-à-dire limités par une affectation exclusive » (1). Un autre auteur précise davantage quand il écrit : « L'être humain doit être pourvu d'une capacité absolue, nécessaire pour tous les actes de sa vie civile; pour lui, la capacité sera donc la règle, l'incapacité, l'exception. Mais il n'en est pas de même des êtres métaphysiques, dont l'existence factice est circonscrite par l'acte même de leur institution, et dont l'action ne doit pas s'étendre au-delà de l'objet précis fixé par leurs statuts. Dans cette sphère bornée, ils ont la capacité contractuelle ; en dehors, non » (2). Voici enfin la dernière expression de cette doctrine : « Les établissements publics ne sont investis de la personnalité civile qu'en vue de l'accomplissement de leur fonction déterminée par la loi. *Leur capacité civile est soumise, comme leur fonction, à cette règle de la spécialité.* Il en est ainsi parce que, la fonction étant la raison d'être de la capacité juridique, cette dernière manque de base légale lorsqu'une libéralité est faite à l'établissement dans un but autre que celui pour lequel il a été créé et doté de la personnalité civile » (3).

---

(1) *Principes de droit civil,* t. I, n° 287. — Cpr, *eod. loco,* n°s 291, 301, 303, 305.

(2) M. VAVASSEUR, *Des Sociétés civiles et commerciales.*

(3) M. DUCROCQ, *De la personnalité civile en France du St-Siège et des autres puissances étrangères,* brochure, 1894, p. 21. — Comparer M. PRÉBOURG, *De quelques questions sur les personnes civiles* (1876), p. 30, 34, 43. — M. BEUDANT, note dans SIREY, 79, II, 337. — M. BÉQUET, *loc. cit.* — M. SAINCTELETTE, *Revue critique,* 1885, p. 239. — Voir au surplus l'ouvrage cité de M. Van den Heuvel et les renvois y contenus.

Ainsi, la spécialité de la fonction aurait pour conséquence une spécialité de la capacité.

Sans critiquer, pour le moment, cette formule, nous ferons observer qu'elle ne conduit pas nécessairement à refuser aux sociétés la capacité de recevoir. En effet, elle ne conclut à la nullité de la disposition, qu'au cas où celle-ci est telle que, en l'exécutant, la personne morale sortirait de sa fonction; or, cela ne s'entend évidemment que d'une libéralité affectée d'une modalité. Mais si la libéralité est pure et simple, on ne peut dire qu'en l'acceptant la personne morale s'écarte de ses attributions; la libéralité entre au contraire dans les vues de l'autorité qui a créé la personne, puisqu'elle vient faciliter à cette personne l'accomplissement même de sa fonction. Donc, nous serions encore fondé à revendiquer pour les sociétés au moins le droit de recevoir des libéralités pures et simples.

Si l'on conteste cette solution, ce ne saurait être au nom du principe de la spécialité de fonction, puisque, par hypothèse, ce principe est respecté. Il faudrait faire intervenir une autre idée, aller jusqu'au bout du système de la personnalité restreinte, et dire que les personnes morales n'ont pas une capacité pleine et entière, même pour accomplir leur objet. Autre chose, en effet, est d'affirmer que la personne morale ne peut déployer son activité que pour obtenir tel résultat prévu et réglé par son acte d'institution; autre chose, d'affirmer que, tout en conformant ses vues à son objet, il est des manières d'y atteindre qui lui sont interdites; autre chose est d'exprimer que les *opérations* de la personne morale seront limitées, ou de prétendre que les *procédés juridiques*, pour ses opérations propres, ne lui seront pas tous accessibles.

Dans un cas, on spécialise la fin, dans l'autre, les moyens (1).

Accepter une libéralité, ce n'est qu'un mode d'acquérir ; c'est une manière, pour la personne civile, de se procurer des biens. Il est difficile de soutenir que, par cet acte juridique, la personne sorte de ses attributions, dépasse son objet.

Cela n'a jamais fait doute pour les établissements publics ou d'utilité publique. Le principe de spécialité n'a jamais été invoqué contre eux qu'à propos des libéralités avec charge. Si, pour les sociétés, il doit intervenir même à propos des libéralités pures et simples, c'est qu'il n'a plus le même sens.

En effet, l'idée de spécialité est ici conduite à son terme extrême. Au début il s'agissait de reconnaître que le bon ordre exige une spécialisation des fonctions entre les personnes morales. Puis on a parlé d'une limitation de la personnalité civile par la fonction ou l'objet de chaque être moral. Enfin on aboutit à spécialiser la personnalité par elle-même et à déclarer que la capacité des personnes civiles est exceptionnelle.

Ces différentes propositions sont parfois confondues. Ainsi M. Camberlin écrit que l'existence de la société « est purement fictive, et limitée à l'objet de la société », et que « c'est pour ce motif qu'elle ne peut recueillir aucune libéralité ». (*La Loi*, 8 mai 1881). Or, comment com-

---

(1) M. Piébourg, *De quelques questions sur les personnes civiles*, p. 30 : « Autre chose est de bien spécifier le but et le résultat qu'il est permis ou ordonné à l'être moral de poursuivre et de réaliser ; autre chose est de déterminer la mesure et la quantité des droits qu'il pourra invoquer dans le domaine assigné à son fonctionnement ».

prendre que le fait de recevoir se rapporte ou ne se rapporte pas à l'objet de la société ? Et si le disposant déclare précisément vouloir favoriser cet objet, comment dire qu'en acceptant le don ou le legs, la société s'écartera dudit objet ? Il apparaît clairement qu'ici il n'est plus question de maintenir la société dans sa sphère d'action particulière ; il s'agit, dans l'intérieur même de cette sphère d'action, de limiter ses mouvements, de restreindre les droits dont elle pourra user pour ses affaires.

En réalité, les adversaires de la capacité pensent que la personnalité n'a pas été donnée aux sociétés pour recevoir, et que, par conséquent, elles seraient mal fondées à s'en prévaloir à cet effet. Il y aurait lieu, pour déterminer la somme des droits qui compètent à chaque personne civile, de rechercher quels sont les motifs pour lesquels la personnalité lui a été attribuée. Ces motifs, qui seuls expliquent et justifient la faveur accordée, donneraient en même temps la mesure de cette faveur.

En conséquence, les personnes civiles n'auraient d'autres droits que ceux résultant de textes formels, ou ceux qui leur sont reconnus par leur acte d'institution. Si le pouvoir qui a créé la personne civile n'a pas statué sur sa capacité, cette personne ne pourrait prétendre qu'aux droits qui lui sont strictement nécessaires pour remplir son objet, car pour ceux-là seulement elle serait admise à soutenir qu'elle a reçu une investiture tacite.

Ce système est celui de la spécialité de capacité ; il conteste l'aptitude de l'être moral à figurer dans tel ou tel contrat, en considérant ce contrat en lui-même, et sans se préoccuper de savoir s'il renferme ou non une clause tendant à écarter la personne civile de son objet. Il s'attaque à l'acte juridique seul, non à l'opération dont il fait

partie ; il vise le mode d'acquérir des droits sans s'inquiéter de l'emploi qui en serait fait. Le système de spécialité
de fonctions est moins étendu : il ne sépare pas l'acte d'acquisition de l'emploi à faire des choses à acquérir ; il ne
dénie pas l'aptitude à passer tel acte juridique pris en soi,
mais il prétend que cette aptitude cesse en certains cas, en
raison de l'usage qui en serait fait.

Selon ce dernier système, les sociétés pourraient recevoir par donation ou testament, à condition qu'il ne se
trouvât pas dans la disposition une clause contraire à l'objet de la société. Selon le premier système, les sociétés
seraient incapables de recueillir même les libéralités pures
et simples.

SECTION II. — **De la prétendue spécialité de capacité.**

« Les personnes morales, dit M. Lyon-Caen, ont, en
principe, la même capacité que les personnes physiques.
Elles ne sont privées que des droits qui leur sont refusés
par la loi (1). »

Beaucoup d'auteurs, au contraire, pensent qu'il est
inexact d'assimiler, au point de vue de la capacité civile,
les deux sortes d'êtres juridiques. Les hommes seuls auraient naturellement des droits ; ces personnes, en effet,
ne sont pas créées par la loi, et existent indépendamment
d'elle ; elle ne peut que les reconnaître et les protéger.

______

(1) *La Loi*, 27 avril 1881. — Cpr. MM. Lyon-Caen et Renault,
op. cit., tome II, n° 119. — Aubry et Rau, tome II, p. 179 (4ᵉ édit.).
— Prébourg, *loc. cit.*, etc.

Nous ne tenons pas nos droits de la loi, à la différence des personnes fictives qui sont instituées par la loi et pour nous. Aussi l'universalité de capacité proclamée par les articles 1123, 902 et autres du Code civil, ne s'appliquerait-elle qu'aux personnes physiques, chez qui elle n'est que la consécration d'une aptitude naturelle. Pour les personnes abstraites, il faudrait dire, à l'opposé, qu'elles n'ont de capacité que par exception (2).

Nous adoptons le premier système. Il a pour lui des arguments juridiques qui semblent irréfutables ; il nous paraît, de plus, se faire de la personnalité une idée plus simple et plus exacte, en n'admettant point qu'il y aît des degrés dans l'aptitude à être sujet de droits.

L'étude des textes, complétée par celle des travaux préparatoires, ne permet pas de douter que le législateur n'aît toujours admis que la personnalité civile conférait une pleine capacité. La controverse a été soulevée à propos des personnes morales publiques ; on l'a étendue de puis, par contre-coup, aux sociétés. Il nous faut prendre la discussion à son origine, et telle qu'elle se présente : il sera donc question, en cette section, des personnes morales publiques, plutôt que des sociétés ; mais la démonstration faite à l'égard des premières, aura toute son efficacité à l'égard des secondes ; aussi bien, est-ce toujours de la personnalité civile qu'il s'agit, de ses effets, de sa valeur.

L'ancien droit, pas plus que le droit actuel (3), n'avait de théorie générale touchant les personnes civiles ; les

(2) Voir MM. Labbé, Béquet, Camberlin, Ducrocq, Cassagnade, *loc. cit.*, etc.

(3) V. M. Beudant, note dans Dalloz, 1879, I, p. 1.

corps et communautés occupaient cependant une place importante dans la vie juridique et sociale. Domat formula quelques règles qui leur furent appliquées ensuite d'un commun accord : « Les communautés légitimement établies, disait-il (4), tiennent lieu de personnes. De là il suit qu'elles peuvent posséder des biens,... qu'elles sont capables de legs et de donations,... en un mot, elles ont le droit de faire tout ce qui est permis à chaque particulier ». Pothier, dans son Traité des personnes, titre VII, émet la même idée : « Les corps et communautés établis suivant les lois du royaume sont considérés dans l'Etat, comme tenant lieu de personnes : *Veluti personam sustinent* (1) ; car ces corps peuvent, à l'instar des personnes, aliéner, acquérir, posséder des biens, plaider, contracter, s'obliger, obliger les autres envers eux. »

(4) Domat, *Du Droit public*, livre I, titre XV, sect. 2, § 2 et suiv., reproduit dans l'*Encyclopédie* au mot *Corps et Communauté*. « Et comme chaque particulier exerce ses droits, traite ses affaires et agit en justice, il en est de même des communautés ». Les corps et communautés, disait encore Ferrière (*Dictionn. de droit et de pratique*, tome I, p. 444), tiennent lieu de personnes, peuvent posséder des biens, et sont capables de donations, de legs et de successions testamentaires. Ainsi ceux qui ont le pouvoir de disposer de leurs biens peuvent instituer ces corps héritiers, si quelque loi n'en dispose autrement. Mais il faut remarquer : 1º qu'il y a quelques communautés qui sont incapables de successions, comme celles des religieux mendiants ; 2° que les communautés ne peuvent acquérir ni posséder des héritages dans ce royaume sans lettres d'amortissement ».

(1) Le droit romain, en son dernier état, reconnaissait aux personnes morales une pleine capacité et les assimilait aux personnes naturelles, loi 22, *De fidejuss*, Dig. XLVI. Voir Accarias, *Précis de droit romain*, nº 34. — Van Wetter, *Cours de droit romain*, tome I, p. 106. — Vangerow, *Lehrb der Pandect.*, I, p. 94. — Savigny, *System*, II, § 85, etc.

La Révolution, ennemie de toutes corporations (1), n'en parle que pour les abolir et les prohiber.

Dans son troisième projet de Code civil, art. 407, Cambacérès, encore imbu de l'esprit révolutionnaire, proposa la rédaction suivante : « Les communes (2) ne peuvent acquérir ni aliéner qu'avec l'autorisation du corps législatif. »

Le projet Jacqueminot portait au contraire (art. 33 du titre projeté des Donations) : « Les donations faites au profit d'hospices, des pauvres d'une commune, ou d'établissements d'utilité publique, sont acceptées par les administrateurs des dites communes ou établissements ».

Cet article n'a manifestement pour objet que de dire qui aura qualité pour formuler l'acceptation au nom des gratifiés ; la capacité des personnes civiles s'y trouve, de fait, impliquée.

Le projet de la commission du gouvernement reproduisait cette rédaction.

Enfin, sur l'observation de Bigot de Préameneu, on considère que le contrôle du gouvernement serait nécessaire, *afin d'éviter les excès de cette capacité générale* : « Il faut, dit Bigot de Préameneu, que le gouvernement autorise ces libéralités, car elles sont sujettes à des règles dont il doit

---

(1) Le droit ne connaissait alors que les personnes morales associations (ce que les Allemands appellent *Körpershaften*), et n'avait point l'idée des personnes morales fondations *(Stiftungen)* ; ces dernières, en effet, étaient les services des divers corps ou communautés,

(2) Qui étaient alors, avec les bureaux de bienfaisance et les hôpitaux, les seules personnes morales admises. Voir Béquet, *Les établissements publics et d'utilité publique*, brochure in-8°, 1881, pages 10, 11, etc.

maintenir l'exécution. Il doit connaître la nature et la quantité des biens qu'il met ainsi hors du commerce ; il doit même empêcher qu'il y ait dans ces dispositions un excès condamnable (1) ». Il proclame donc la nécessité de l'autorisation gouvernementale, guidée par les règles d'une sage et prévoyante administration. Mais il ne manque point de reconnaître la capacité des Etablissements : « On ne met pas, dit-il, au nombre des incapables, les hospices, les pauvres d'une commune, et les Etablissements d'utilité publique. Mais il faut que le gouvernement autorise ces libéralités ». Donc, l'autorisation ne relève pas les établissements d'une incapacité naturelle, mais c'est l'incapacité de droit qui est assujettie en fait à l'autorisation.

Or l'article 937 Code civil (sic 910) est la reproduction exacte du texte Jacqueminot amendé par Bigot de Préameneu : « Les donations faites au profit d'hospices, des pauvres d'une commune ou d'Établissements d'utilité publique, seront acceptées par les administrateurs de ces communes ou établissements, après y avoir été dûment autorisés ».

L'identité de la reproduction est manifeste. Qu'en conclure, sinon que le législateur a pleinement adopté les idées de Bigot de Préameneu se résumant en ces deux termes : capacité sauf autorisation.

C'était l'application immédiate de l'article 902.

Ainsi l'histoire de la rédaction des articles 910 et 937, de même que leur texte pris en soi, indique d'une façon certaine que le législateur reconnaissait aux êtres moraux

____

(1) Exposé des motifs, fait par M. Bigot de Préameneu, conseiller d'État et orateur du gouvernement, dans la séance du Corps législatif du 2 floréal an XI, p. 365.

une capacité générale quant à recevoir des dons et legs, tout en assurant aux droits légitimes de la société et des familles les garanties d'un contrôle gouvernemental.

Beaucoup d'autres textes statuent sur les droits qui appartiennent aux personnes morales. Tous supposent une capacité générale qu'ils viennent expressément restreindre ou règlementer. Citons notamment l'article 537 Code civil (à rapprocher de l'article 544) qui dispose que l'administration et l'aliénation des biens « qui n'appartiennent pas à des particuliers » sont soumises à des formes et des règles spéciales. Cela suppose admis que les personnes « qui ne sont pas des particuliers » sont capables d'être propriétaires et de posséder. La question n'est même pas posée par le législateur, pour qui elle ne fait pas doute.

De même l'article 619 Code civil ne peut s'expliquer si on n'y voit une restriction apportée à l'existence d'un droit implicitement reconnu (1).

Les articles 1712, 2045, 2227, 2121, 2153 sont conçus dans le même esprit. Le rapprochement de l'article 463 des articles 910 et 937 confirme encore notre système.

Dans les lois postérieures au Code, citons :

1° L'art. 4 de la loi du 24 mai 1825, selon lequel les congrégations religieuses de femmes ne peuvent recevoir qu'à titre particulier ;

2° Les sociétés de secours mutuels, lorsqu'elles ne sont autorisées que par le Préfet, ne peuvent recevoir que des meubles (Loi du 15 juillet 1850 et décret-loi du 26 mars 1852);

---

(1) « Art. 619 : L'usufruit qui n'est pas accordé à des particuliers, ne dure que 30 ans ».

3º Les syndicats professionnels (art. 6, loi du 21 mars 1884) ne peuvent posséder que les immeubles nécessaires aux réunions, bibliothèques et cours (l'article 8 suppose l'aptitude générale de ces syndicats à recevoir à titre gratuit);

4º Les Petites Sœurs des pauvres ne peuvent posséder d'immeubles que ceux affectés à l'entretien de leur logement; restriction aussi pour les rentes.

On serait tenté d'ajouter l'ordonnance du 14 janvier 1831, art. 4, concernant les donations avec réserve d'usufruit. Mais cette ordonnance édicte moins une incapacité qu'une règle s'imposant désormais à l'autorité administrative (sic circulaire 1863).

Tous ces textes supposent une capacité de droit absolue, une identique aptitude de toutes les personnes juridiques. Ce système, le législateur l'avait trouvé dans l'ancien droit. *Personnæ vice fungitur municipium et decuria*, disait Domat, citant une loi romaine. C'était la vieille formule, celle qu'avaient apprise les rédacteurs du Code et dont ils demeuraient imbus (1). Sans doute ils évitent de parler des corps et communautés, des personnes civiles; mais les motifs de cette réserve sont bien connus. Le législateur de 1804 était animé d'un esprit essentiellement conciliateur; il tenait d'ailleurs plus aux idées qu'aux mots. Or ce mot de « communautés » était fort impopulaire; plus impopulaires encore, les droits qu'avaient possédés ces communautés. Le Code craint de contredire directement les idées, même les erreurs de la Révolution; il ménage les susceptibilités. Voilà sans doute pourquoi il ne proclame pas la capacité des personnes morales. C'est dans

(1) V. M. Vauthier, *Étude sur les personnes*, p. 267.

le détail et d'une façon détournée qu'il a abordé la question, apportant dans des articles épars des restrictions à une théorie générale et sous-entendue, qu'il n'avait pas osé développer.

Il nous suffit qu'il soit impossible d'expliquer ces dispositions de détail autrement que par un principe général supposé admis.

Si l'on soutient, au contraire, que les personnes morales sont incapables en principe, nous demanderons quels textes ont été écrits pour les relever de leur incapacité prétendue. Il serait impossible de présenter un seul texte qui ait été voté en vue d'habiliter les personnes morales ; toutes les dispositions législatives qui ont trait à cette matière, ont pour but, non d'étendre les droits, mais de les restreindre.

Aucune ambiguité n'est admissible ici. Puisque l'on assure que c'est la capacité (et non, comme il est accoutumé, l'incapacité) qui est de droit étroit, il faut une injonction formelle du législateur pour l'accorder ; car les exceptions, dans un sens ou dans l'autre, ne sauraient se présumer. Or oserait-on affirmer que les articles déjà cités (et il n'en est pas d'autres que l'on puisse invoquer) expriment nettement une capacité exceptionnelle ? La dérogation qui y est renfermée est, nous venons de le voir, tout opposée.

Faute de pouvoir échapper à ce raisonnement, certains auteurs s'en prennent à la personnalité morale elle-même, et disent qu'elle n'existe pas. Ce serait une invention doctrinale, mais le législateur ne la connaîtrait point ; nulle part, selon M. Laurent, la loi n'emploie ces expressions de *personne morale* ; il n'y a, selon ce jurisconsulte, dans l'emploi de ces mots, rien autre chose qu'un abus de lan-

gage. Puisque ce ne sont pas des personnes, ces individualités vagues n'auraient pas de droits : « Dans la signification propre du mot, les corps et les établissements n'ont
pas de droits... Les prétendues personnes civiles n'ont que
des facultés, par assimilation et par fiction (1) ».

L'argument est en vérité fort simple ; mais s'il change
les mots, il faut avouer qu'il ne modifie point le fond des
choses. La notion de personnalité civile mérite-t-elle ces
critiques ? Nous ne le pensons point. En tout cas, il y a ici
une erreur de fait qu'il importe de rectifier.

Il n'est pas exact que le législateur ignore les personnes
civiles. Il a certainement eu l'idée d'individualités juridiques abstraites, distinctes des personnes physiques, et
ayant des droits par elles-mêmes.

Mais il connaît aussi l'expression *personne civile* ; il
l'a même employée. L'objection de M. Laurent tombe depuis que la loi du 5 avril 1884 a inscrit ces mots : *personnalité civile*, dans son article 111 (2).

(1) LAURENT, t. I, n° 300, p. 387. — Cpr. M. VAN DEN HEUVEL, *loc. cit.*

(2) Loi 5 avril 1884, art. 111, in medio : « Si la donation ou le legs
ont été faits à un hameau ou quartier d'une commune qui n'est pas
encore à l'état de section *ayant la personnalité civile....* etc. »;
Remarquons que ces expressions ont été introduites dans la loi sur la
proposition d'un savant jurisconsulte, M. le sénateur Batbie. Leur
adoption tire de l'époque où le législateur les emploie une signification
très précise.

Le Parlement venait de voter, après des débats longs et passionnés,
la loi sur les syndicats professionnels (21 mars 1884). Or la discussion,
commencée depuis 1881, avait roulé presque uniquement sur le point
de savoir si les syndicats seraient ou non admis à la personnalité
civile. A ce propos les orateurs s'attachèrent à définir la personnalité
civile. Or, tous l'envisagèrent comme conférant une pleine capacité ;
aucune protestation ne s'éleva ; aucun des jurisconsultes du Parle-

Il est donc, aux yeux de la loi, des corps, groupes, associations quelconques d'hommes ou d'intérêts, qui ont ou qui n'ont pas la personnalité civile; ainsi la personnalité est quelque chose en soi; et lorsqu'on dit qu'une abstraction est personnifiée, cela signifie qu'elle est assimilée, au point de vue juridique, aux personnes humaines, et que, comme elles, elle peut devenir le sujet de

ment ne fit même allusion à la théorie restrictive de MM. Laurent et Labbé.

Qu'en conclure, sinon que le Parlement adopta, sans même hésiter, la vieille et logique doctrine de Domat et de Pothier? Dès lors, quand, quinze jours plus tard, il inscrivait dans la loi du 5 avril 1884 l'expression de personnalité civile, ce fut avec le sens qu'il venait implicitement de lui reconnaître.

Deux orateurs avaient pris à la confection de la loi du 21 mars une part prépondérante. L'un, M. Trarieux, s'exprimait ainsi : « Qu'est-ce donc, messieurs, que la personnalité civile? C'est, vous le savez, la *constitution d'un être moral* qui a le droit d'acquérir, de posséder, de disposer d'une manière générale, de transiger, de compromettre, de jouir, en un mot, *de tous les droits civils que peut avoir dans notre Société, la personne majeure et reconnue par la loi.* »

L'autre, M. Waldeck-Rousseau, ministre de l'Intérieur, contredit formellement M. Laurent : « La personnalité civile, dit-il, est la fiction légale en vertu de laquelle une association est considérée comme constituant une personne distincte de la personne de ses membres, et en qui réside la propriété des biens de la Société. » Cpr. paroles du rapporteur à la Chambre, *Journal Off.*, Déb. parl. Ch., 1883, p. 780 (arg. du mot *enlever*). Voir la brochure de M. Jay : *De la personnalité civile des Syndicats professionnels*, 1888, Grenoble. — Une loi vient d'être promulguée ayant pour but « de conférer aux Musées la *personnalité civile.* » On trouverait d'ailleurs dans les travaux préparatoires du Code civil, sinon dans le texte, l'emploi des expressions *être moral, personne morale*, pour désigner les sociétés — V. Locré, VIII, p. 37, p. 44, p. 66. — Voir aussi la discussion du projet de loi sur les *Soc. de sec. mut.*, notamment au Sénat : *Journ. Off.*, Déb. parl., Sénat 1886, p. 791 et s., 835, etc.

toutes les manifestations du droit : « Pour les personnes morales, aussi bien que pour les personnes physiques, disent MM. Aubry et Rau, c'est la personnalité seule qui les rend aptes à devenir le sujet d'une libéralité (1). »

Lorsque le législateur revêt tel être abstrait de la personnalité, il ne fait rien autre chose que de lui donner le pouvoir de contracter, c'est-à-dire d'avoir une volonté juridique, volonté qui existe en soi et que la loi se borne à consacrer. Cela n'a rien d'étrange, ni de magique ; il ne s'agit pas de prétendre rivaliser avec Dieu, ni d'empiéter sur le domaine de la divinité : « On parle de personnes morales, s'écrie un auteur, oubliant que Dieu seul a le pouvoir de faire jaillir du néant les personnalités qu'il lui plaît de créer ! (2) » Il suffit de signaler la singularité de cette manière de voir.

Un dernier argument du système de la spécialité de capacité reste à examiner. Il n'est pas juste, dit-on, d'affirmer que dans cette théorie, les personnes civiles n'auraient point de droits, faute de textes spéciaux qui leur en accordent : elles auraient, au contraire, tous les droits qui leur sont nécessaires ; car le législateur, en les créant, leur a implicitement concédé toute la capacité dont elles ont besoin pour accomplir la mission qu'il leur confie. Mais cette concession tacite ne s'étend qu'aux droits qui sont strictement nécessaires à la personne.

Si l'on applique cette règle aux sociétés, on dit que le droit d'acquérir à titre gratuit ne leur est pas nécessaire pour atteindre leur but. La conclusion est qu'elles n'ont pas capacité de recevoir.

____

(1) 4e édit., t. VII, § 649, note 6. — 2, M. Van den Heuvel, *op. cit.*, p. 34.

L'idée maîtresse de cette doctrine consiste à soutenir que la personnalité n'a été donnée aux sociétés que pour faire des opérations à titre onéreux et parce qu'elle était indispensable à leur crédit. « Une société personnifiée, résultat d'un contrat à titre onéreux, n'existe que pour répondre au but mutuellement intéressé de ce contrat (1) ». Il ne faut pas outrepasser les desseins du législateur.

Cette conception ne paraît pas juridique. Elle explique pourquoi la personnalité est accordée aux sociétés, mais elle ne démontre pas clairement que cette personnalité, une fois obtenue, soit limitée. On ne voit pas par quelle raison on ne permettrait pas aux sociétés de passer les actes juridiques qui leur sont seulement utiles et point nécessaires. Ce serait, de la part du législateur, faire preuve d'une singulière mauvaise volonté.

Mais, les termes de la proposition sont, de plus, contradictoires. On dit à la fois que la capacité est générale et d'exception ; on dit qu'elle est générale puisqu'elle s'appliquerait à un ensemble d'actes juridiques que la loi n'a point précisés ; on dit aussi qu'elle est spéciale, puisqu'elle s'appliquerait seulement à quelques-uns des actes juridiques. Or, dans le silence de la loi, il ne peut y avoir qu'une capacité absolue, parce que toute limitation viendrait de l'interprète et constituerait de sa part un excès de pouvoir.

Si la loi qui crée la personne morale ne s'inquiète pas de sa capacité, c'est qu'elle la suppose. Toute notre argu-

____

(1) M. Labbé, *Revue critique*, 1882, p. 347. Cpr., dans Sirey, 81, II, p. 249 : « Toutes les opérations de la société sont essentiellement à titre onéreux, intéressées de part et d'autre. »

mentation précédente a prouvé qu'en effet la loi reconnaît aux personnes civiles une existence juridique en vertu de laquelle elles jouissent en principe de la même capacité générale que les personnes physiques (1).

Cette doctrine a l'avantage de soustraire toutes les questions de capacité aux controverses et aux caprices des interprètes. Le danger de l'arbitraire semble aussi grand lorsqu'il s'agit des personnes civiles que s'il s'agissait des personnes physiques. En écartant ce danger, nous nous conformons assurément au désir de la loi (2).

Et en définitive, quel est donc l'objet, ce fameux objet des sociétés qu'on nous oppose sans cesse ? N'est-ce pas de créer un patrimoine commun d'abord, de l'augmenter ensuite ? Ce qu'on appelle, techniquement, l'objet de la société, ce n'est que le genre de spéculation qu'elle se propose ; la fin véritable de toute société, c'est d'enrichir ses membres ; là est, en quelque sorte, sa fonction sociale. Or le meilleur procédé pour s'enrichir, n'est-ce pas, juri-

(1) « Toute personne, physique ou morale, jouit, à moins d'une disposition contraire de la loi, de la capacité de recevoir par donation ou testament. » MM. Aubry et Rau, *loc. cit.*

(2) « Il est fort arbitraire de distinguer, pour déterminer les actes qu'une société est ou non capable de faire, entre les actes qui lui sont nécessaires pour le but en vue duquel elle a été constituée et les autres. En admettant même que la distinction fût exacte en principe, elle ne conduirait pas d'une façon certaine à refuser aux sociétés la capacité de recevoir à titre gratuit. Il peut y avoir là pour elles un moyen légitime de se procurer les capitaux indispensables au but en vue duquel elles ont été constituées ». MM. Lyon-Caen et Renault, *op. cit.*, p. 84, n° 121.

diquement au moins, d'acquérir à titre gratuit? Donc, en recevant une donation ou un legs, la société, à tout prendre, ne s'écarte jamais de sa fin.

Il est évident qu'elle ne se fonde pas dans ce but : ce serait montrer trop de naïveté. Mais pourquoi, le cas échéant, ne saisirait-elle pas cette occasion de faire honneur à ses affaires, ou de les développer? Dira-t-on que la société ne peut se livrer à d'autres opérations que celles qui sont prévues dans ses statuts? qu'autrement la publication de ceux-ci ne serait plus qu'une formalité vaine? Mais la publication n'est qu'une condition de la validité de la société; ce n'est pas de la publication que la société tire sa capacité, mais de la personnification. Les mesures de publicité n'ont d'autre but que de prévenir les tiers de l'existence de la société, des garanties qu'elle offre, des pouvoirs qu'elle délègue à ses représentants. Comment d'ailleurs les tiers, c'est-à-dire, ici, les personnes qui ont affaire à la société, se plaindraient-ils de l'accomplissement d'un acte qui bonifie leur débiteur?

Il est impossible de s'attacher aux statuts pour déterminer le nombre et l'espèce des droits dont jouira la société. La capacité ne dépend pas des conventions (1).

Toute la controverse porte, au fond, sur la notion de personnalité. En soi, qu'est-ce donc que la personnalité? C'est l'aptitude à jouer un rôle juridique, à devenir le sujet des droits; c'est la faculté de donner un consentement juridique d'où résulte la qualité de propriétaire ou de créancier. Cette faculté ne comporte pas de degrés, car elle n'est qu'un fait; on l'a ou on ne l'a pas : une situation intermédiaire ne se conçoit point. On peut ou on ne peut pas manifester une volonté juridique, on ne

le peut pas plus ou moins. Voilà pourquoi la personnalité a la même valeur chez l'être abstrait dont la loi a
reconnu l'existence juridique, que chez l'homme dont la
personnalité s'imposait d'elle-même. En réalité, il n'y a
pas, au regard du droit, des personnes civiles et des personnes physiques, il n'y a que des personnes juridiques (1).

Le fondement de la personnalité, c'est la volonté,
volonté unitaire ou volonté collective (2). Ainsi l'a pensé
Leibnitz quand il écrivait : « *Persona est substantia ratio-
nalis, eaque vel naturalis, vel civilis : naturalis... homo;
persona civilis est collegium, quod, quia habet unam
voluntatem diagnoscibilem, ideo obligare et obligari
potest* (3). »

La personnification, c'est l'acte par lequel l'autorité
compétente, reconnaissant qu'une volonté nouvelle et
légitime s'est manifestée, la consacre et lui donne le
moyen d'agir. A notre sens, cela n'a rien de fictif.

Il est juste, cependant, de distinguer les personnes morales des personnes physiques. Cette distinction rend
compte de la différence d'origine des êtres juridiques, et
aussi de la diversité des rôles qu'ils ont à remplir ; mais
elle répond à des dissemblances de fait, non à des dissem-

_____

(1) « Der juristiche Personenbegriff erschopft sich in Villen, *und
die physichen Personen sind für das Recht nur juristiche Personen
mit einem physichen superfluum* ». Meurer, Der Begriff und eigenthumer der heiligen Sachen zugleich eine Revision der Lehre von
den juristichen Personen, p. 73.

(2) Quant aux personnes-fondations (Stiftungen), c'est encore la
volonté unique ou collective du fondateur qui est la base de la personnalité ; il s'agit toujours de respecter une volonté et de lui permettre
d'agir juridiquement.

(3) Leibnitz, *Nova Methodus*, partie II, § 16.

blances de droit. Car la personnalité ne varie pas avec les usages divers qu'en font les êtres qui en sont revêtus ; et elle est indépendante des motifs quelconques pour lesquels elle est attribuée. Etre doué de personnalité revient à exister juridiquement : il n'y a pas deux manières d'exister.

La personnalité n'est donc pas une qualité très vague, telle qu'on puisse s'en faire des conceptions multiples et indéfinies ; c'est une qualité objective des êtres, par quoi ceux-ci tombent sous le sens juridique, entrent dans le domaine du droit (1).

Ces principes sont parfois attaqués ; nous les croyons inébranlables.

La jurisprudence n'a jamais hésité à les appliquer. En ce qui concerne les sociétés particulièrement, les tribunaux, pour savoir si telle société peut prétendre exercer tel droit, se bornent à rechercher si elle est douée de personnalité ; en cas d'affirmative, ils la déclarent capable. Ils concluent toujours, et très simplement, de la personnalité à la capacité.

Ils admettent, ainsi, que les sociétés commerciales, même les sociétés anonymes, peuvent se porter caution, même caution judiciaire (Paris, 3 août 1867. — Dalloz, 1868, II, p. 11. — Paris, 10 mai 1875. — D. 75, II, 240). Il est reconnu également qu'elles peuvent être choisies et désignées comme arbitres. « Il n'est pas jusqu'aux droits

---

(1) « La capacité juridique, disent MM. Aubry et Rau, se confond avec la personnalité *(caput)*. Tout être capable de posséder des droits et d'être soumis à des obligations est une personne. Les personnes sont ou physiques ou morales, suivant que leur individualité est l'œuvre de la nature ou ne repose que sur une abstraction juridique ». 4e édit., t. II, p. 179.

dè famille, certains au moins, dont la jouissance ne puisse appartenir et n'appartienne en fait à des personnes civiles ; il en est parmi elles qui sont investies des fonctions de tutelle (Loi du 15 pluviôse an XIII, art. 1, 4, 5. — Loi 19 janv. 1811, art. 15. — Loi 10 janv. 1849, art. 3, etc..)» M. Beudant, note dans Dalloz, 1879, I, p. 5, sous Cassation 10 déc. 1878 ; ce dernier arrêt décide qu'une société peut s'associer soit avec un particulier, soit avec une autre société, même pour faire des opérations d'autre nature que les siennes : « Attendu, dit la Chambre des Requètes (arrêt 10 déc. 1878), qu'*aucun texte de loi, qu'aucun principe de droit* n'interdit aux sociétés en nom collectif existant déjà, d'entrer comme associées dans d'autres sociétés du même genre... » Toujours la jurisprudence applique l'article 1123. En notre matière, elle a déclaré les sociétés capables de recevoir par donation ou testament (Jugement du tribunal de la Seine du 30 mars 1881, Sirey, 1881, II, 249) (1). Citons encore un arrêt de la Cour de Paris (dans Dalloz, 1893, II, p. 513), lequel déclare que les personnes morales sont capables, comme les autres, de laisser une succession (2).

Telle est l'influence de cette idée qui s'impose lentement, à savoir qu'une volonté collective a la même valeur que la volonté individuelle, et a droit aux mêmes moyens de se développer et d'agir.

C'est en ce sens que s'orientent la doctrine et la législation allemandes. La notion de personnalité a été surtout élucidée en Allemagne. Toute fiction est écartée ; on y voit

(1) Voir, page 156, l'exposé de la Jurisprudence.

(2) Cpr. article 1759 du projet de Code civil allemand. *Bull. de Législ. comparée*, 1889, p. 137 (M. Bufnoir).

au contraire une réalité qui réside en l'ensemble des intérêts juridiques de la collectivité, et n'est que la concentration des volontés individuelles réunies en une volonté
unique. Gierke dit expressément que les personnes morales
ne sont pas des fictions, mais des réalités, attendu qu'elles
sont l'expression d'une volonté collective, mais unique, et
que la volonté est la base de la personnalité juridique ; et
Meurer écrit que « le sujet de droit n'est pas l'homme,
mais la volonté humaine (1) ».

Dans nulle autre personne civile, la volonté humaine ne
se manifeste avec plus de force que dans la société. Là,
toutes les volontés particulières s'unissent et se concen-
trent, afin d'en former une seule qui n'est peut-être l'expression adéquate d'aucune des volontés particulières,
mais qui est le résumé et la synthèse de toutes. Cela est
vrai surtout des sociétés commerciales ou à forme commerciale, dont l'individualité se détache si nettement de la
masse des personnes qui les composent. Leur énergie est

____

(1) « Rechts Subject ist nicht der Mensch, sondern der menschli-
che Wille. » *Loc. cit.* p. 127, note 1. L'exposé de ces doctrines se
trouve dans : BRINZ, PANDEKTEN, t. 1, § 60 et s. — DERNBURG, PAND.,
t. 1, § 59 et 66. — PERNICE, LABEO I, p. 254, 281. — KUNTZE,
Cursus des romischen Retchts, édit. 1879, p. 263 et s. — GIERKE,
Genossenschaftsrecht, t. III, p. 34, 104. — GIERKE, *Genossenschafts-
théorie*, p. 5, note 3. — BEKKER, PAND, édit. 1886, t. I, § 59. — SOHM,
Instit. des romischen R., édit. 1888, p. 98. — WINDSCHEID, PAND.,
§ 57, 59, *Projet de Code civil allemand*, partie générale, motifs, I,
§ 41, p. 78 et s. — PUFENDORF, *Le droit de la nature et des gens*,
l. I, chap. I, § 13. — Consulter l'ouvrage de M. SALEILLES, *L'obligation
d'après le projet de Code civil allemand*, p. 365 et s. Voir encore
M. SALEILLES, *Nouv. Revue histor.*, 1888 : « La personne morale
est de droit naturel ; elle n'a rien de fictif », p. 558. — Et la thèse de
M. GEOUFFRE DE LAPRADELLE sur les *Fondations*, Paris 1894, p. 432 et s.

formée de toutes les énergies particulières qui s'y viennent accumuler. Leur force est une résultante de forces individuelles ; elle a donc droit aux mêmes moyens d'action que celles-ci.

La capacité qui vient, en vertu des principes précédents, d'être reconnue aux sociétés, n'est-elle pas sans danger ? Cette capacité, à la différence de celle des personnes morales publiques, n'est tempérée par aucun contrôle gouvernemental. Certains auteurs s'en effraient. Quels sont, pourtant, les inconvénients d'une telle indépendance ?

L'on ne peut parler de la nécessité, pour les personnes morales privées, d'être protégées contre leurs propres entraînements. Les sociétés, comme les particuliers, font leurs affaires comme elles l'entendent. D'ailleurs, il n'est question, actuellement, que des libéralités pures et simples ; ces libéralités ne sauraient entraîner pour le donataire de fâcheuses conséquences.

Mais ce n'est pas l'intérêt de la société donataire qui préoccupe quelques auteurs, c'est l'intérêt de l'Etat et de la société.

Pour la sécurité des familles, on se préoccupe du danger des captations. Or ce danger est minime à l'égard des sociétés. La passion humanitaire ou religieuse, qui, parfois, domine si fort les testateurs et leur fait oublier leurs devoirs vis-à-vis de leurs parents, subit une sorte de déperdition ; car cette passion ne trouvera, à se montrer généreuse envers une société, qu'une satisfaction partielle, puisque le capital abandonné servira à enrichir des individus, les associés. Un entraînement exagéré n'est guère à redouter.

Reste le souci des intérêts de l'État. Sous ce rapport, l'autorisation est nécessaire à l'égard des personnes morales publiques : 1° afin d'éviter l'accumulation des biens de mainmorte ; 2° par une raison de souveraineté.

Quant aux biens de mainmorte, les dangers en sont bien connus : concentration excessive ; entraves à la circulation ; improductivité (1) ; limitation des pouvoirs des administrateurs, ce qui les empêche de tenter et d'accomplir des réformes ; enfin, zèle languissant des administrateurs, par défaut d'intérêt personnel (2).

Ces inconvénients croissent à mesure que les personnes morales, propriétaires des biens de mainmorte, s'éloignent des intérêts particuliers. Ils atteignent leur limite quand c'est l'Etat qui possède. Les établissements d'utilité publique se rapprochent des intérêts privés ; leurs biens sont déjà plus productifs ; ils sont aussi plus facilement échangeables ; d'ailleurs leur fortune immobilière est très réduite (3).

Mais peut-on parler de mainmorte s'il s'agit de biens appartenant à une société ? Ces biens ne sont-ils pas, au contraire, assurés d'une gestion habile, d'une productivité maxima ? Les pouvoirs des administrateurs sont grands ;

---

(1) On estime ce que rapportent les biens de mainmorte au tiers de la productivité normale moyenne.

(2) Par contre, ces biens constituent un fonds de réserve ; d'autre part les personnes morales ont une puissance d'action et une perpétuité de direction auxquelles ne sauraient prétendre les particuliers.

(3) V. loi du 21 mars 1884, sur les syndicats professionnels — « En principe, dit le Conseil d'État, les établissements publics ne peuvent être autorisés à conserver en nature les immeubles donnés ou légués (Avis du 13 juillet 1885, du 4 mai 1887). En conséquence le décret qui autorise ces établissements à accepter, doit, en même temps, prescrire la vente aux enchères publiques des immeubles légués et le placement du produit de la vente. »

ils en obtiennent au besoin l'extension. Les biens ne ris-
queront guère de s'immobiliser en leur possession ; les
sociétés les mettent en circulation avec moins de peine et
plus fréquemment que les particuliers ; elles ne sont pas
retenues, pour vendre les immeubles, par des souvenirs,
ni par des considérations de situations sociale ou politique
à garder.

Finalement, ces biens sont destinés à être un jour par-
tagés entre les associés.

On n'invoquerait pas sérieusement, non plus, que la souveraineté de l'Etat soit mise en péril par l'éventualité d'un
accroissement exagéré de personnes morales trop puissantes, alors que nous voyons tant de sociétés commerciales ou civiles accumuler des richesses et prendre des
développements énormes, par l'effort individuel et le jeu
des forces économiques, sans que nul songe à s'en alarmer
ni que l'Etat se sente menacé.

L'autorisation gouvernementale n'aurait donc aucune
raison de s'imposer aux libéralités faites aux sociétés, du
moins aux libéralités pures et simples ; elle y serait très
superflue et funeste à la prospérité de ces sociétés en même
temps qu'au prestige de l'Etat.

Et, en toute sécurité, nous pouvons conclure que les
sociétés sont capables de recevoir par donation ou testament (1).

____

(1) Dans le sens de la capacité, MM. LYON-CAEN et RENAULT, *Traité
de Droit commercial*, tome II (sociétés), nº 118 et s., p. 82. — M. LYON-
CAEN, journal *La Loi* du 27 avril 1881 ; cpr. *Situation légale des
sociétés étrangères en France*. — MM. AUBRY et RAU, tome I, § 54,
p. 191. — M. VAVASSEUR, *La Loi* du 13 janvier 1882, et *Traité des
Sociétés civiles et commerciales*, nº 27 et suiv. — M. PIÉBOURG, *De*

Le principe étant acquis, il nous reste à examiner s'il subsiste intégralement au cas où la libéralité serait grevée d'une charge.

SECTION III. — **De la spécialité de fonction.**

Les libéralités adressées aux personnes morales sont rarement pures et simples. Le disposant aime à les entourer de clauses précises en lesquelles s'affirme et se distingue sa pensée. La charité a ses caprices, la bienfaisance a ses idées. Un don ou un legs impersonnel, c'est, souvent, la réalisation de plans longuement étudiés, de méditations chèrement caressées ; c'est la satisfaction de mille combinaisons, petites ou grandes ; c'est l'expression de quelque rêve. Or chacun a ses façons de méditer, de combiner ; les rêves ont bien des formes, fugitives et nuancées. Ces combinaisons et ces nuances sont les dispositions accessoires à la principale, la donation. Le donateur ne se contente pas de donner, il règle l'exécution de sa

<hr>

quelques questions relatives aux personnes civiles, p. 33, 34. — M. TROPLONG, *Des Donat. et Testam.*, tome II, n° 680, *in fine*, p. 271, et M. BEUDANT, qui cite Troplong sans le contredire (Dall., 79, II, 229), sic à son cours. — M. JAY, *De la personnalité civile des syndicats professionnels.* — M. SAUZET, *La capacité de recevoir à titre gratuit des personnes morales*, thèse, Paris, 1877, p. 211. Voir cependant du même auteur, *La personnalité civile des syndicats professionnels*, dans la *Revue critique*, 1888. — STEMLER, thèse, Paris, 1887, p. 257. — *Contrà*, M. LABBÉ, *La Loi* du 27 août 1881. — M. CAMBERLIN, *La Loi* du 8 mai 1881. — CASSAGNADE, *Etude sur les personnes morales*, etc., p. 130 et suiv.

donation : organisation d'un contrôle, désignation du personnel, choix de directeurs, de répartiteurs, emploi des sommes données, affectation à tel usage spécial, etc., telles sont les clauses usuelles accessoires à ces libéralités.

En elles-mêmes, il se peut que ces clauses soient très morales et très sages. En droit, que valent-elles? Le fait que la libéralité n'est pas pure et simple va-t-il modifier la capacité générale d'acquérir à titre gratuit que nous avons reconnue aux personnes morales, et en particulier aux sociétés?

Au premier abord, on est tenté de faire à cette question une réponse unique, basée sur des principes bien connus : l'ensemble de la disposition comprend une libéralité affectée d'une ou plusieurs conditions. Par application de l'article 900, il y aura lieu d'annuler celles de ces conditions qui seraient illicites. La libéralité subsistera seule, libre de ces conditions illicites, entre les mains du donataire, à moins que, le cas échéant, on ne fasse intervenir la théorie jurisprudentielle de la cause impulsive, en vertu de laquelle le tout serait annulé.

Tel est, en effet, le système qui sera mis en exécution à l'égard de la plupart de ces diverses clauses. Mais, parmi elles, il en est une très fréquente, qui, sous le nom de clause d'affectation spéciale, a mérité l'honneur d'une théorie particulière. C'est de quoi nous devons à présent parler.

Il n'est pas rare qu'un donateur ou un testateur désire qu'il soit fait des biens qu'il donne un emploi différent de celui que la personne morale gratifiée fait normalement des siens. La destination de sa libéralité ne concorde pas avec la destination de la personne morale. Le legs (1) est entaché d'une clause d'affectation spéciale, différant de la fonction propre de la personne morale. Comment expliquer cela? C'est qu'il est possible que l'œuvre à fonder ne rentre dans aucun des services au profit desquels une personne morale a été instituée. Créer directement la fondation est impossible, en l'état actuel du droit (2). Le procédé d'un legs *sub modo* à un ami est aléatoire, peut-être impraticable (3). Reste le moyen d'un legs à une personne civile s'acquittant d'un service à peu près similaire au service nouveau. Il arrive encore que le testateur se trompe sur la compétence respective des personnes morales, ou enfin qu'il n'ait pas voulu se soumettre aux règles de cette compétence.

De toute manière, la disposition vient se heurter au principe de la spécialité de fonction.

Voici quelles conséquences certains auteurs tirent alors du principe. Puisque les personnes civiles, disent-ils, ne sont investies de la personnalité qu'en vue de l'accomplissement de leur fonction, elles ne sauraient prétendre s'en servir pour recueillir une libéralité qui ne se rapporte pas à cette fonction. Au-delà de sa fonction, la personne civile ne peut rien, n'a droit à rien, n'est rien : « Les personnes civiles sont capables de recevoir, mais

---

(1) L'hypothèse d'un legs est prise de préférence, parce que, n'exigeant pas un concours simultané de volontés qui se réaliserait difficilement dans la pratique, elle prête davantage aux difficultés signalées.

(2) V. M. SALEILLES, *Essai d'une théorie de l'obligation...*, p. 145 et s.

(3) V. M. SALEILLES, note dans SIREY, 1894, II, p. 185, in fine. — V. cpd, M. BEUDANT, note dans DALLOZ, 1893, II, p. 3.

seulement dans les limites de leur mission légale. L'homme seul a une capacité générale, illimitée. Lorsqu'il reçoit une libéralité, ce n'est pas pour une destination particulière qui limite sa capacité, il l'emploie à sa guise, il est toujours capable. Il en est autrement des personnes civiles. C'est la loi qui les crée avec une destination spéciale, laquelle limite leur capacité. Pour accomplir sa mission, la personne civile doit être capable de posséder, et il lui faut des biens ; la loi lui permet d'en acquérir à titre gratuit. Mais elle ne peut en recevoir pour une autre destination, car elle n'a d'existence légale que dans les limites de la mission à raison de laquelle elle est reconnue ; en dehors de cette mission, elle est incapable de recevoir. » M. Beudant, note dans Sirey 1879, II, 337.

La différence de ce point de vue d'avec celui que nous avons combattu dans la section précédente, doit être mise en relief. Ici, il ne s'agit pas d'une incapacité portant sur telle ou telle espèce de contrat, d'une incapacité générale de recevoir. C'est une incapacité relative à certaines libéralités. La personne morale n'est pas dite incapable de jouer le rôle de donataire, mais c'est la donation qui, en tels cas particuliers, n'a pas les qualités voulues pour être acceptée. Ces cas particuliers sont ceux où l'affectation de la libéralité tendrait à imposer à la personne morale un rôle pour lequel elle n'est pas faite.

On ne conteste plus à l'être abstrait la faculté de contracter de la manière la plus diverse et la plus étendue, mais on prétend que le contrat n'est valable que s'il doit servir aux destinées particulières de cet être. La personne morale n'est plus réputée incapable de s'obliger et d'acquérir *par tels ou tels moyens* (qui sont tels ou tels actes juridiques), *mais pour telles ou telles fins* (qui ne sont pas les siennes). On considère, maintenant, non plus *le mode d'acquérir, mais l'usage de l'acquisition*. L'acte juridique est rapproché des conséquences qu'il aura ou qu'il pourra avoir ; c'est l'*opération* entière qui est examinée et annulée.

Ainsi la capacité des personnes morales, quoique générale quant aux actes juridiques qu'elles peuvent consentir, serait spéciale quant aux opérations qu'elles peuvent faire.

Ces solutions ne sont pas entièrement satisfaisantes.

Sans doute, et nul ne le conteste, les personnes morales ne doivent pas sortir de leurs attributions. C'est un point acquis, au moins pour les personnes morales publiques. Cela veut dire que la puissance publique qui a créé la personne morale, ne peut pas tolérer que cette personne se détourne de son but. « On ne concevrait pas, dit un auteur, qu'une commune, une fabrique, un mont-de-piété, sous prétexte de personnalité, se fissent commerçants, fabricants. Il faudrait une nouvelle autorisation pour une nouvelle fonction ; autrement l'autorisation nécessaire à la création serait sans portée. » Cela est très exact. Aussi voyons-nous que le gouvernement est armé de nombreux moyens de contrôle et d'action sur les personnes morales publiques (1). Au besoin, si l'établissement d'utilité publique se montrait trop récalcitrant, le gouvernement aurait la ressource suprême du retrait de l'autorisation, qui rejetterait la personne morale dans le néant. Spécialement, en ce qui concerne les dons et legs, l'administration

(1) Le gouvernement n'a pas toléré, par exemple, qu'une commune ni un hôpital tinssent officine de pharmacie.

veillera à ne permettre l'acceptation d'aucune libéralité renfermant une clause d'affectation spéciale contraire à la destination de la personne morale. Il convient donc au Conseil d'Etat d'invoquer le principe de spécialité pour refuser, s'il y a lieu, l'autorisation d'accepter telle ou telle libéralité. En ce sens, c'est à bon droit qu'on dit que les personnes morales ne peuvent pas recevoir en dehors de leurs fonctions.

Mais est-ce bien là toute la pensée des auteurs qui parlent en cette circonstance d'incapacité? S'il est permis parfois de le croire, force est d'avouer que le mot « incapacité » est mal choisi. Ce terme a un sens technique ; il signifie inaptitude à consentir un acte juridique ; il ne faut pas l'employer dans le sens d'*impossibilité*, sinon on risque d'établir, entre deux ordres d'idées très distincts, une confusion regrettable.

Cette confusion, à notre sens, consiste à présenter comme un principe de droit civil une règle d'organisation administrative (1). Les conditions de *validité des contrats* sont-elles changées au cas où l'une des parties contractantes est une personne morale? Voilà ce que le système que nous repoussons doit démontrer.

Or il est permis de se demander si telle est bien la pensée des auteurs qui parlent ici d'incapacité. C'est ce que fait remarquer M. Kœhler (note sous Cass., ch. civ., 31 janvier 1893, Dalloz, 93, I, p. 513) : « Ainsi, écrit cet auteur, M. Beudant, après avoir résumé son système, en disant « que les personnes civiles n'ont la personnalité juridique que dans la mesure de leur institution ; que la destination de chacune fixe la mesure de ses droits »,

____

(1) Cpr. note de M. PLANIOL, dans DALLOZ, 1895, I, p. 217.

ajoute : « C'est pour cela, entre autres raisons, que les articles 910 et 937 du Code civil ne leur permettent d'acquérir à titre gratuit qu'après y avoir été dûment autorisées. » Ne peut-on conclure de là que, dans la pensée de l'éminent professeur, la seule sanction que comporte la règle dont s'agit, consiste dans le refus que l'autorité administrative opposera, le cas échéant, à la demande d'autorisation ? »

Cette conclusion paraît très légitime. Aussi bien croyons-nous être d'accord avec la plupart des auteurs, sur le point qui nous occupe. Cependant la doctrine qui induit de l'inaptitude administrative à une véritable incapacité civile, a été soutenue avec une telle précision qu'il devient indispensable de l'examiner en elle-même (1). La question se pose ainsi : *Une personne morale est-elle civilement capable de recevoir une libéralité affectée d'une destination étrangère à la spécialité de ses attributions ?*

Nous adoptons l'affirmative. Par quoi, en effet, est viciée la disposition ? Par la clause d'affectation spéciale ; c'est cette clause qui est illicite ; alors on l'annulera. Mais la nullité de la condition ne saurait avoir cet étrange effet d'influer sur la capacité de l'une des parties contractantes. Tout au plus, la nullité de la condition entraînera-t-elle la nullité de la disposition principale, par voie de conséquence, si on admet la théorie de la condition valant cause impulsive et déterminante. Même alors, la nullité sera prononcée pour défaut de *cause*, non pour défaut de *capacité*.

Ce n'est pas une simple querelle de mots. Si l'on admet

_____

(1) V. M. Ducrocq, *De la personnalité civile du Saint-Siège*, brochure in-8o, 1894, p. 24.

que les personnes morales sont *incapables* en l'hypothèse, la libéralité portant la clause litigieuse devrait toujours être annulée, car le défaut de capacité ne se peut suppléer (article 1108 Code civil). Au contraire, si les personnes morales sont réputées capables, sauf à tenir tel compte qu'il convient du caractère illicite de la condition, la libéralité pourra souvent avoir effet ; elle aura effet toutes les fois que la condition ne sera pas envisagée par les tribunaux comme la cause juridique de la donation ou du legs. A faire de l'article 900 Code civil une application littérale, la libéralité serait toujours exécutée, allégée de la condition illicite (1). En ce qui concerne l'interprétation, si on part du principe de l'incapacité, on est enfermé dans des limites étroites ; par cela seul que l'affectation des biens donnés ne figure pas dans la liste statutaire, on devra dire que la donation est nulle. Dans notre système, au contraire, on devra chercher si la condition est illicite, et elle ne sera telle que si elle est évidemment de nature à détourner la

____

(1) Il semble que le contrôle préjudiciel du gouvernement doive empêcher que ces difficultés soient jamais soumises aux tribunaux. Cependant, d'une part, en droit, l'autorisation ne fait pas obstacle à ce que les tribunaux civils connaissent de tous les vices dont la donation ou le legs serait entaché, v. Cass., 31 janvier 1893 ; d'autre part, en fait, il arrive que la jurisprudence du Conseil d'État change, faute que les attributions respectives de chaque établissement soient nettement définies ; alors on comprend que des autorisations soient parfois données à tort, par suite d'une interprétation défectueuse de la fonction spéciale de telle personne morale. Ainsi, de 1873 à 1881, les fabriques et menses épiscopales ont été autorisées à recevoir des libéralités à charge d'entretien d'écoles. Les héritiers pouvaient alors saisir les tribunaux civils, afin de faire juger soit que les fabriques étaient incapables, soit que la condition était illicite et déterminante.

personne morale de sa fonction ; pour peu qu'elle s'y rattache, elle sera valide.

Par là s'aperçoit bien l'intérêt qu'il y a de choisir entre les deux systèmes.

Prouvons qu'il ne peut s'agir ici d'incapacité.

La disposition s'analyse en une libéralité avec charge. La libéralité, donation ou legs, est un acte juridique, la charge consiste en une obligation accessoire de faire. L'acte juridique fait acquérir le droit ; la charge impose l'emploi à faire du droit acquis. Puis-je acquérir le droit ? Voilà une question. Puis-je en faire tel emploi ? En voilà une autre. La première est de droit civil, elle touche à la validité des contrats ; la seconde n'est pas de droit civil ; elle est, si l'on veut, de droit administratif, politique, d'ordre public. On conçoit donc qu'on réponde négativement à la seconde, sans que la première soit atteinte.

Une commune a reçu, en 1875, 100.000 francs à charge d'entretenir une école religieuse. Depuis la loi de 1886, cette affectation spéciale sort des attributions de la commune. Celle-ci n'entretient donc plus l'école. La donation subsiste néanmoins ; la charge seule a disparu. Donc l'une et l'autre ne forment pas un tout indivisible. Poursuivons l'analyse de cette espèce si pratique : dira-t-on que la commune est devenue en 1886, incapable d'être propriétaire des biens qui forment la donation de 1875 ? Cela ne signifierait rien, et n'est d'ailleurs pas soutenu. Il faut dire seulement que la commune ne peut plus entretenir une école religieuse. Entretenir une école ? C'est faire emploi de biens acquis, c'est une manière d'agir, c'est un rôle social, tout ce que l'on voudra ; mais, à coup sûr, ce n'est pas un acte juridique. Qu'on parle donc d'inaptitude à tel emploi, mais qu'on ne parle pas d'incapacité civile. L'incapacité civile ne se comprend que lorsqu'il s'agit de devenir créancier ou propriétaire.

La validité de l'acte juridique doit donc être soigneusement distinguée de la validité de l'affectation spéciale. C'est à propos de l'acte juridique seulement que s'élève la question de capacité. Or si la disposition s'analyse nécessairement en une libéralité à laquelle est adjointe une condition illicite, nul doute ne subsiste sur la capacité de la personne morale. Elle est capable de recevoir, sauf à subir les conséquences du caractère illicite de la condition. On fera ici l'application de l'article 900, de même qu'on la fait aux personnes physiques.

En parlant d'incapacité, on se place en dehors des principes du Code civil. Il y aurait, en effet, incapacité à cause de l'usage à faire du droit à acquérir ; c'est ce que la loi n'a pas prévu, et c'est ce qu'elle n'admet pas.

Raisonnons d'une manière générale, en dehors de l'hypothèse d'une libéralité, car la règle proposée a des allures de principe absolu. Elle prétend que les personnes civiles n'ont de capacité que pour les actes qui se rapportent à leur fonction. Mais comment expliquer qu'un acte juridique en lui-même se rapporte à une fonction ? Pour nous, nous renonçons à le comprendre, car il faudrait concevoir qu'un acte juridique soit autre chose que le moyen d'acquérir un droit, de modifier un patrimoine, soit autre chose que ce qu'il est.

Ce qui se rapporte ou ne se rapporte pas à la fonction, ce n'est pas l'acte juridique, simple générateur de droits, mais le but qu'on se propose en passant cet acte. Si l'on considère l'opération dans son ensemble, dans l'*intention* qui inspire l'acte et dans les conséquences économiques de cet acte, tout s'éclaire et devient facile à comprendre. Mais, qu'on y prenne garde, c'est la légitimité de l'opération qui est en jeu, non la perfection de l'acte juridique vente, donation, emprunt, bail, etc... Nous sommes d'accord que l'opération est illégitime, c'est pourquoi elle ne devra pas se faire; mais cela ne veut pas dire que l'acte juridique, s'il a été passé, soit nul.

En réalité, la difficulté se réduit au point de savoir si les intentions sont une condition de la validité des contrats. Chacun sait qu'il n'en est rien. Si cette idée s'obscurcit lorsqu'il s'agit des personnes civiles, cela provient de la gêne extrême qu'éprouvent quelques auteurs à admettre la notion de personnalité civile. Dès que l'on reconnaît que la personnalité a pour les êtres abstraits la même valeur que pour les êtres physiques, tous les problèmes se résolvent d'eux-mêmes; il suffit de faire à tout propos l'application des règles ordinaires du droit. Alors les embarras cessent, et les risques d'erreur disparaissent.

Voici un individu, majeur, jouissant de tous ses droits; il achète de vieilles ruines et en paye le prix. L'acquisition sera-t-elle attaquée sous le prétexte que les ruines acquises étaient destinées à servir de repaire à des brigands?

Une commune achète un moulin; elle a obtenu, supposons-le, toutes les autorisations administratives nécessaires. L'acte sera-t-il annulable par le motif qu'une commune ne doit pas moudre le blé? Non, car la commune est capable d'acheter le moulin; c'est de moudre le blé qui lui est interdit. Elle fera du moulin un hôtel de ville ou un hôpital..., ou elle le revendra : elle en est propriétaire. Si elle prend à bail une boutique, afin de la transformer en officine pharmaceutique, dira-t-on que le bail est nul ? En vérité, ce serait bien une cinquième condition que l'on imposerait à la validité des obligations : il y faudrait, pour les personnes morales, non seulement le consentement, un objet certain, la capacité et une cause licite (art. 1108), mais des intentions pures.

Car la commune est capable d'acquérir un immeuble, de passer bail comme locataire, sauf à se munir des autorisations voulues ; d'ailleurs le contrat, par hypothèse, réunit toutes les conditions ordinaires de validité. Y a-t-il donc un système particulier pour la perfection des obligations des personnes morales ? Non. *Civilement*, les règles du Code civil doivent leur suffire. Or la capacité civile et, plus généralement, la validité d'un contrat ne dépendent pas des motifs qui poussent les parties, ou l'une d'elles, à contracter. Autrement, quelle sécurité auraient les tiers ? Jamais il ne serait permis d'affirmer la perfection d'un contrat.

Ces considérations, trop connues et trop certaines pour avoir besoin d'être davantages rappelées, militent avec autant de force quand il s'agit des contrats passés avec des personnes civiles, que pour les contrats des particuliers entre eux.

Si j'achète un bateau pour faire la piraterie, le bateau est à moi néanmoins ; si j'achète une arme pour tuer mon ennemi, l'arme m'appartient cependant. L'acquisition est valable, quoique l'usage que je compte en faire soit illicite. Que si l'arme m'a été vendue ou donnée sous l'obligation de tuer telle personne, qui ne voit qu'il y a une vente ou une donation que j'étais capable de consentir, et d'autre part une condition illicite mise à cette vente ou donation. En cas de vente sans doute, le contrat pourra être annulé, mais nul ne pensera à dire que ce soit pour incapacité. En cas de donation, on fera l'application de l'article 900.

Lors donc qu'il est question pour une personne morale d'acquérir une chose destinée à un usage illicite, on doit dire non pas qu'elle est civilement incapable d'acquérir cette chose, mais qu'elle ne pourra pas l'employer à l'usage désigné. Au cas d'une libéralité avec affectation différente de la fonction spéciale, la personne morale est capable d'accepter (sous réserve de l'autorisation), mais les biens ne recevront pas la destination imposée ; ce défaut d'emploi aura alors telles ou telles conséquences.

Au résumé, il convient de déclarer simplement que des règles d'ordre public défendent aux personnes morales de sortir de leurs attributions ; par suite, les clauses d'affectation, dans les circonstances décrites, sont illicites. Alors elles sont annulées ; le legs ou la donation subsistera, à moins que la condition ne soit jugée cause impulsive de l'acte, auquel cas le tout tombera.

En quoi le principe de spécialité serait-il menacé par ces décisions ? La surveillance et le contrôle du gouvernement suffiront à le faire respecter. Au besoin les tribunaux interviendront pour annuler la clause d'affectation spéciale illicite.

Reste à préciser en quel cas la clause est illicite. La loi est muette.

A son défaut, il convient de se reporter à l'acte d'institution de la personne morale, puisqu'aussi bien il n'appartient qu'au législateur, comme l'exprime une formule courante, de créer une personne morale, soit qu'il le fasse directement, soit indirectement par délégation au pouvoir exécutif. A défaut d'une délimitation précise des attributions de l'être moral, l'interprète doit se montrer très large, afin de ne pas s'exposer à déclarer illicite ce que la loi n'a pas défendu.

Ne faut-il pas aller plus loin, et décider que, faute d'un texte très précis, les conditions dont s'agit n'ont vraiment pas un caractère illicite ? Les raisons à l'appui de cette opinion sont très fortes. On fait remarquer que ce qui n'est pas expressément défendu est permis ; que les limites dans lesquelles sont enfermées les personnes morales et qui résultent souvent de l'unique tradition ou de l'usage, sont bien incertaines, qu'il y a sans doute beaucoup d'arbitraire à les fixer, comme le prouvent certaines controverses qui se prolongent et les revirements de la jurisprudence ; que d'ailleurs le principe de spécialité « n'est point une règle de droit proprement dite, susceptible de produire des conséquences juridiques..., mais un principe d'ordre purement administratif » ; et « qu'il n'appartient qu'à l'administration seule d'en assurer l'observation... Dès que l'autorisation est donnée, la question d'attribution est tranchée, sans que les tribunaux civils puissent l'examiner, d'autant que les fonctions de chaque personne morale sont variables et ne sont pas tant réglées par des principes fixes de droit que par des considérations politiques et administratives, qui ne sont guère du ressort de la justice. Ainsi l'administration statuera sur l'admission de la libéralité : si elle juge qu'elle s'écarte de la spécialité de la fonction, ce sera simplement un motif de rejet; sinon, elle admettra, et le tribunal ne pourra plus statuer à nouveau sur cette question. De la sorte, aucune libéralité faite à personne morale publique ne pourrait être critiquée, sous le prétexte de la spécialité des fonctions, devant la juridiction civile. Sans doute l'autorisation ne fait pas disparaître les vices quelconques dont la donation ou le legs peut veut être entaché ; mais quant à ce vice spécial qui consisterait en le détournement de la personne de safonction propre, l'autorisation intervient pour déclarer qu'il n'existe pas, qu'il n'y a point danger, au point de vue public, à l'acceptation (1) ».

Nous n'oserions être si affirmatif ; si le principe de spécialité est d'ordre public, il est certain que toute clause qui y contrevient est illicite. L'autorisation gouvernementale n'y peut rien changer. Les avis du Conseil d'État, justement parce qu'ils sont et doivent être arbitraires, n'ont pas la force d'une décision de droit absolue. Donc, les tribunaux conservent la faculté de connaître de la clause d'affectation. Il est, au surplus, des cas où les attributions de la personne morale sont précisées par la loi, d'autres où certaines clauses d'affectation sont expressément illicites (loi 30 octobre 1886, art. 17).

En dehors des hypothèses où la question est tranchée par un texte, à quelles conditions la clause aura-t-elle un caractère illicite ? Il faut, pour cela, qu'elle soit en opposition formelle avec la destination de la personne gratifiée, ce qui se produira si l'exécution de la clause devait avoir pour effet de transformer la personne morale, ou, pour mieux dire, de la *déformer*. La personne morale est un être façonné ; tout ce qui tend à la défigurer est contraire à la loi qui l'a créée ; il est inadmissible qu'elle modifie sa manière d'être, soit d'elle-même, soit par l'influence de tiers. Mais si la clause n'entraîne pas une déformation constitutionnelle de l'être, elle est valable ; c'est ce qui

____

(1) M. KOEHLER, note dans Dalloz, 1893, I, p. 513.

arrivera si la charge tend seulement à faire dévier momen-
tanément et partiellement la personne de sa fonction, sans
d'ailleurs entraver celle-ci. On ne voit pas bien, par
exemple, pourquoi la condition de faire une distribution
aux pauvres, mise à un legs adressé à une fabrique, serait
illicite. L'assistance des pauvres est sans doute hors des
attributions de la fabrique ; mais la fonction de la fabrique
ne serait pas modifiée, ni sa nature, parce qu'elle aura eu
l'occasion de répartir quelques secours entre des indigents. Le principe de spécialité ne doit pas être exagéré.

Ainsi l'entend l'administration. Mme Boucicaut avait
institué l'Assistance publique sa légataire universelle, sous
la charge de répartir une somme de 16 millions à ses employés. Les employés n'étaient pas, assurément, des indigents ; l'affectation ne correspondait donc point à la fonction de l'Assistance publique. Cependant l'acceptation fut
autorisée, et le legs reçut sa parfaite exécution. Ici, la
règle de spécialité ne fut pas invoquée, et, en effet, l'application de la clause laissait intacte la personnalité de
l'Assistance publique, et ne contredisait pas d'une façon
absolue son caractère.

Tel est le critérium qui permettra d'affirmer que la
clause d'affectation spéciale est ou n'est pas licite.

Arrivé au terme de cette discussion, nous aboutissons à
reconnaître que le principe de spécialité n'engendre jamais
une incapacité civile. Le raisonnement, développé à propos des personnes morales publiques, a la même valeur
pour les personnes morales privées. Les libéralités avec
charge ou sous une affectation prescrite en dehors de leur
objet propre, ne sauraient s'analyser autrement qu'en des
dons ou legs conditionnels. La capacité des sociétés n'est
donc jamais en jeu ; elle existe aussi bien quant à accepter

une donation *sub modo* que pour accepter une donation pure et simple (1).

Mais il convient de chercher si, même, le principe de spécialité a quelque portée à leur égard.

Les sociétés civiles ou commerciales sont-elles cantonnées dans un cercle d'opérations d'où il leur soit impossible de sortir? Cela paraît malaisé à soutenir. La spécialité des établissements publics ou d'utilité publique se justifie par des raisons d'ordre public; mais la spécialité des sociétés se justifierait-elle autrement que par des motifs d'intérêt privé? Et quel intérêt privé? Celui des associés évidemment; or les associés sont seuls juges de leurs intérêts. S'il leur plaît de ne pas spécialiser leurs affaires, comment et pourquoi les obliger de le faire? En principe, toute société peut s'occuper de toute espèce d'affaires : c'est la liberté du commerce et de l'industrie.

Une restriction s'impose néanmoins : toute société doit avoir un objet; or qu'adviendra-t-il si la charge de la libéralité ne se rapporte pas à cet objet? De deux choses l'une. Ou les statuts permettent de modifier l'objet de la société de façon que l'exécution de la charge soit rendue possible ; alors il y aura lieu pour la société de prendre parti ; son intérêt la guidera. Ou les statuts ne permettent pas la modification nécessaire ; alors la libéralité ne serait point acceptable ; mais en ce cas même, c'est le consente-

----

(1) L'exemple le plus intéressant d'une libéralité avec affectation spéciale faite à une société serait fourni par le legs que fit Mme Boucicaut d'un million à la société civile du Bon Marché, sous condition d'emploi pour fondation et entretien d'une maison de secours destinée aux employés âgés ou malades. Ce legs a été accepté et employé conformément aux désirs de la testatrice.

ment de la société qui fera défaut, attendu qu'en principe la volonté de la majorité, ou au moins de l'unanimité des associés, peut modifier les statuts (1).

En définitive, la société est toujours maîtresse d'accepter ou de refuser ; la clause en soi n'est jamais illicite, ni impossible à exécuter (2).

Les droits des tiers ne doivent pas être mis en cause, puisque toute modification aux statuts doit, pour être valable, être publiée dans les formes légales, et que cette formalité sera toujours remplie ; sans quoi, la modification resterait non avenue.

En tout cela, que devient l'idée ci-dessus indiquée, et certainement juste, à savoir que les personnes morales sont des êtres façonnés qui ne peuvent se déformer ? Elle trouve ici son application, voici comment : une société peut modifier son objet sans précisément changer de nature ; les opérations par lesquelles elle accomplit sa destinée, se remplacent les unes les autres, mais il reste toujours une forme de société (3), une personnalité. Une société n'est pas une individualité fixe et stable, classée avec d'autres de même sorte et à part d'autres d'espèce différente, s'acquittant automatiquement d'un emploi et

(1) Voir note de M. Thaller, D., 1893, I, p. 105.

(2) Qui aurait qualité pour accepter au nom de la société ? C'est une question de pouvoir qui n'entre pas en notre sujet. Certains statuts distinguent : les *donations* seront acceptées par le Directeur seul (ou le Président du Conseil d'administration) ; les *legs*, par le Directeur, mais alors avec le concours du Conseil d'administration. C'est ce que décident, par exemple, les statuts de la Société civile du Bon Marché, article 14, § 2.

(3) Un établissement, au contraire, ne cesse pas d'être ledit établissement sans cesser d'être une personne morale.

impropre à un autre usage ; cette individualité stable, c'est la personne morale publique. La société, elle, n'est qu'une force d'action personnalisée en vue de produire la richesse ; les éléments de la force peuvent changer, pourvu que la résultante demeure. Si, par le changement d'objet, la force productive de la société diminue, la dégénérescence commence ; si la force s'atténue encore, la dégénérescence s'aggrave. A un moment de cette désagrégation, la société cesse d'être elle-même. Si ce résultat doit se produire, la stipulation qui l'impose est fatale à la société puisqu'elle l'a détruite. Dirons-nous qu'elle est illicite ? Non, attendu qu'il n'y a pas de loi défendant aux sociétés de se désagréger. D'ailleurs, à quoi bon ? L'exécution de la clause porte en elle-même sa sanction : il n'y a plus de société ; en acceptant la libéralité, la société se condamne à la destruction.

Cependant la société subsistera peut-être en apparence ; cette apparence n'abritera-t-elle pas toute sorte de fraudes ? Il n'y a pas ici à compter sur le contrôle du gouvernement pour arrêter les libéralités. Nous aurions alors beaucoup de fausses et hypocrites sociétés qui se joueraient des prescriptions qui concernent les simples associations. Nous avons déjà répondu à ces craintes. Faisons encore remarquer que le gouvernement a toujours le droit de dissoudre une association déguisée en société. S'il n'en use pas, c'est affaire à lui ; il a la garde des intérêts sociaux et les moyens de les faire respecter. Peut être la mainmorte, occulte ou non occulte, ne lui semble-t-elle pas très redoutable ; c'est pourquoi vivent et prospèrent tant d'associations non reconnues. La mainmorte est, en effet, de nos jours, un spectre un peu démodé ; il ne suscite plus d'alarmes bien sérieuses.

Les sociétés sont donc capables de recevoir les libéralités avec conditions ou charges, même les libéralités comportant une affectation spéciale distincte de l'objet de la société donataire ou légataire. La condition, en ce dernier cas, n'est pas illicite, mais son exécution peut entraîner un anéantissement de la personnalité civile.

En fait, et c'est ce qui fait l'intérêt de la discussion, la plupart des dons et legs adressés aux sociétés sont pourvus de clauses d'affectation spéciale. Quelques explications le montreront et achèveront de mettre en lumière l'importance de la question des libéralités aux sociétés.

A mesure que les idées de prévoyance se sont développées, ainsi que le besoin de s'assurer contre toutes les mauvaises chances de la vie, les caisses de secours se sont multipliées. Beaucoup de sociétés ont pris l'initiative d'en créer pour leurs agents : ce sont des caisses de secours contre les accidents, contre la maladie, plus souvent des caisses de retraites. Il n'est, actuellement, presque point de grande société commerciale ou industrielle qui n'ait sa caisse de retraites. Ces caisses sont alimentées au moyen de retenues prélevées sur les salaires, de sorte que la retraite apparaît comme une forme et une quotepart de la rénumération de l'ayant-droit. Mais on comprend très bien qu'un philanthrope, fondateur de la société, ou directeur, ou simple associé, ou même étranger, veuille élever le chiffre des retraites. Cela se réalise chaque jour (1). Comment? Par une donation ou un legs à la société, avec destination à la Caisse des retraites. Sans

____

(1) V. par exemple le rapport du Conseil d'administration de la Cie Parisienne du Gaz (1895) ; idem, Cie des Omnibus, etc.

l'intermédiaire de la société, une pareille bonne œuvre serait impossible. La société en profite, elle aussi, puisque, au fond, il en résulte un supplément de salaire à ses ouvriers. (1)

Telle est la forme sous laquelle se réalisent les libéralités qui nous occupent, forme utile sans aucun doute, et dont la légitimité est incontestable.

Faut-il, maintenant, nous occuper de l'hypothèse où la charge serait totalement indifférente à la société, comme de fonder un hôpital, de délivrer des prix de vertu ou de littérature, etc...? Cela semble oiseux, pour peu qu'on désire ne discuter que sur des faits. En tout cas, la solution est simple : la société est capable d'accepter, la clause n'est pas illicite ; si la société accepte et qu'il en résulte une véritable déviation de son activité commerciale ou industrielle, elle perdra sa vitalité et l'existence juridique. Si l'œuvre prescrite demeure une simple occupation accessoire de la société, celle-ci pourra sans danger la recueillir.

Telles sont les conséquences du principe de spécialité à l'égard des sociétés civiles ou commerciales. Il n'aboutit jamais, et c'est ce que nous voulions principalement démontrer, à une incapacité des sociétés.

Pour les personnes morales publiques, il les classe entre elles, avec cette sanction que tout acte d'empiétement de leur part doit être réprimé par l'autorité souveraine, et

---

(1) Avec la formule, si dangereuse dans son imprécision, de la spécialisation par l'objet, il faudrait dire qu'une telle libéralité est impossible, car la Société n'a point, assurément, pour objet, de distribuer des pensions.

cette conséquence que toute clause qui tend à la confusion des attributions est illicite. Pour les personnes morales privées, il les oblige à demeurer intéressées.

Jamais de ce principe ne résulte une incapacité juridique.

L'examen de la jurisprudence va confirmer cette doctrine.

EXPOSÉ DE LA JURISPRUDENCE. — CONCLUSION.

—

Quelle doctrine suit la jurisprudence touchant la capacité des personnes morales, en général, et des sociétés, en particulier ? Elle n'admet pas le système de la spécialité de la capacité.

Elle a eu occasion d'exprimer son opinion à propos des dons et legs faits aux établissements publics ou d'utilité publique sous une clause d'affectation spéciale différant de leur fonction, et aussi à propos de la question, qui fait l'objet de ce travail, des libéralités adressées aux sociétés.

La première difficulté s'est présentée devant les tribunaux, depuis quelques années, de la manière suivante : En fait, entre 1873 et 1881, le Conseil d'État, suivant un système nouveau et temporaire, autorisait l'acceptation de dons et legs faits aux Menses épiscopales, curiales ou aux Fabriques avec affectation de charité ou d'entretien d'écoles. Après le revirement de jurisprudence de 1881 (1),

(1) Depuis 1881, le Conseil d'État est fixé en ce sens que les menses, fabriques, consistoires et conseils presbytéraux ne peuvent être autorisés à accepter des libéralités : 1° En vue de fondation et d'entretien d'une école ou d'une salle d'asile ; 2° Pour les pauvres ; 3° En vue d'assurer l'instruction religieuse des enfants ; 4° En vue de la fondation d'un hospice ou d'une maison de retraite pour la vieillesse ; 5° En vue d'aider les jeunes gens qui se destinent au ministère ecclésiastique ; 6° En vue de favoriser les vocations religieuses.

ces dons et legs furent parfois attaqués par les héritiers, lesquels prétendaient d'abord que l'autorisation ne couvre pas les nullités du droit civil, ce qui est évident (1), ensuite que la disposition était nulle comme l'affectation sortant des attributions de la personne morale gratifiée. Ou encore, ce furent les bureaux de bienfaisance ou les maires qui attaquèrent les legs charitables, arguant de la qualité de représentant légal des pauvres pour se faire attribuer les biens légués.

Soit qu'on transportât ou non l'effet de la disposition sur une autre personne (2), il y avait lieu de prendre parti sur la valeur de la clause et, accessoirement, de la libéralité.

Au cas où les tribunaux ont prononcé la nullité, comment l'entendent-ils? Est-ce par application de l'article 900 (nullité de la condition, pouvant entraîner, pour défaut de cause, la nullité du legs)? Est-ce par l'effet d'une incapacité de la personne morale?

Au cas où ils ont validé la disposition, est-ce parce qu'ils ont considéré la personne morale comme capable (sauf à faire disparaître la clause), ou parce qu'ils ont considéré la clause comme licite?

Il semble bien que la jurisprudence se prononce pour la capacité générale des personnes morales. Cependant l'on n'aperçoit pas, dans les dispositifs des arrêts, qu'elle ait

---

(1) Voir, notamment, *Cassation*, 24 novembre 1891, S., 92. I, 25

(2) Ce qui est juridiquement incompréhensible, car on ne conçoit pas que de l'inaptitude d'un légataire puisse sortir la désignation d'un autre (alors surtout que cet autre est formellement exclu). On n'arrive à ce résultat, qualifié justement d'inique et immoral, que par une fausse interprétation de l'article 937.

encore envisagé franchement le problème. Les considérants de ses décisions restent vagues.

Toutefois, il est visible qu'elle distingue de plus en plus
les deux points de vue et qu'elle se place résolument sous
celui de l'article 900.

L'arrêt de la Cour de Chambéry, rendu le 21 juin 1893 (1)
sur renvoi de la Cour de cassation, pose enfin nettement la
question. S'il s'abstient de la résoudre, faute que l'affaire
ne l'exige, du moins il laisse apparaître son opinion, qui
est celle d'une capacité générale.

Il serait excessif de demander la même précision juridique aux avis du Conseil d'État. Il est permis de croire
pourtant que, si la question lui était expressément présentée, il reconnaîtrait de bonne grâce qu'une incapacité
civile ne doit point s'entendre d'une simple infraction aux
règlements administratifs, et que les établissements sont
capables civilement, sous la haute garantie de son contrôle. C'est, au surplus, la doctrine qu'il a consacrée en
un avis célèbre, celui du 13 avril 1881 (legs Bonhoure) :
« Considérant enfin, dit-il, que c'est au Gouvernement en
Conseil d'État qu'il appartient de statuer sur l'autorisation
réclamée ; qu'en effet, si la capacité d'un établissement
public pour recevoir au posséder est une question essentiellement judiciaire, le droit de veiller à ce que les établissements publics, placés sous la tutelle du gouvernement, ne franchissent pas les limites de leurs attributions
soulève au contraire une question essentiellement administrative, puisqu'il s'agit d'exercer le pouvoir qui lui a été
réservé par les articles 910 et 937 du Code civil (2) ».

____

(1) S., 94, II, p. 124. — D., 94, II, p. 157.

(2) Cet avis prouve au moins que pour le Conseil d'État, rien ne

Telle est, croyons-nous, la doctrine actuelle du Conseil d'État, et si l'on trouve parfois, dans les motifs de ces décisions, que « par application du principe de spécialité, l'établissement est *incapable* », il est vraisemblable qu'il n'y a là qu'une impropriété de terme, une inadvertance de rédaction.

Au surplus, les avis du Conseil d'État n'ont qu'une valeur d'opinion, non de jugement. C'est dans les décisions des tribunaux civils qu'il faut chercher la jurisprudence.

Or il n'est pas douteux que la Cour de cassation ne conforme sa doctrine à la théorie qui assimile la capacité des personnes morales à celle des personnes physiques. C'est ce que décide aussi la Cour de Paris, dans son arrêt du 2 juin 1893 (Dall. 93, II, p. 513), lequel déclare que les personnes morales sont capables, comme les autres, de laisser une succession (Voir dans le journal *La Loi* du 12 juillet 1893, le rapport de M. le Conseiller Puech, qui propose l'assimilation des personnes morales aux autres personnes).

La tendance de la jurisprudence étant ainsi marquée, voyons ce que disent les arrêts les plus récents sur la matière. Nous bornerons nos observations à l'étude d'une affaire qui a provoqué quatre décisions judiciaires, depuis un jugement du Tribunal de Bourgoin (14 novembre 1888) jusqu'à l'arrêt sur renvoi de la Cour de Chambéry (21 juin 1893) (1).

---

s'oppose à ce que les tribunaux reconnaissent la capacité civile entière des personnes morales.

(1) D., 93, 1, p. 513. — S., 93, 1, p. 345. — Et les notes. — Comp. Cass., 18 mai 1852. S., 52, 1, 525, d'où il résulte qu'il faut un texte pour limiter la capacité d'une personne morale.

Il s'agit d'un legs fait à une mense épiscopale à charge
d'entretenir une école congréganiste. Le Tribunal de
Bourgoin annule la disposition ; mais on chercherait vainement dans son jugement la solution de notre difficulté.
Etant jugé que l'affectation des biens sort des attributions
de la mense, d'une part il est dit que les personnes civiles
ne sont capables de recevoir que dans les limites de leur
mission, d'autre part, que l'affectation est, en l'espèce, une
condition illicite, laquelle ayant déterminé la volonté emporte nullité du legs faute de cause.

Or, s'il y a incapacité, art. 1108, il est inutile de
faire appel à la théorie de la cause impulsive ; — ou,
si l'on invoque l'art. 900, c'est qu'il n'y a pas d'incapacité (1).

Qu'aurait donc jugé le Tribunal s'il n'avait point vu dans
la condition une cause impulsive ? Aurait-il annulé la disposition ? Alors il optait pour l'incapacité. Ou seulement
la condition ? Alors il optait pour la capacité. Il faudrait
enfin se décider.

Le Tribunal de Bourgoin a donc manqué de précision ;
nous croyons cependant qu'il n'a envisagé que l'application de l'article 900. En effet, il se demande s'il y a lieu
d'annuler uniquement la condition, en laissant subsister
la disposition principale. Peu importe alors qu'il parle
d'incapacité. Les expressions, mal pesées peut-être, ne
sauraient prévaloir contre ce fait que dès lors qu'il est
admis que le legs pourrait rester pur et simple aux
mains de la personne morale (comme aux mains d'une

____

(1) S'occuper de la validité de la condition, c'est supposer la disposition principale valable : pas de legs *conditionnel* sans un legs, et
pas de legs sans capacité.

personne physique) c'est que la dite personne morale est capable (comme une personne physique).

Selon arrêt du 8 avril 1889, la Cour de Grenoble adoptait les motifs des premiers juges.

Le demandeur se pourvoit en Cassation. Quel moyen invoque-t-il ? La violation de l'article 1108, ou celle de l'article 900 ? La violation de l'article 900.

La Chambre civile casse l'arrêt de Grenoble pour violation de cet article 900. Malheureusement, il est malaisé de déduire un principe certain de ses considérants. Il y est dit qu'on ne peut déclarer illicite une condition qui n'est contraire à aucune loi ; qu'aucune loi ne défend à une mense épiscopale d'entretenir une école ; qu'en conséquence la Cour de Grenoble a eu tort de décider que la condition sus-dite était illicite par le seul motif que son objet serait en dehors des attributions de la mense et excèderait sa capacité. « Mais la Cour de cassation entend-elle que, à supposer la condition illicite, la capacité de la mense subsisterait ? Cela est douteux, surtout si l'on se réfère aux derniers mots.

Enfin la question a été élucidée par la Cour de Chambéry ; l'arrêt, rendu sur renvoi le 21 juin 1893, dissipe la confusion en distinguant soigneusement les deux idées, quoiqu'il ne croit pas nécessaire, en l'espèce, de marquer expressément celle à laquelle il s'arrête : « Attendu que, sans examiner la question de savoir si, en thèse générale, les établissements publics reconnus jouissent d'une *pleine capacité (sauf tutelle de l'Etat)*, ou si leur *capacité est rigoureusement limitée à l'objet spécial* déterminé par la loi qui les a créés ; que, *même* en adoptant le système de la capacité restreinte, etc. » La préférence de la Cour est évidemment marquée par l'ensemble de ce considérant. (1)

La jurisprudence s'en tient donc à l'application de l'article 900.

Quant à la question de la capacité des sociétés civiles ou de commerce, elle a fait l'objet de peu de décisions, desquelles nous donnerons rapidement l'analyse.

Le premier jugement sur cette difficulté a été rendu le 30 mars 1881, par le Tribunal civil de la Seine (2). Il y est dit expressément que les sociétés civiles et commerciales sont capables d'acquérir à titre gratuit.

Depuis, la question a été de nouveau soumise aux tribunaux, elle est allée jusqu'à la Cour de cassation et a reçu la même solution. Si les décisions sont peu nombreuses, cela s'explique par deux raisons. D'abord, les sociétés d'intérêt mixte sont encore rares ; elles se répandent et se développent seulement depuis quelques années ; elles ne font que naître ; il faut que leur vitalité s'affirme. Si jeunes, elles n'ont pu susciter de nombreux procès. De plus, leurs promoteurs, leurs premiers membres n'ont point eu le loisir encore de leur témoigner par des libéralités de l'intérêt qu'ils leur portent. A mesure que le temps s'écoulera, il est vraisemblable que des testaments en leur faveur apparaîtront.

Quoi qu'il en soit, les tribunaux n'ont jamais hésité à reconnaître la capacité des sociétés. Après le tribunal de

(1) La Cour de Cassation vient d'affirmer d'une manière décisive son système dans le sens que nous indiquons, selon arrêt du 26 mai 1894, DALLOZ, 1895, I, p. 217.

(2) SIREY, 1881, II, p. 249.

la Seine, celui de Bordeaux, à son tour, déclare qu'en l'espèce, *la société gratifiée étant une véritable société commerciale, elle peut, comme toute personne morale, recevoir par donation ou testament* (1).

Il est vrai que ce jugement fut réformé par la Cour de Bordeaux (20 juillet 1893) ; mais pour quel motif ? Parce qu'il fut jugé qu'en fait *la prétendue société* scientifique de spiritisme légataire *n'était pas une société commerciale ni civile.*

Et la Chambre des Requêtes, à son tour, pour rejeter le pourvoi, se borne à rechercher si elle est ou non une société dans le sens juridique et précis du mot, et c'est attendu que ce caractère ne lui est pas reconnu, qu'elle est déclarée incapable (2).

La question ne paraît même pas faire doute pour la Cour de Cassation. C'est ainsi que dans son arrêt du 2 janvier 1894, pour trancher le point de savoir si telle société hippique est ou non capable de recevoir une libéralité, elle se demande d'abord si oui ou non elle est une société civile (3).

Cet arrêt prend une importance capitale des opinions émises par le conseiller rapporteur, de qui la Cour a suivi l'opinion. Le système que nous défendons est expressé-

___

(1) *Revue des Sociétés*, 1892, p. 517.

(2) Cass., *Req.*, 29 oct. 1894. Journal *Le Droit*, des 19 et 20 nov. 1894 ; « Attendu qu'une association qui n'a pas pour but la réalisation de bénéfices à partager entre les associés, *n'est pas une société* dans le sens de l'article 1832 du Code civil ; que, *dès lors,* à moins d'être légalement reconnue par l'État, *elle ne constitue pas une personne morale capable de recevoir des libéralités...*»

(3) Dall., 1894, I, p. 81.

sément consacré en ces termes : « MM. Aubry et Rau, dit M. le conseiller Cotelle, me paraissent avoir eu pleine raison de dire que *toute personne morale, dûment constituée comme telle, possède*, à moins d'une disposition contraire de la loi, *la même capacité civile que les personnes naturelles*... Si donc la Société hippique de Cavaillon offrait le caractère d'une véritable *société civile*, répondant à la définition donnée de ce contrat par l'article 1832, par l'éventualité de gain, etc..., *je n'hésiterais pas à penser que cette société*, douée de la personnalité civile, en vertu de la jurisprudence désormais certaine, consacrée par vos arrêts des 23 février 1891 et 2 mars 1892, *a été capable d'acquérir, même à titre gratuit*, l'immeuble qui lui était légué ; mais d'après ses statuts, l'association demanderesse ne présente pas la substance d'une société civile, etc. (1) »

Conformément à ces conclusions, la Cour rejette la demande, attendu que la Société demanderesse n'est *ni une société civile* ni un établissement d'utilité publique.

On voit bien quelle est la doctrine de la jurisprudence ; les société civiles et commerciales, selon elle, sont capables, en conséquence de leur personnalité, de recevoir des libéralités ; mais encore faut-il qu'elles existent, et que, sous quelque dénomination que ce soit, elles ne recouvrent pas de simples associations dénuées de la personnalité juridique.

Telle est notre opinion.

Quant aux dangers qui peuvent résulter de cette capacité, le Tribunal civil de la Seine les a prévus et a répondu

_____

(1) Cpr. les conclusions de M. l'avocat général dans la même affaire.

en ces termes à l'objection qu'on en tire : « Si la capacité indéfinie de recevoir peut présenter certains inconvénients en ce qui concerne les sociétés anonymes, soustraites depuis 1867 à la tutelle administrative, ces inconvénients, qui trouveraient d'ailleurs leur limite dans les prescriptions d'ordre public, sont les conséquences du régime de liberté inauguré par le législateur ».

L'usage intelligent de la liberté a suffi, en effet, à l'initiative privée ; rendons hommage à cette initiative, qui a su mettre au service de la bienfaisance la force d'action des sociétés ; il faut saluer cet effort, qui montre avec quelle souplesse les bonnes volontés tirent parti des lois existantes.

L'Etat tend à absorber à la fois la richesse et l'activité humaines. Selon une certaine doctrine, l'Etat doit être l'unique pourvoyeur des intérêts généraux. Les individus n'auraient à s'occuper que de leurs petites affaires personnelles. Etrange confusion ! Mais l'homme résiste, il réclame le droit de s'intéresser à d'autres qu'à soi, à autre chose qu'à ses propres besoins, et de faire le bien comme il l'entend : il s'y entend aussi bien, sans doute, que l'administration publique.

Les libéralités aux sociétés, ainsi que la constitution de certaines sociétés d'intérêt mixte que nous avons décrites, satisfont ces désirs. De telles sociétés éveillent les penchants généreux et élevés, attirent les capitaux en les rémunérant, assurent à l'entreprise une durée qui peut se prolonger presqu'indéfiniment, grâce aux sociétés anonymes, enfin soustraient leurs procédés à l'ingérence de l'administration.

Elles sont une éclatante manifestation de ce que peut et

de ce que vaut l'individu, et de ce qu'il ferait si, dans ce domaine, qui est le sien, de l'assistance, on ne s'efforçait d'étouffer sa liberté et son initiative.

BIBLIOGRAPHIE

MM.

Aubry et **Rau.** — *Cours de droit civil*, 4e édition.

Lyon-Caen et **Renault.** — *Traité de droit commercial*, tome II.

Lyon-Caen. — *Situation légale des sociétés étrangères en France.*

Journal *La Loi.* — Articles publiés dans les nos des 27 avril, 8 mai, 27 août 1881 et dans celui du 13 janvier 1882.

Recueil de Dalloz (Pér.). — Notes publiées en 1879, 1880, 1881, 1888, 1892, 1893, 1894, par MM. Beudant, Lyon-Caen, Planiol, Kœhler, Thaller.

Recueil de Sirey. — Années 1881, 1882, 1892, 1893, 1894 (notes de MM. Saleilles, Lyon-Caen, Labbé).

Revue pratique (tome III). — Art. de M. Clamageran.

Revue critique de Lég. et de Jurispr. — Années 1882, 1885, 1888 (art. de MM. Labbé, Sainctelette, Sauzet).

Nouvelle Revue historique. — Année 1888 (art. de M. Saleilles).

Note de M. *Planiol* dans Dalloz, 1895, I, p. 217.

Jay. — *De la personnalité civile des Syndicats professionnels.*

Sauzet. — *De la capacité de recevoir à titre gratuit des personnes morales,* thèse (Paris, 1877).

Piébourg. — *De quelques questions sur les personnes civiles.*

Vauthier. — *Etude sur les personnes morales.*

Ducrocq. — *De la personnalité civile du Saint-Siège — de l'État.*

Laurent. — *Principes de droit civil.*

Troplong. — *Des Donations et Testaments.*

Vavasseur. — *Traité des sociétés civiles et commerciales.*

Guillouard. — *Des sociétés.*

Cassagnade. — *Etudes sur les personnes morales,* etc.

Van den Heuvel. — *Des associations sans but lucratif en France et en Belgique.*

Comte de Vareilles-Sommières. — *Du Contrat d'association.*

Tissier. — *Des dons et legs aux établissements publics,* thèse, Paris, 1890.

Geouffre de Lapradelle. — *Des Fondations,* thèse, Paris, 1894.

Gierke. — *Genossenschaftsrecht, Genossenschaftstheorie.*

Meurer. — *Der Begriff und eigenthumer der heiligen Sachen jugleich eine Revision der Lehre von den juristichen Personen.*

Saleilles. — *Essai d'une théorie générale de l'obligation d'après le projet de Code civil allemand.*

Gide. — *Du droit d'association en matière religieuse.*

Orts. — *Incapacité civile des congrégations non autorisées.*

P. Pont. — *Traité des sociétés.*

Béquet. — *Etablissements publics et d'utilité publique.*

Taine. — Articles dans la *Revue des Deux-Mondes,* 15 janvier et 1er février 1888.
Revue catholique des institutions et du droit (Grenoble).

F. Mangini. — *Les petits logements dans les grandes villes.*

Domat. — *Du Droit public.*

Ferrière. — *Dictionnaire de droit et de pratique.*

Pothier. — *Des corps et communautés.*

Locré. —

TABLE DES MATIÈRES

DES LIBÉRALITÉS AUX SOCIÉTÉS CIVILES ET COMMERCIALES

POSITIONS

Dans la thèse romaine

I. — Les Romains pratiquèrent l'assistance au moyen de l'association.

II. — Les *collegia* avaient la capacité juridique en tant qu'*universitates*.

III. — Les *collegia tenuiorum* formaient des sociétés de secours mutuels.

IV. — La profession des vœux monastiques n'affranchissait pas *ipso facto* le profès des droits du maître ni de la curie.

V. — Les Romains ne connurent d'autre procédé de fondation que la libéralité *sub modo*.

DROIT ROMAIN

I. — L'arrivée de la condition résolutoire ne donnait pas au vendeur la Revendication, mais la Publicienne.

II. — La vente d'un terrain religieux ou sacré est toujours nulle, même lorsque ce terrain, aliéné sans réserve avec l'immeuble dont il fait partie, ne constitue qu'un élément secondaire et accessoire de la vente.

III. — La fille de famille, dans le droit ancien, était incapable de s'obliger par contrat.

IV. — A l'époque classique, le possesseur de bonne foi n'était pas tenu de restituer au propriétaire revendiquant les fruits existants.

Dans la thèse française

I. — Les sociétés civiles et commerciales sont capables d'acquérir à titre gratuit.

II. — Le principe de spécialité est une règle de bon ordre administratif, et non pas une règle de droit civil.

III. — Une société est valable quoique les statuts limitent les bénéfices.

IV. — Il n'y a pas de *contrat d'association*.

V. — Les personnes morales jouissent en principe de la même capacité que les personnes physiques.

DROIT CIVIL.

I. — Est suffisante, pour valoir à l'égard des tiers, la transcription d'un écrit quelconque, même dénué de force probante, pourvu que cet écrit révèle la convention sujette à transcription.

II. — Les créanciers du mari ont (jusqu'à la séparation de biens) le droit de saisir les revenus des fonds dotaux.

III. — En cas d'accident de personnes, la charge de la preuve incombe au voyageur et non au voiturier.

IV. — La clause à ordre peut valablement être insérée dans un titre en dehors des conditions prévues par le Code de commerce.

DROIT CONSTITUTIONNEL

I. — Il n'y a pas de gouvernement parlementaire sans l'existence et l'usage du droit de dissolution.

II. — Dans un gouvernement parlementaire, le chef irresponsable de l'État n'a ni ne doit avoir aucun pouvoir.

SCIENCE ÉCONOMIQUE ET FINANCIÈRE

I. — Le meilleur système d'émission des emprunts d'État est celui de la souscription publique à un taux minimum avec adjudication à des taux échelonnés.

I. — Les rentes sur l'État doivent être soumises à l'impôt sur le revenu.

Vu

Par le Président,

Léon MICHEL.

Vu

Par le Doyen,

E. COLMET DE SANTERRE.

Vu et permis d'imprimer :

Le Vice-Recteur de l'Académie de Paris,

GRÉARD.

GRANDE IMPRIMERIE DE BLOIS. — PAUL GIRARDOT ET Cᶦᵉ.